OS HUMANOS SUBESTIMADOS

O QUE AS PESSOAS DE SUCESSO SABEM QUE AS MÁQUINAS MAIS BRILHANTES JAMAIS SABERÃO

GEOFF COLVIN

OS HUMANOS SUBESTIMADOS

O QUE AS PESSOAS DE SUCESSO SABEM QUE AS MÁQUINAS MAIS BRILHANTES JAMAIS SABERÃO

GEOFF COLVIN

www.dvseditora.com.br
São Paulo, 2016

OS HUMANOS SUBESTIMADOS
O QUE AS PESSOAS DE SUCESSO SABEM QUE
AS MÁQUINAS MAIS BRILHANTES JAMAIS SABERÃO

Copyright © 2016 - DVS Editora.

Todos os direitos para a língua portuguesa reservados pela editora.

HUMANS ARE UNDERRATED
WHAT HIGH ACHIEVERS KNOW THAT BRILLIANT MACHINES NEVER WILL

Copyright © 2015 by Geoffrey Colvin.

All rights reserved including the right of reproduction in whole or in part in any form. This edition published by arrangement with Portfolio, a member of Penguin Group (USA) LLC, a Penguin Random House Company.

Nenhuma parte deste livro poderá ser reproduzida, armazenada em sistema de recuperação, ou transmitida por qualquer meio, seja na forma eletrônica, mecânica, fotocopiada, gravada ou qualquer outra, sem a autorização por escrito da editora.

Tradução: Leonardo Abramowicz

Diagramação: Konsept Design e Projetos

```
          Dados Internacionais de Catalogação na Publicação (CIP)
                   (Câmara Brasileira do Livro, SP, Brasil)

          Colvin, Geoff
             Os humanos subestimados : o que as pessoas de sucesso
          sabem que as máquinas mais brilhantes jamais saberão /
          Geoff Colvin ; [tradução: Leonardo Abramowicz]. --
          São Paulo : DVS Editora, 2016.

             Título original: Humans are underrated : what high
          achievers know that brilliant machines never will.
             ISBN 978-85-8289-135-3


             1. Habilidades 2. Instrução programada 3. Negócios
          4. Seres humanos 5. Tecnologia I. Título.


          16-06289                                       CDD-338.064
                       Índices para catálogo sistemático:

                 1. Máquinas : Tecnologia : Enconomia    338.064
```

Para meus filhos, Cristian e Grayson

ÍNDICE

CAPÍTULO UM | 1
OS COMPUTADORES AVANÇAM MAIS RÁPIDO QUE VOCÊ
À medida que o poder da tecnologia fica cada vez mais impressionante, quais serão as habilidades humanas de elevado valor no futuro?

CAPÍTULO DOIS | 9
AVALIAÇÃO DO DESAFIO
Um exército crescente de especialistas se pergunta se talvez os ludistas não estivessem de todo errados.

CAPÍTULO TRÊS | 39
O SURPREENDENTE VALOR EM NOSSA NATUREZA MAIS PROFUNDA
Por que o ótimo desempenho está se tornando cada vez menos uma questão sobre o que sabemos e mais sobre o que somos.

CAPÍTULO QUATRO | 65
POR QUE AS HABILIDADES QUE PRECISAMOS ESTÃO ATROFIANDO
A tecnologia está mudando mais do que apenas o trabalho. Ela também muda a nós. Principalmente da forma errada.

CAPÍTULO CINCO | 81
"A HABILIDADE FUNDAMENTAL DO SÉCULO XXI"
Empatia é a chave para as habilidades mais fundamentais dos seres humanos. Ela é ainda mais poderosa do que imaginamos.

CAPÍTULO SEIS | 107
LIÇÕES DE EMPATIA A PARTIR DA GUERRA
Como as Forças Armadas dos EUA aprenderam a desenvolver habilidades humanas que superam a tecnologia e o que isso significa para todos nós.

CAPÍTULO SETE | 135
O QUE REALMENTE FAZ AS EQUIPES FUNCIONAREM

Não é o que os membros da equipe (ou líderes) costumam pensar.
Na verdade, são os processos profundamente humanos que a maioria das equipes ignora.

CAPÍTULO OITO | 163
O PODER EXTRAORDINÁRIO DA HISTÓRIA

Por que o tipo certo de narrativa, contada por uma pessoa, é mais forte do que a lógica.

CAPÍTULO NOVE | 185
A ESSÊNCIA HUMANA DE INOVAÇÃO E CRIATIVIDADE

Os computadores podem criar, mas pessoas habilmente interagindo resolvem os problemas humanos mais importantes.

CAPÍTULO DEZ | 205
SERIA ESTE UM MUNDO DAS MULHERES?

Nas habilidades mais valiosas para a economia do futuro, as mulheres detêm uma forte vantagem sobre os homens.

CAPÍTULO ONZE | 223
GANHANDO NO DOMÍNIO HUMANO

Alguns vão adorar um mundo que valoriza a interação profundamente humana.
Outros não. Mas todos precisarão disso para melhorar de vida – e podem consegui-lo.

AGRADECIMENTOS | 247

NOTAS | 249

CAPÍTULO UM
OS COMPUTADORES AVANÇAM MAIS RÁPIDO QUE VOCÊ

À medida que o poder da tecnologia fica cada vez mais impressionante, quais serão as habilidades humanas de elevado valor no futuro?

Estou de pé em um palco, atrás de um pódio da altura de minha cintura, com o meu nome escrito nele. À minha direita encontra-se uma mulher chamada Vicki: ela está atrás de um pódio idêntico, trazendo o nome dela. Entre nós há um terceiro pódio com ninguém por trás, apenas o nome "Watson" escrito na frente. Estamos prestes a jogar *Jeopardy!*[1]

Trata-se da conferência anual da gigantesca Federação Nacional do Varejo, realizada no Javits Center, em Nova York. Além de ser um dos apresentadores no palco, insensatamente concordei em competir contra o Watson da IBM, o sistema de computação cognitiva, cujo poder a empresa queria demonstrar aos 1.200 líderes globais do varejo sentados à minha frente. A celebrada vitória do Watson sobre os dois

---

1 – NT - *Jeopardy!* é um jogo de perguntas e respostas baseado em um programa de televisão norte-americano. Diferentemente dos programas de perguntas e respostas tradicionais, os temas (história, literatura, cultura e ciências) são apresentados como respostas e os participantes devem formular a pergunta correspondente.

maiores campeões do *Jeopardy!* tinha ocorrido quase um ano atrás, de modo que eu não esperava que isso acabasse bem. Mas não estava preparado para o que me abateu.

Chegamos a uma categoria chamada "Antes e Depois no Cinema". Os aficionados do *Jeopardy!* já viram essa categoria muitas vezes ao longo dos anos, mas eu nunca tinha ouvido falar. Primeira pista, por US$ 200: "Han Solo se encontra com Lando Calrissian enquanto viaja no tempo com Marty McFly".

Humm... o quê?

Watson já acionou a campainha. "O que seria o *Império Contra-Ataca de Volta para o Futuro*?"[2], o computador responde corretamente.

Ele escolhe a mesma categoria por US$ 400: "James Bond luta contra os soviéticos enquanto tenta ter um romance com Ali MacGraw antes que ela morra". Ainda estou tentando entender a ideia, mas Watson já se adiantou. "O que é *Moscou contra 007 com Uma História de Amor*?"[3]. Correto novamente.

Quando me dou conta, Watson já está na última pista desta categoria: "John Belushi e os rapazes criam sua fraternidade no museu em que o louco Vincent Price transforma as pessoas em estátuas". A resposta correta, como Watson instantaneamente sabe, é: "O que é *O Clube dos Cafajestes no Museu de Cera?*"[4]. Watson concluiu a categoria.

Minha humilhação não é totalmente irremediável. Consigo acertar algumas perguntas em outras categorias, e Watson responde algumas incorretamente. Mas ao final de nossa primeira rodada, fui completamente derrotado. Na verdade, nem me lembro da pontuação, o que deve ser a forma como a psique se protege. O que sei com certeza é que testemunhei algo profundo.

---

2 – NT - O nome em inglês do primeiro filme é *The Empire Strikes Back* e o do segundo, *Back to the Future*, que juntando fica *The Empire Strikes Back to the Future*.

3 – NT - O nome em inglês do primeiro filme é *From Russia with Love* e o do segundo, *Love Story*, que juntando fica *From Russia with Love Story*.

4 – NT - O nome em inglês do primeiro filme é *Animal House* e o do segundo, *House of Wax*, que juntando fica *Animal House of Wax*.

Entenda que Watson não está conectado à Internet. Ele é uma máquina autônoma, exatamente como eu, baseando-se apenas naquilo que sabe. O computador foi carregado com o conteúdo inteiro do Wikipedia, por exemplo, e muito, muito mais. Ninguém digita as pistas no Watson; ele tem de ouvir e entender as palavras pronunciadas pelo mestre de cerimônias, exatamente como eu. Além disso, Watson é intencionalmente desacelerado por um retardo interno quando vai acionar a campainha para responder a uma pista. Nós, humanos, precisamos usar nosso sistema muscular pré-histórico para apertar o botão que fecha o circuito e aciona a campainha. Watson poderia fazê-lo na velocidade da luz com um sinal eletrônico, de modo que os desenvolvedores colocaram um retardo para nivelar o jogo. Caso contrário, eu nunca teria qualquer chance de ganhar, mesmo se ambos soubéssemos a resposta correta. Porém, evidentemente, mesmo com o retardo, eu perdi.

Então, enfrentemos a realidade: **Watson é mais inteligente do que eu.** Na verdade, estou cercado por tecnologia que é melhor do que eu em tarefas sofisticadas. O carro autônomo do Google é um motorista melhor do que eu. A empresa possui toda uma frota de veículos que percorreu centenas de milhares de quilômetros com apenas um acidente no modo autônomo, quando um dos carros foi atingido na traseira por um motorista humano em um semáforo. Os computadores são melhores do que os humanos na triagem de documentos importantes durante a fase de instrução de ações jurídicas, uma atividade na qual os jovens advogados costumam cobrar um valor exorbitante por hora. Os computadores são melhores na detecção de alguns tipos de emoções humanas, apesar de nossos milhões de anos de evolução que supostamente nos tornaram extremamente precisos nesta habilidade.

Mais uma coisa. Eu competi contra Watson no início de 2012. Naquela época, a máquina era do tamanho de um dormitório. Enquanto escrevo, o computador havia encolhido para o tamanho de três caixas de pizza empilhadas, embora sendo 2.400% mais rápido.

Em uma perspectiva mais ampla, a **tecnologia da informação** (TI) dobra de poder aproximadamente a cada dois anos. **Eu não – e acho que você tampouco.**

UM FUTURO ASSUSTADOR?

O progresso alucinante da TI faz com que seja mais fácil a cada dia imaginarmos um futuro assustador. A capacidade dos computadores ficou tão grande que eles simplesmente são melhores na realização de milhares de tarefas que agora as pessoas são pagas para executar. Naturalmente, nós ainda precisaremos de pessoas para tomar decisões de alto nível e para desenvolver computadores ainda mais inteligentes, mas este tipo de trabalho não será suficiente para manter empregada a grande massa de pessoas em idade ativa, ou para aumentar o seu padrão de vida. Assim, no futuro pesadelo imaginário, milhões de pessoas irão perder seus salários, não conseguindo mais superar as máquinas e lutando desesperadamente para manter a vida que achavam ter conquistado.

De fato, como veremos mais adiante, evidências substanciais sugerem que os avanços na tecnologia realmente estão desempenhando um papel importante no desemprego cada vez mais obstinado, no lento crescimento salarial, e na tendência de universitários formados aceitarem empregos que não exigem um diploma. Se a tecnologia for realmente uma causa significativa dessas tendências, então fica difícil descartar as perspectivas sombrias.

Porém, este futuro assustador não é inevitável. Algumas pessoas têm sofrido quando a tecnologia toma seus empregos, e outras mais sofrerão. Mas não precisamos todos sofrer por antecipação. O essencial a se entender a respeito desta realidade, mais do que eventualmente percebamos, é que a própria natureza do trabalho está mudando, e as competências que a economia valoriza estão mudando. Já passamos por essas mudanças históricas algumas vezes antes, a mais famosa na

Revolução Industrial. Em cada uma delas, os que não percebiam a mudança, ou que se recusavam a aceitá-la, eram deixados para trás. Mas aqueles que a aceitavam, ganhavam pelo menos a chance de levar vidas muito melhores. Isto também acontece agora.

Embora tendo visto o fenômeno geral antes, a forma como ocorre a mudança do trabalho é diferente a cada vez, e agora as mudanças são maiores do que nunca. As competências que ficarão mais valiosas não são mais as habilidades técnicas do lado esquerdo do cérebro, ensinadas em sala de aula, que o progresso econômico tem exigido dos trabalhadores ao longo dos últimos 300 anos. Essas habilidades continuarão sendo extremamente importantes, mas ser importante não é o mesmo que ser valioso; elas se transformaram em uma *commodity* e, portanto, em uma fonte decrescente de vantagem competitiva. As novas habilidades de alto valor, por sua vez, fazem parte de nossa natureza mais profunda, as que literalmente nos definem como seres humanos, tais como: perceber os pensamentos e sentimentos dos outros, trabalhar produtivamente em grupos, desenvolver relacionamentos, resolver problemas em conjunto, nos exprimir com um poder maior do que a lógica jamais conseguiria. São tipos de habilidades fundamentalmente diferentes daquelas que a economia mais valorizava no passado. E ao contrário de algumas revoluções anteriores naquilo que a economia valoriza, esta traz a promessa de não apenas tornar nossas vidas no trabalho gratificantes financeiramente, como também mais ricas e satisfatórias emocionalmente.

O primeiro passo para alcançar esse futuro é pensá-lo de uma nova maneira. Não devemos nos ater em querer superar os computadores naquilo que eles fazem melhor. Nós perderemos essa competição. Também não devemos nem mesmo seguir o caminho convidativo de tentar adivinhar o que os computadores inerentemente não conseguem fazer – porque eles podem mais a cada dia.

O avanço inexorável da capacidade do computador é apenas a lei de Moore em ação, como tem sido há décadas. Ainda assim, é difícil avaliarmos todas as implicações desta simples tendência. Isso porque a maioria das coisas em nosso mundo desacelera quando fica maior e mais velha; como prova disso, simplesmente olhe no espelho. O mesmo vale com outros seres vivos, individualmente ou em grupo. Dos protozoários às baleias, tudo acaba parando de crescer. O mesmo acontece com as organizações. Uma pequena empresa iniciante pode facilmente crescer 100% em um ano, mas uma grande empresa da *Fortune 500*[5] pode ter dificuldades para crescer 5%.

A tecnologia não possui essa restrição. Ela simplesmente fica cada vez mais poderosa. O primeiro rádio transistorizado da Sony foi anunciado com tendo tamanho de bolso, mas, na verdade, era muito grande; assim, a empresa fez camisas especiais para os vendedores costuradas com bolsos bem maiores. Esse rádio tinha cinco transistores. O último *chip* da Intel, do tamanho da unha de seu polegar, tem cinco bilhões de transistores, e seu substituto terá dez bilhões. Os sistemas de TI de hoje, já incrivelmente poderosos, serão 100% ainda mais incrivelmente poderosos dentro de dois anos. A lei de Moore pode eventualmente acabar, mas as novas tecnologias em desenvolvimento podem ser tão eficazes quanto, e algoritmos melhores já estão multiplicando o poder de computação em alguns casos até mais do que as melhorias no *hardware*. Imaginar que a tecnologia não continuará avançando em um ritmo alucinante não parece sensato.

Pense no que está sendo duplicado. Não é apenas o realizado no ano retrasado em termos de poder de computação. O que tem dobrado a cada dois anos é tudo o que foi alcançado na história da computação até esse ponto. Voltando para quando o avanço significou ir de um dispositivo com cinco transistores para dez, isso não mudou muito o mundo. Agora que significa ir de cinco bilhões de transistores em um *chip* minúsculo, para dez bilhões para vinte bilhões para quarenta bi-

---

5 – NT - Revista com periodicidade anual que classifica as 500 maiores corporações mundiais.

lhões – que é três duplicações em apenas seis anos –, isso representa literalmente muito mais do que podemos imaginar.

Por isso que é tão diferente de tudo o que existe em nosso mundo, de uma forma que vai até mesmo além das taxas de crescimento físico. Para nós, humanos, a aprendizagem, como o crescimento, fica mais difícil com o tempo. Quando os seres humanos aprendem a fazer algo, o progresso é lento de início – aprender a segurar o taco de golfe ou a virar o volante suavemente –; em seguida, temos um rápido progresso quando vamos pegando o jeito e, então, o nosso avanço desacelera. Passado um tempo, a maioria das pessoas atinge o máximo de excelência que podemos atingir. Certamente temos condições de continuar melhorando se praticarmos com dedicação, mas cada avanço é normalmente um pouco menor do que o anterior.

Com a TI é exatamente o oposto. Quando o poder de duplicação por um determinado preço significou ir de cinco transistores para dez, isso fez o dispositivo ficar mais inteligente por apenas cinco transistores. Agora, após várias ampliações, a duplicação atual fará com que um dispositivo fique mais inteligente por cinco bilhões de transistores, e a próxima fará um dispositivo mais inteligente por dez bilhões.

Enquanto as pessoas ficam mais habilidosas em incrementos cada vez menores, os computadores ficam mais capazes em saltos cada vez maiores.

A questão é clara e crucial. À medida que a tecnologia torna-se mais capaz, avançando inexoravelmente em passos cada vez maiores a cada dois anos e adquirindo habilidades que são crescentemente complexas e difíceis, quais serão as habilidades humanas de alto valor no futuro? Quais serão os empregos com bons salários para nós e nossos filhos, as competências que distinguirão as empresas vencedoras, as características das nações dominantes? Ou de forma mais objetiva: **o que as pessoas farão melhor do que os computadores?**

CAPÍTULO DOIS
AVALIAÇÃO DO DESAFIO

Um exército crescente de especialistas se pergunta se talvez os ludistas não estivessem de todo errados.

No filme *Amor Eletrônico*, uma comédia romântica de 1957 estrelada por Katharine Hepburn e Spencer Tracy, Hepburn interpreta a chefe de departamento de pesquisa de uma grande rede de TV. Atualmente o departamento de pesquisa de uma rede de TV trabalha especificamente na pesquisa de audiência, mas naquela época era uma fonte de informação geral para qualquer área da empresa e, de fato, as redes e outras empresas realmente tinham esses departamentos. Equipada com dois andares de obras de referência e outros livros, sua equipe estava pronta a fornecer qualquer tipo de informação que qualquer funcionário solicitasse - os versos iniciais da canção *Hiawatha*, o peso da Terra, os nomes das renas do Papai Noel (as quais foram objeto de consulta ao departamento de Hepburn no filme). Ou seja, os funcionários podiam pegar o telefone, ligar para a personagem de Katharine Hepburn, e pedir qualquer informação usando suas próprias palavras, e ela e sua equipe iriam procurar em um vasto acervo de dados e retornar com uma resposta muito mais rápido do que o solicitante poderia imaginar.

A personagem de Hepburn se chamava srta. Watson.

Tudo ia bem até que um dia o chefe da rede decide instalar um computador – eles o chamam de "cérebro eletrônico" – denominado EMERAC (em clara referência ao ENIAC e ao UNIVAC, as maravilhosas máquinas da época). O computador foi inventado pelo personagem de Spencer Tracy. Pouco antes de a srta. Watson ficar sabendo que o EMERAC chegaria ao departamento, ela o vê sendo demonstrado em outro lugar, traduzindo um texto do russo para o chinês, entre outros feitos. A avaliação dela, conforme expresso aos colegas de trabalho: "Assustador. Deu-me a sensação de que talvez as pessoas estivessem um pouco fora de moda."

O personagem de Tracy, Richard Sumner, aparece para instalar a máquina, e a srta. Watson, junto com sua equipe, presume que todos serão demitidos assim que o equipamento estiver funcionando. Em uma cena inesquecível, ele faz uma demonstração da máquina para um grupo de executivos da rede e explica suas vantagens:

Sumner: "O objetivo desta máquina, evidentemente, é libertar o trabalhador..."

Srta. Watson: "Você poderia repetir isso."

Sumner: "... para libertar o trabalhador das tarefas rotineiras e repetitivas e liberar o seu tempo para trabalhos mais importantes."

A srta. Watson e os demais da equipe de pesquisa são realmente demitidos, mas antes que possam limpar suas mesas, o EMERAC comete erros em algumas solicitações que não consegue entender – um pedido de informação sobre Recife, por exemplo, retorna com pilhas de dados inúteis sobre "corais e algas", enquanto um funcionário corre para as pastas e pega a resposta necessária à moda antiga. Então, fica claro que os pesquisadores realmente não deveriam ter recebido os avisos de demissão, afinal. Um computador EMERAC no departamento de recursos humanos entra em pane e demite todos os funcionários da empresa. O erro é corrigido, os funcionários da área de pesquisa mantêm seus empregos e aprendem a trabalhar com o EMERAC, a srta.

Watson sabiamente decide se casar com o personagem de Spencer Tracy e não com o personagem de Gig Young (parte do obrigatório enredo romântico secundário), e mais uma vez tudo acaba bem.

Amor Eletrônico é incrivelmente premonitório sobre alguns recursos e usos futuros dos computadores e também é fiel ao sentimento popular de medo em relação a eles. Naturalmente, a srta. Watson é exatamente a predecessora humana do sistema de computação cognitiva de hoje, o Watson (seriam os nomes uma coincidência? Os créditos de abertura do filme incluem a intrigante frase: "Os produtores do filme agradecem a cooperação e assistência da International Business Machines Corporation." O fundador da IBM foi Thomas J. Watson, xará do sistema de computação Watson de hoje, e seu filho era o CEO na época do filme). O EMERAC, conforme explicado por Sumner no filme, é notavelmente semelhante ao Watson de hoje: todas as informações em todos aqueles livros da biblioteca de pesquisa – enciclopédias, atlas, peças de Shakespeare – foram introduzidas na máquina, que podia então responder instantaneamente às solicitações em linguagem natural (digitadas, não faladas). Mesmo em 1957 a ideia era clara; a tecnologia é que simplesmente não estava pronta.

Os temores dos funcionários de pesquisa quanto a serem substituídos por um computador também eram um sinal das coisas que viriam a acontecer. "Ouvi dizer que milhares de pessoas estão perdendo seus empregos para esses cérebros eletrônicos", diz uma das pesquisadoras. Ela ouviu direito, e os milhares se tornariam milhões. Ao mesmo tempo, a resposta da empresa destinada a acalmar esses medos foi exatamente o que Sumner disse no filme: que os computadores iriam "libertar os trabalhadores das tarefas rotineiras e repetitivas", de modo que ele ou ela poderia executar "trabalhos mais importantes". Até hoje é impressionante como todos os que trabalham em tecnologias avançadas de informação parecem se sentir na defensiva em relação à ameaça implícita de eliminação de empregos e se esforçam para dizer que eles não estão tentando substituir pessoas. "Não pretendemos substituir os seres humanos", disse Kirstin Petersen do Wyss Institute for Biologically Inspired Engineering, de Harvard, ao explicar o desenvolvimento pelo instituto da **"robótica de enxame"**, em que um grande número de pequenos robôs simples fazem trabalhos de construção. "Pretendemos trabalhar em situações onde os humanos não conseguem trabalhar ou em que para eles é impraticável trabalhar", comentou Kirstin Petersen. A IBM sempre disse que o Watson se destina a complementar a tomada de decisão humana, não substituí-la – "para tornar as pessoas mais inteligentes naquilo que fazem".

O mais importante, e talvez surpreendente, é que até mesmo o final "felizes para sempre" do filme foi realista no sentido amplo, pelo menos no que diz respeito ao emprego, se não quanto ao romance. Visto na escala da economia como um todo, o avanço da tecnologia de fato não tem custado o emprego das pessoas, apesar dos receios generalizados. Exatamente o oposto. E esses medos estão muito mais profundamente enraizados do que a maioria de nós imagina.

OS NOVOS CÉTICOS

A visão convencional é que o medo da tecnologia surgiu quando ela começou a subverter a ordem econômica no início da Revolução Industrial, na Grã-Bretanha. Mas os temores já estavam bem entrincheirados, e os inovadores já soavam incrivelmente modernos ao argumentar que a tecnologia era uma bênção, não uma maldição, para os trabalhadores. No final do século XVI, um clérigo inglês chamado William Lee inventou uma máquina para meias de tricô – um avanço maravilhoso, ele acreditava, pois libertaria as costureiras de seu trabalho penoso. Ao demonstrar para a rainha Elizabeth I, em torno de 1590, e pedir uma patente, ela teria respondido: "Vós almejastes demais, mestre Lee. Pense no que esta invenção poderia provocar para meus pobres súditos. Ela seguramente levá-los-ia à ruína, privando-os de emprego e tornando-os, assim, mendigos." Após dar a bofetada real, a rainha negou a patente, a guilda dos costureiros fez campanha contra ele, e Lee foi forçado a se mudar para a França, onde **morreu na pobreza**.

Cerca de 150 anos depois, no alvorecer da Revolução Industrial, um inglês chamado John Kay revolucionou a tecelagem inventando a lançadeira volante (*flying shuttle*), que dobrava a produtividade – certamente uma bênção para os tecelões, que podiam agora fazer o dobro de tecido. No entanto, os tecelões fizeram campanha contra ele, os fabricantes conspiraram para violar suas patentes e ele foi forçado a se mudar para a França, onde morreu na **pobreza**, exatamente como William Lee. Morrer na miséria na França parecia ser os ossos do ofício dos inovadores.

Enquanto a Revolução Industrial avançava, o padrão ficou bem estabelecido. As pessoas odiavam a tecnologia que melhorava a produtividade. Os ludistas, o grupo que destruía teares no início do século XIX, eram apenas os exemplos mais famosos.

Esses manifestantes estavam certos no curto prazo, mas redondamente enganados no longo prazo. A nova tecnologia efetivamente destrói empregos, mas também cria novos – empregos para pessoas que operavam as máquinas de tricô e os teares mecânicos, por exemplo. Além disso, uma tecnologia melhor gera empregos melhores. Os trabalhadores que utilizam uma tecnologia avançada são mais produtivos e, portanto, ganham mais – e gastam mais, criando outros novos empregos por toda a economia. Ao mesmo tempo, os produtos que esses trabalhadores habilitados pela tecnologia fabricam, custam menos do que antes; o tecido feito pela máquina custa uma fração do preço da versão feita à mão. O resultado é que esta tecnologia, com o passar do tempo e abrangendo toda a economia, elevou espetacularmente os padrões de vida. Ao longo dos séculos, os temores dos ludistas do passado e do presente têm sido não apenas infundados, como exatamente o oposto da realidade. O avanço da tecnologia tem melhorado o bem-estar material da humanidade, mais do que qualquer outra evolução na história, de longe.

Agora algo mudou. A forma como a tecnologia beneficia os trabalhadores é uma das análises ortodoxas mais firmes em toda a economia, mas recentemente, pela primeira vez, muitos economistas e tecnólogos da corrente dominante começaram a questionar se isto continuará a acontecer.

A causa imediata de seu novo ceticismo é o desempenho lamentável das economias desenvolvidas em termos de geração de empregos na sequência da crise financeira de 2008-2009 e da recessão. Durante décadas, a economia dos Estados Unidos da América (EUA) voltava regularmente para os níveis de emprego de antes da recessão cerca de dezoito meses após a recessão ter iniciado. Então, a partir da recessão de 1990-1991, o período de recuperação começou a se alongar. Após a recessão de 2008-2009, a recuperação do emprego levou 77 meses – mais de seis anos. Como se explica? E por que os salários entraram em estagnação para grandes parcelas da força de trabalho dos EUA muito antes do início da recessão? Por que esta mesma tendência está ocorrendo em outros países desenvolvidos? À medida que os economistas buscam por respostas, eles observam fatores que vão muito além das causas da recessão.

"A CARACTERÍSTICA ECONÔMICA DEFINIDORA DE NOSSA ERA"

Lawrence H. Summers – ex-secretário do tesouro dos EUA, ex-presidente da Universidade de Harvard, um destacado economista – é um dos novos céticos. Em uma importante palestra para uma plateia de colegas economistas, ele resumiu em seu jeito ríspido a visão ortodoxa do debate sobre a tecnologia: "Havia as pessoas ludistas estúpidas, que em sua maioria estavam fora dos departamentos de economia, e havia as pessoas progressistas inteligentes... As pessoas estúpidas achavam que a automação faria com que todos os empregos desaparecessem e que não haveria mais trabalho. As pessoas inteligentes entenderam que quando uma quantidade maior era produzida, haveria mais renda e, portanto, haveria mais demanda. Não era possível que todos os empregos desaparecessem; assim, a automação era uma bênção."

As evidências comprovaram amplamente este ponto de vista durante décadas. Tudo o que você precisava fazer era imaginar o mundo de 1800 e compará-lo com o mundo ao seu redor. Mas então, muito recentemente, o mundo mudou: "Até alguns anos atrás, eu não achava que isto era um assunto muito complicado", disse Summers. "Os ludistas estavam errados e os que acreditavam na tecnologia e no progresso tecnológico estavam certos. Não estou absolutamente seguro agora", disse Summers

Summers está longe de ser o único especialista a ficar em dúvida. O Projeto Internet da Pew Research Center em 2014 sondou 1.896 especialistas que identificara como criteriosos em questões sobre tecnologia, e lhes fez a seguinte pergunta: "Em 2025, a tecnologia desalojará mais empregos do que cria?". Metade disse sim e metade disse não. Este foi um resultado surpreendente. Conforme explicou Summers, as evidências a favor do "não" eram perfeitamente claras, ou vinham sendo. É difícil imaginar que, dez anos atrás, talvez 10% deste grupo altamente esclarecido teria dito sim (não sabemos ao certo, pois aparentemente ninguém pensou que a pergunta sequer valia a pena ser feita). Agora metade disse isso. De repente, a ortodoxia deixou de ser ortodoxa.

O que Summers e outros economistas acreditam que mudou é, em teoria, simples. Os dois fatores de produção são capital e trabalho, e na linguagem dos economistas, eles sempre foram considerados complementares e não apenas substitutos. O capital torna os trabalhadores mais produtivos. Mesmo ao deslocar alguns trabalhadores (substituto deles), o capital também cria novos empregos mais produtivos, utilizando este novo capital, de modo que, como disse Summers: "Se há mais capital, o salário tem de subir" (complementa os trabalhadores). Mas agora ele e outros economistas começaram a ver uma nova possibilidade: o capital pode substituir o trabalho, ponto. Summers explicou: "Isto é, você pode pegar parte do estoque de máquinas e, projetando-as de forma adequada, fazê-las executar exatamente o que a mão de obra fazia antes."

A palavra-chave é "**exatamente**". Um carro autônomo Google não complementa o trabalho de ninguém, pois ninguém o dirige, afinal. A empresa produziu uma versão que não possui volante, pedal de breque ou acelerador, e é projetada para o transporte até de pessoas cegas ou portadoras de outras deficiências. Portanto, não torna os motoristas, mesmo uma população reduzida deles, mais produtivos. O carro executa exatamente o trabalho dos motoristas e, portanto, os **substitui**.

Em um mundo assim, a lógica econômica determina que os salários devem cair, e a parcela da renda total indo para o capital, ao invés de ir para a mão de obra, deve aumentar, o que de fato é o que vem acontecendo. Uma razão importante, diz Summers, é "a natureza das mudanças técnicas que temos observado: cada vez mais elas assumem a forma de capital que efetivamente substitui o trabalho".

A perspectiva é, obviamente, de mais substituição capital-trabalho na medida em que o poder de computação avançar incansavelmente à frente. Este não é um futuro feliz para muita gente. Na verdade, como raciocina Summers: "Pode muito bem acontecer que, dadas as possibilidades de substituição, algumas categorias de trabalho não serão capazes de ganhar uma renda de subsistência."

Os economistas não são os únicos especialistas que observam esta tendência. "Ao contrário de rupturas anteriores, como quando os equipamentos agrícolas deslocaram os trabalhadores, mas criaram empregos industriais para fabricar as máquinas, a robótica e a IA (inteligência artificial) são diferentes", disse Mark Nall, um gerente de programas da NASA com muita experiência em tecnologia do mundo real, para os pesquisadores da Pew. "Devido à sua versatilidade e capacidade crescente, não serão afetados apenas alguns setores da economia, mas áreas inteiras... A consequência social é que empregos bem remunerados serão cada vez mais escassos", complementou Nall. Stowe Boyd, pesquisador-chefe na Gigaom Research, uma empresa de pesquisa de tecnologia, foi ainda mais pessimista: "Uma proporção crescente da população do mundo ficará fora do mercado de trabalho – seja vivendo no desemprego, seja se beneficiando dos custos extremamente menores dos bens para levar uma vida de subsistência." Michael Roberts, um pioneiro muito respeitado da Internet, previu com segurança que: "Avatares humanos eletrônicos com substancial capacidade de trabalho estão a anos, não décadas, de distância... Há grande sofrimento neste caminho para todos, na medida em que as novas realidades forem enfrentadas. A única questão é saber quando."

O fundador da Microsoft, Bill Gates, também tem observado a tendência e acredita que ela é muito subestimada: "A substituição por *software*, seja para motoristas ou garçons ou enfermeiras – está progredindo", disse para uma plateia em Washington, D.C., em 2014. "Ao longo do tempo, a tecnologia reduzirá a demanda por empregos... Daqui a 20 anos, a demanda de mão de obra para vários conjuntos de habilidades será substancialmente menor. Eu não acho que as pessoas têm essa ideia em seu modelo mental", destacou Gates.

Mas não seria todo esse rasgar de roupas e ranger de dentes apenas a preocupação usual com o ciclo interminável de **destruição criativa**, à medida que novos setores econômicos deslocam os antigos? Você não conseguiria ganhar um salário de subsistência com as habilidades para fazer réguas de cálculo, e isso não é um problema, pois você pode ganhar um salário melhor fazendo outra coisa. Mas a analogia não é válida. Você não pode ganhar a vida fazendo réguas de cálculo porque ninguém as quer mais. Este novo argumento, por sua vez, sustenta que a economia pode cada vez mais fornecer exatamente os produtos e serviços que as pessoas mais querem hoje e amanhã, e pode fazê-lo utilizando mais máquinas e cada vez menos gente.

Daí a conclusão de Summers, bastante significativa por vir de um economista de sua estatura: "Este conjunto de desdobramentos será a característica econômica definidora de nossa era."

O QUARTO GRANDE PONTO DE INFLEXÃO PARA OS TRABALHADORES

A questão imediata para a maioria de nós é óbvia: quem, especificamente, vai sofrer, e quem não?

Para encontrar a resposta, ajuda pensar nesses desdobramentos como o último capítulo de uma história. A tecnologia vem mudando a natureza do trabalho e o valor de habilidades específicas por bem mais de 200 anos, e a história até agora considera apenas três grandes pontos de inflexão.

No primeiro, a ascensão da tecnologia industrial desvalorizou as habilidades dos artesãos, que faziam seus produtos à mão do início ao fim: um fabricante de arma esculpia a coronha, fundia o cano, elaborava a trava, preparava o gatilho e meticulosamente montava as peças. Mas na fábrica de armas de Eli Whitney em Connecticut, trabalhadores independentes faziam cada um desses trabalhos, ou apenas parte deles, utilizando máquinas hidráulicas, e os componentes de cada tipo eram idênticos. Os artesãos qualificados ficaram em difícil situação, mas havia demanda para trabalhadores menos qualificados. Eles poderiam facilmente aprender a usar as novas máquinas – os trabalhadores e as máquinas se complementavam – e assim os trabalhadores poderiam ganhar bem mais que antes.

O segundo ponto de inflexão veio no início do século XX, quando uma nova tendência surgiu. A ampla disponibilidade de energia elétrica permitiu a construção de fábricas bem mais sofisticadas, exigindo trabalhadores mais instruídos e altamente qualificados para operar as máquinas mais complicadas; as empresas também ficaram muito maiores, exigindo um corpo maior de gestores qualificados. Agora os trabalhadores **não qualificados** é que ficaram em **situação difícil**, e a demanda passou a ser por trabalhadores qualificados – mas isto foi bom, pois os trabalhadores não qualificados poderiam estudar. A tendência se intensificou durante a maior parte do século XX. O avanço da tecnologia continuamente exigia trabalhadores com melhor formação, e os norte-americanos responderam educando-se com uma ambição sem precedentes. A taxa de conclusão do ensino médio disparou de 4% em 1890 para 77% em 1970, um avanço intelectual nacional como o mundo jamais havia testemunhado antes. Enquanto os trabalhadores puderam acompanhar as crescentes demandas da tecnologia, os dois permaneceram complementares. O resultado foi um milagre econômico de rápido aumento dos padrões de vida.

Mas então chegou o terceiro grande ponto de inflexão, começando na década de 1980. A TI havia se desenvolvido a ponto de poder substituir muitos empregos de qualificação média: empregos de contabilidade, apoio administrativo, trabalho fabril repetitivo. O número de empregos nessas categorias diminuiu, e os salários estagnaram para o grupo cada vez menor de trabalhadores que ainda os executava. No entanto, a tendência era limitada. Nas duas extremidades do espectro de qualificação, as pessoas em empregos altamente qualificados e em serviços de baixa qualificação se saíram muito melhor. O número de empregos nessas categorias aumentou, e o salário subiu. Os economistas chamaram esta tendência de polarização do mercado de trabalho e observaram sua ocorrência nos EUA e em muitos outros países desenvolvidos. Na extremidade superior do mercado, a TI ainda não era boa o suficiente para assumir as tarefas de resolução de problemas, julgamento e coordenação de trabalhadores altamente qualificados como gerentes, advogados, consultores e financeiros; na verdade, ela tornou os trabalhadores mais produtivos dando-lhes mais informações a um custo menor. Na extremidade inferior, a TI não ameaçou os trabalhadores de serviços de baixa qualificação porque os computadores eram terríveis em habilidades de destreza física; um computador poderia derrotar um grande mestre de xadrez, mas não conseguia pegar um lápis de uma mesa. Ajudantes de enfermagem em domicílio, jardineiros, cozinheiros e outros podiam respirar aliviados.

Esta era a história chegando ao início da década de 2000. Na ininterrupta valorização e desvalorização de competências ao longo da história econômica, a TI estava esmagando os trabalhadores de média qualificação, mas os trabalhadores nas duas extremidades do espectro de qualificação estavam salvos ou prosperando. Agora estamos no quarto ponto de inflexão. A TI avança firmemente na direção de ambas as extremidades do espectro, ameaçando os trabalhadores que achavam que não tinham com que se preocupar.

TALVEZ ATÉ OS ADVOGADOS NÃO CONSIGAM SUPERAR OS COMPUTADORES

Na extremidade superior, o que está acontecendo com os advogados é um modelo para toda profissão que envolva **análise, interpretação sutil, estratégia** e **persuasão**. A incursão do computador na fase de instrução legal é bem conhecida. Em casos ao redor do mundo, os computadores estão lendo milhões de documentos e classificando-os por relevância sem nunca ficar cansados ou distraídos. A economia de custo é extraordinária. Um fornecedor desse tipo de *software*, o Clearwell da Symantec, afirmou que o seu sistema conseguia cortar até 98% dos custos. Isto pode parecer estranho, mas está em linha com as afirmações de um executivo de outro fornecedor, Autonomy, que disse ao *The New York Times* que o *software* permitia que um advogado executasse o serviço de 500 ou mais pessoas. Além disso, o *software* executava o trabalho muito melhor que as pessoas. Ele consegue identificar padrões em milhares ou milhões de documentos que nenhum humano seria capaz de detectar – edição incomum de um documento, por exemplo, ou picos de comunicação entre determinadas pessoas, ou até mesmo mudanças no estilo de *e-mail* que possam sinalizar motivos escusos.

Mas isto é apenas o início. Os computadores começaram então a subir a escada de valor, tornando-se altamente qualificados em buscar na literatura jurídica os precedentes apropriados para um determinado caso; e fazendo isso de forma muito mais ampla e completa do que as pessoas fazem. Os seres humanos ainda precisam identificar as questões jurídicas envolvidas, mas, como escreveu John O. McGinnis, professor de direito da Universidade Northwestern: "Os dispositivos de busca acabarão fazendo isso por si só e, depois, sugerirão a jurisprudência que tende a se mostrar relevante para o assunto."

Avançando ainda mais no domínio da habilidade advocatícia, os computadores já conseguem prever as decisões da Suprema Corte melhor do que os especialistas jurídicos. À medida que esse poder analítico se expandir em escopo, os computadores se deslocarão para mais perto do cerne daquilo que os advogados fazem, aconselhando melhor do que os advogados sobre se o cliente deve processar ou entrar em acordo, ou ir a julgamento perante qualquer tribunal e em qualquer tipo de caso. Empresas como a Lex Machina e a Huron Legal já oferecem tais tipos de serviços, melhorando a cada dia. Esses computadores das empresas têm lido todos os documentos em centenas de milhares de casos e conseguem dizer-lhe, por exemplo, quais empresas são mais propensas a fazer acordo do que entrar em litígio em um caso de patente, ou como determinados juízes costumam decidir em certos tipos de casos, ou quais advogados apresentam resultados melhores diante de determinados juízes. À medida que mais litigantes em potencial, demandantes e arguidos, puderem ver análises melhores de uma quantidade muito maior de dados, aumenta a possibilidade de que consigam resolver os litígios com muito mais eficiência. Um resultado possível: menos processos judiciais.

Nada disso significa que os advogados desaparecerão, mas sugere que o mundo precisará de um número menor deles. Isso já está acontecendo. "A ascensão da inteligência da máquina é provavelmente por culpa, em parte, da atual crise das escolas de direito" – inscrições encolhendo, matrículas em queda – "e certamente agravará esta crise", observou McGinnis.

Com a TI mexendo completamente até mesmo em um campo tão avançado que requer três anos de pós-graduação nos EUA e é extremamente bem remunerado, outros trabalhadores altamente qualificados – analistas, gerentes – não podem deixar de se perguntar sobre o seu próprio futuro. O que está ocorrendo na área de direito é a aplicação de tecnologia semelhante à do Watson para um setor específico, mas ela pode ser aplicada de forma bem mais ampla. O grande avanço desta tecnologia é que ela entende a linguagem natural, de modo que quando você lhe pergunta algo, ela não busca apenas por palavras-chave a partir da pergunta formulada. Ela tenta descobrir o contexto de sua pergunta e, assim, entender o que você realmente quer dizer. Assim, por exemplo, se a sua pergunta inclui a frase "dois mais dois", isto poderia significar "quatro", ou se você for do ramo de automóveis, poderia significar "um carro com dois bancos dianteiros e dois bancos traseiros", ou se você for um psicólogo, poderia significar "uma família com dois pais e dois filhos". Os sistemas de computação cognitiva deduzem o contexto e, em seguida, chegam a possíveis respostas para a sua pergunta e estimam qual provavelmente é a mais correta. As respostas do sistema não são particularmente boas ao investigar um campo pela primeira vez, mas com a experiência ele fica cada vez melhor. É por isso que o empresário da Internet, Terry Jones, que fundou o Travelocity, disse que: "Watson é o único computador que vale mais usado do que novo."

A tecnologia semelhante à do Watson funciona melhor quando realmente existe um grande corpo de material escrito para ler e trabalhar. Para o *Jeopardy!*, o Watson baixou não apenas o conteúdo inteiro do

Wikipédia, mas também milhares de pistas e respostas anteriores do *Jeopardy!* O direito é obviamente um excelente campo para esta tecnologia. A medicina é outro. O Memorial Sloan Kettering Cancer Center em Nova York utiliza o Watson para extrair respostas da vasta literatura sobre oncologia, uma tarefa que nenhum médico conseguiria dar conta. A consultoria financeira parece ser um bom alvo para esta tecnologia porque envolve uma vasta e crescente literatura para pesquisa mais um enorme volume de dados que mudam a cada dia. Portanto, várias instituições financeiras estão utilizando o Watson, inicialmente como uma ferramenta para seus consultores financeiros. Mas pense um pouco mais à frente: a Corporate Insight, uma empresa de pesquisa que estuda o setor de serviços financeiros, pergunta: "Quando os consumidores tiverem um Watson pessoal em seu bolso... por que um investidor experiente precisaria de um consultor financeiro?".

ESCRITORES QUE NUNCA FICAM CANSADOS, COM BLOQUEIOS OU BÊBADOS

Junte a compreensão da linguagem natural com um poder analítico de capacidade elevada e você terá um escritor de não ficção, ou pelo menos uma espécie de. Uma empresa chamada Narrative Science faz um *software* que escreve artigos que não chegam à maioria das pessoas como tendo sido escritos por computador. Ela concentrou seu enfoque primeiro em eventos que incorporam grande quantidade de dados: jogos de bola e apresentação de resultados corporativos. O *software* foi ficando cada vez mais sofisticado em ir além dos fatos e números – por exemplo, descobrindo o lance mais importante em um jogo ou identificando o melhor ângulo para o artigo: uma vitória de virada ou um jogador herói. Em seguida, os desenvolvedores ensinaram diferentes estilos de escrita ao *software*, que os clientes podem escolher a partir de um menu. Depois, o computador aprendeu a compreender mais do que apenas dados numéricos, lendo material relevante para criar o contexto para um artigo. Algumas empresas de mídia, incluindo Yahoo! e *Forbes*, publicam artigos da Narrative Science, embora alguns clientes da empresa não queiram ser identificados e não contem aos leitores quais artigos são escritos por computador. Em meados de 2014, a Associated Press designou computadores para escrever todos os artigos sobre balanços patrimoniais de empresas.

Então, a Narrative Science percebeu que talvez o dinheiro real não estivesse na produção de jornalismo (eles podiam ter perguntado isso a qualquer jornalista), mas em gerar a escrita que as empresas utilizam internamente, os inúmeros relatórios e análises que influenciam as decisões empresariais. Assim, ela organizou sua tecnologia para reunir grandes classes de dados, incluindo dados não estruturados (como, por exemplo, mensagens de mídias sociais) sobre qualquer assunto ou problema, e para analisá-los profundamente em busca de tendências, correlações, eventos incomuns e muito mais. O *software* utiliza os dados para "fazer julgamentos e tirar conclusões", diz a empresa; ele também pode fazer recomendações. O *software* escreve tudo isso para leitura e em um tom que o cliente escolhe, fornecendo também tabelas e gráficos úteis.

Isto começa a soar menos como escrita e mais como gestão.

Mas será que a escrita e a análise são boas? Isto, pelo menos, cabe aos humanos decidir. Exceto que, cada vez mais, não há necessidade. As escolas, desde o nível fundamental até a faculdade estão utilizando *software* para julgar a escrita e a análise sob a forma de redações dos estudantes. O *software* não é perfeito – ainda não avalia sutilezas como voz e tom – mas os avaliadores humanos também não são perfeitos. Jeff Pence, um professor do ensino médio em Canton, na Geórgia, que utilizou o *software* para dar nota aos trabalhos de seus 140 alunos, reconheceu que ele não dá a nota com perfeita exatidão, mas, disse ele ao *Education Week*: "Quando chego ao 67º trabalho, eu não sou muito preciso." Um *software* semelhante está sendo utilizado em níveis muito mais elevados. edX, a empresa fundada por Harvard e MIT (Massachusetts Institute of Technology) para oferecer cursos *on-line*, começou utilizando-o para dar nota aos trabalhos dos alunos. A Fundação Hewlett ofereceu dois prêmios de US$100.000 para o desenvolvimento de tal *software*, e a edX contratou um dos vencedores para trabalhar em sua versão, que está disponível em código aberto para desenvolvedores de todo mundo, para que possa ser aperfeiçoado.

Naturalmente, este *software* de avaliação precisa ele mesmo ser avaliado por pessoas, medindo-o em comparação com o desempenho humano. Assim, os pesquisadores colocaram um grupo de professores dando nota para um grande conjunto de trabalhos. Em seguida, esses mesmos trabalhos foram entregues para um grupo separado de avaliadores humanos e para o *software*. Eles compararam as notas atribuídas pelo grupo humano Dois com as do grupo humano Um, e também compararam as notas atribuídas pelo *software* com as atribuídas pelo grupo humano Um. Todos os três conjuntos de notas foram diferentes, mas as notas do *software* não foram mais diferentes das notas do grupo humano Um do que as notas do grupo humano Dois em relação às do grupo humano Um. Assim, embora o *software* não atribua as mesmas notas que as pessoas, as pessoas também não atribuem as mesmas notas que outras pessoas. E se você olhar para um grande grupo de notas atribuídas ao mesmo trabalho por pessoas e pelo *software*, você **não consegue dizer qual é qual**.

Duas observações a tirar disso:

A **primeira** delas, que o *software* está rapidamente ficando **melhor**. As pessoas não.

A **segunda** delas, que o ensino, conforme atualmente concebido, está ficando realmente **estranho**. Afinal, o *software* de escrita de relatórios desenvolvido pela Narrative Science e outras empresas é facilmente adaptado para outros mercados, como o dos trabalhos estudantis. Então, agora temos *software* de notas de trabalhos e *software* de escrita de trabalhos, sendo que ambos estão melhorando. O que acontece em seguida é óbvio. O *software* de escrita é otimizado para agradar o *software* de atribuição de nota. Cada trabalho recebe um A, e nem o aluno e nem o professor têm nada a ver com isso. Mas não há muito ensino necessariamente ocorrendo, o que coloca problemas tanto para o aluno quanto para o professor.

UM TOQUE ROBÓTICO

O rápido progresso da TI em assumir tarefas na extremidade altamente qualificada do espectro de emprego – advogados, médicos, gerentes, professores – é espantosa, mas não necessariamente surpreendente. Se nós achávamos que tais empregos eram, por sua natureza, imunes à competição pelo computador, não deveríamos, pois esses empregos são altamente cognitivos. Grande parte do trabalho é trabalho cerebral, e é exatamente isso que os computadores fazem melhor; eles apenas necessitavam de tempo para acumular o poder de computação exigido. A maior surpresa aparece na extremidade oposta do espectro de emprego, no mundo de baixa qualificação e baixa remuneração, onde o trabalho é menos cognitivo e mais físico. Este é o tipo de trabalho que durante décadas, os computadores dificilmente conseguiriam executar. Um exemplo ilustra a disparidade de habilidades: em 1997, um computador podia vencer o maior jogador de xadrez do mundo, porém, não conseguia fisicamente mover as peças no tabuleiro. Mas, novamente, a tecnologia precisava apenas de tempo, mais algumas duplicações de poder. As habilidades do mundo físico também não estão imunes ao avanço da TI.

Os carros autônomos do Google são um exemplo óbvio e significativo – significativo porque o **emprego número um** entre os homens norte-americanos é o de motorista de caminhão. Muitos outros exemplos estão aparecendo. Você pode treinar um robô Baxter (da Rethink Robotics) para fazer todos os tipos de coisas – embalar ou desembalar caixas, levar ou tirar itens de uma correia transportadora, dobrar uma camiseta, carregar coisas, contá-las, inspecioná-las – apenas movendo seus braços e mãos ("terminais") da maneira desejada. Muitos robôs industriais anteriores precisavam ser cercados por gaiolas de segurança, pois conseguiam fazer apenas uma coisa, de uma única maneira, várias e várias vezes, e isso era tudo o que sabiam; caso você ficasse entre um robô de solda e a peça sendo soldada, você estaria em apuros. Mas o Baxter não faz mal a ninguém enquanto fica zumbindo pelo chão de fábrica; ele adapta seus movimentos ao ambiente detectando tudo ao redor, inclusive gente.

Muitos tipos semelhantes de robôs operam em diferentes ambientes – por exemplo, zumbindo pelos corredores de hospitais entregando medicamentos, transportando roupa para a lavanderia ou pegando lixo infeccioso. Robôs de segurança podem circular em torno de edifícios públicos, observando, ouvindo, fazendo a leitura de placas de automóveis e enviando informações para a polícia, se o robô julgar apropriado. Robôs entraram na usina nuclear Fukushima Daiichi em ruínas no Japão, muito antes das pessoas.

As vantagens dos robôs em fazer trabalhos perigosos é um excelente motivo para os militares dos EUA serem um importante usuário deles e um grande financiador da pesquisa em robótica. Em 2008, cerca de **12.000 robôs** de combate trabalhavam no Iraque. Alguns, pouco maiores do que uma caixa de sapatos, funcionam sobre esteiras de tanque em miniatura e podem carregar uma câmera e outros sensores, coletando informações de inteligência e fazendo vigilância e reconhecimento. Outros maiores dispõem de bombas ou transportam cargas pesadas para dentro e para fora de lugares perigosos. Alguns robôs armados com pistolas foram enviados ao Iraque, mas supostamente nunca foram usados. No entanto, o general Robert Cone anunciou em 2014 que o exército estava pensando em diminuir a equipe padrão de brigada de combate de 4.000 para 3.000 soldados, completando a diferença com robôs e *drones*.

Até agora praticamente nenhum desses robôs é autônomo; uma pessoa controla cada um. Mas o exército percebeu que este modelo era ineficiente, de modo que o Laboratório de Pesquisa do Exército dos EUA desenvolveu um robô mais sofisticado chamado RoboLeader que, nas palavras do chefe de projeto Jessie Chen: "Interpreta as situações em termos do objetivo de um operador" – ele olha, ouve, detecta e determina qual a melhor forma de conduzir as suas ordens – "e emite sinais de comando detalhados para uma equipe de robôs de menor capacidade." A grande vantagem, como explica Chen, é que "ao invés de gerenciar diretamente cada robô individual, o operador humano lida apenas com uma única entidade – o RoboLeader".

Senhoras e senhores, acabamos de inventar a média gestão robótica.

As habilidades físicas dos robôs estão rapidamente avançando em outras direções também. Considere uma mão robótica desenvolvida por uma equipe de Harvard, Yale e iRobot, fabricante do aspirador de pó Roomba e muitos outros robôs móveis, incluindo muitos usados pelos militares. As habilidades motoras da mão robótica são tão sutis que ela consegue pegar um cartão de crédito de uma mesa, colocar uma broca em uma furadeira e girar uma chave, habilidades que anteriormente estavam além da capacidade dos robôs. "Uma pessoa com deficiência física pode dizer para um robô com mãos: 'Vá até a cozinha e coloque meu jantar no aparelho de micro-ondas'", disse um dos pesquisadores, o professor Robert Howe de Harvard, para a revista *Harvard*. "Mãos robóticas são a fronteira real, e é nisso que estamos aplicando nossos esforços", enfatizou Robert Howe.

Parece que para todo lugar que olhamos, os computadores são agora capazes de executar coisas que não poderiam fazer e que algumas pessoas achavam que eles nunca conseguiriam fazer. As habilidades menos enaltecidas, as habilidades físicas como dobrar camisetas, acabaram sendo as mais desafiadoras, mas, finalmente, até mesmo elas estão sucumbindo diante da combinação do aumento implacável do poder de computação com a habilidade algorítmica. O número de pessoas que equivocadamente acreditava que nunca seria substituído por um computador continua crescendo – não mais devagar e sim, **mais rapidamente.**

O COMPUTADOR SABE QUE VOCÊ ESTÁ MENTINDO

No entanto, será que não existiria um último reduto da singularidade humana, uma última zona de individualidade orgânica e pulsante na qual os computadores nunca poderiam entrar? Tudo o que examinamos até agora envolve habilidades que se originam no lado esquerdo do cérebro – lógicas, lineares, com capacidade de fazer fluxograma, semelhantes ao computador. Mas o que dizer do outro lado, o lado direito, e sua especialidade, a emoção? Ela é irracional, misteriosa e todos nós a entendemos, embora não consigamos explicar como. Além disso, a emoção é muitas vezes o verdadeiro molho secreto do sucesso em muitos empregos, sejam os altamente qualificados ou não. Os executivos devem ler e responder às emoções dos clientes, empregados, autoridades reguladoras e todos os demais com quem lidam. Um bom garçom responde de forma diferente para clientes que estão irritados, cansados, alegres, confusos ou bêbados, tudo sem saber muito bem como. **Seguramente isso é exclusivamente nosso para sempre.**

Os fundadores de empresas como Emotient e Affectiva discordariam, no entanto. Eles são pesquisadores no campo da computação afetiva, em que os computadores entendem a emoção humana. À medida que esse trabalho progride, a nossa habilidade especializada de compreender o mundo analógico de carne e osso dos sentimentos humanos, parece bem menos especial a cada dia.

Nós expressamos emoções de muitas maneiras – palavras, tom de voz, linguagem corporal – mas qualquer pessoa que queira ler continuamente e à distância (isto é, sem conectar sensores) as emoções de alguém, o indicador mais útil é a expressão facial. Nem sempre estamos falando ou em movimento quando sentimos uma emoção, mas quase sempre mudamos a expressão do nosso rosto. De fato, um pesquisador chamado Paul Ekman descobriu décadas atrás que quando sentimos uma emoção, é praticamente impossível não demonstrarmos por meio de expressão facial, mesmo que estejamos tentando muito suprimi-la. A expressão aparece fugazmente, talvez por apenas uma fração de segundo, apesar de nossos esforços para não trair nossos verdadeiros sentimentos. Ekman ficou famoso por sua descoberta das assim chamadas microexpressões, principalmente por seu trabalho em apontá-las como uma forma de detectar mentiras. Um seriado de TV chamado *Lie to Me* baseou-se neste trabalho e girou em torno de um personagem inspirado nele.

Mas Ekman, um dos psicólogos mais citados do século XX, fez muito mais do que descobrir como detectar mentiras. Ele conduziu a análise mais profunda já realizada sobre todas as coisas que o rosto humano poderia revelar. Seu rosto contém cerca de 40 músculos. Ekman determinou como cada músculo poderia se mover e, em seguida, imaginou todas as combinações possíveis. O total é superior a 10.000, o que significa que podemos fazer mais de 10.000 expressões faciais, pelo menos em teoria. Na vida real, aproximadamente 3.000 delas têm algo a ver com emoção. Ekman estudou então qual emoção é expressa em cada uma dessas combinações de movimentos musculares faciais. O resultado, que levou muitos anos para compilar, foi o seu Sistema de Codificação da Ação Facial. Para qualquer combinação possível de movimentos musculares do rosto de uma pessoa, e não importando a rapidez com que a combinação ficava visível, Ekman conseguia dizer o que aquela pessoa estava sentindo.

Ekman montou um negócio de sucesso treinando pessoas da polícia, comércio e outros campos no uso de seu sistema para detectar emoções. Mas como a TI progrediu, outros pesquisadores estão pensando em como os computadores poderiam fazer a mesma coisa. Você já reparou que até mesmo a câmera em seu celular pode detectar rostos e colocar pequenos quadros em torno deles. Um *software* mais avançado pode examinar esses rostos e detectar os movimentos musculares do sistema de Eckman. As possibilidades desta tecnologia levaram seis Ph.Ds. da Universidade da Califórnia, em San Diego, a fundar a Emotient e a recrutar Eikman para seu conselho consultivo.

Aponte uma câmera de vídeo para o rosto de qualquer pessoa e o *software* Sentiment Analysis da empresa consegue dizer-lhe o sentimento geral desta pessoa (positivo, negativo, neutro) e exibir um gráfico de barras com atualização contínua mostrando os níveis de sete emoções primárias – **alegria, surpresa, tristeza, medo, nojo, desprezo, raiva** – e duas emoções avançadas, frustração e confusão (avançadas porque são combinações de outras emoções). Aponte a câmera para um grupo de pessoas e ela analisará todas as emoções e lhe dará uma leitura composta. Incorpore o *software* no Google Glass, como a empresa fez, e a leitura da emoção de qualquer pessoa que você estiver olhando aparecerá diante de seus olhos (e sem dúvida, várias pessoas logo notaram que a emoção que você acaba detectando é desprezo por estar usando o Google Glass). O mercado-alvo inicial da Emotient para vender o sistema Sentiment Analysis era o dos varejistas, mas as possibilidades são obviamente muito mais amplas.

Affectiva, uma empresa criada no Media Lab do MIT, também utiliza a pesquisa de Eikman para analisar expressões faciais, vendendo seu *software* para profissionais de *marketing* e publicitários para que eles possam realizar pesquisas *on-line* do consumidor utilizando *webcams*. Não há necessidade de colocar os pesquisados em um grupo focal e imaginar o que eles estão pensando; apenas faça-os falar com você *on-line* e deixe seus rostos contarem a história. Um projeto distinto dentro do Media Lab mede outro sentimento – estresse em motoristas – por meio de biossensores no volante, detectando a força do aperto, a condutância da pele e o suor da palma da mão, e analisando a voz do motorista enquanto ele ou ela fala.

Portanto, esta misteriosa capacidade humana de ler as emoções de outra pessoa acaba por não ser assim tão misteriosa. Os computadores podem fazer isso também. A tecnologia alcançou um ponto em que fazer isso não chega sequer a ser difícil.

Isso já seria bastante incível, mas essa habilidade humana supostamente exclusiva é menos especial ainda. Os computadores não apenas detectam emoções; eles fazem isso muito melhor do que nós.

Pesquisadores liderados pela dra. Marian Bartlett, uma das fundadoras da Emotient, gravou em vídeo os rostos de voluntários sofrendo dor (induzida mantendo um braço dentro de um balde de água gelada) ou fingindo a sensação de dor. Os vídeos foram então mostrados para participantes da pesquisa que deviam a responder a seguinte pergunta: **esta pessoa está realmente com dor ou apenas fingindo?** Eles ou elas acertaram 50% das vezes. Ou seja, não tinham a menor ideia; poderiam ter jogado uma moeda e chegado ao mesmo resultado. Após receberem algum treinamento em distinguir a dor falsa da real, o acerto subiu para 55%. Mas quando o *software* desenvolvido por Bartlett e sua equipe analisou os vídeos, a resposta foi correta em 85% das vezes. A competição não chegou nem perto. Nada nessa ou em outras pesquisas sugere que a dor seja especialmente fácil de falsear ou fundamentalmente diferente de outros sentimentos. É razoável inferir que o *software* também seria superior na detecção de outros sentimentos.

Apesar de nossa profunda sensação de que a emoção de alguma forma seja algo de nossa exclusiva compreensão, não devemos ficar surpresos com o fato de que o computador possa fazê-lo melhor. Ele pode olhar para cada um desses 40 músculos da face humana e lembrar todas as 3.000 combinações. Uma câmera de vídeo filma 30 quadros por segundo e um computador consegue analisar cada quadro; foi exatamente isso que o computador fez no estudo de detecção de dor falsa.

Mesmo um especialista treinado em Eikman pode ocasionalmente deixar de notar uma microexpressão, mas um computador nunca.

Tendo lido as emoções humanas melhor que os seres humanos, os computadores podem então fazer mais com essa informação do que nós. Por exemplo, os computadores analisaram os rostos de estudantes universitários sendo treinados em uma tarefa simples, mas que requer esforço, um jogo de encontrar determinados grupos de três cartas entre nove cartas em uma tela de *iPad* (é mais difícil do que parece). Os estudantes fizeram um teste e depois receberam treinamento durante o qual foram observados por seres humanos e computadores que aferiram separadamente o nível de envolvimento de cada estudante. Em seguida, foi feito outro teste para ver o quanto haviam melhorado.

Descobriu-se que a melhor maneira de prever o desempenho dos estudantes no segundo teste seria perguntar ao computador – baseado na análise das expressões faciais – o quanto os alunos haviam se envolvido durante o treinamento. Este indicador foi melhor do que o desempenho do estudante no primeiro teste, e foi tão bom ou melhor do que o julgamento humano sobre o envolvimento. E muito mais poderia ser feito com as leituras do computador. Conforme destacam os pesquisadores, o computador, medindo o envolvimento momento a momento, poderia continuamente ajustar o treinamento para manter o estudante envolvido, e poderia fazê-lo individualmente para um número ilimitado de estudantes. Os educadores poderiam garimpar muitos dados valiosos sobre envolvimento para saber em detalhes o que prende a atenção dos estudantes e o que os aborrece. Professores, departamentos acadêmicos e as escolas como um todo poderiam monitorar os níveis gerais de envolvimento dos alunos.

O carro de monitoramento de estresse do MIT aplica os mesmos princípios de formas diferentes. Ao detectar que um motorista está altamente estressado, o carro pode sugerir uma música relaxante e colocar no GPS um tom de voz mais suave. Se o motorista estiver se distraindo, o carro pode chamá-lo de volta à atenção fazendo vibrar o volante. De forma curiosa (ou hilária), os pesquisadores até utilizaram tinta termocromática especial para fazer o carro mudar a cor externa conforme o estado emocional do motorista, como forma de sinalizar aos outros motoristas. Se esta tecnologia terá tempo ou não de ser comercializada antes que a chegada dos veículos autônomos a torne irrelevante é outra questão.

O poder dos computadores de detectar emoções humanas significa, inevitavelmente, que uma máquina pode nos superar até mesmo na detecção de nossas próprias emoções. Certamente, é tentador supor que eu tenho uma percepção sobre meu próprio estado emocional que nenhuma entidade do lado de fora de mim, humana ou eletrônica, jamais possa alcançar. No entanto, evidentemente, isso não é verdade. Todos nós já tivemos a experiência de perguntar para alguém por que ele ou ela está de mau humor e ver essa pessoa, com os olhos flamejantes, berrar: "Eu não estou de mau humor!". Ou mais provavelmente, nós éramos essa pessoa. Um computador pode ver a realidade óbvia para a qual estamos cegos. De forma mais geral, as pessoas são notoriamente péssimas em perceber que estão estressadas, deprimidas, irritadas ou sob o domínio de outras emoções. É por isso que a tecnologia que nos adverte quando estamos estressados, por exemplo, é valiosa. Nosso suposto conhecimento interior de nós mesmos é tão frequentemente frustrado pela negação interna que um computador é muito melhor para nos dar uma leitura mais precisa.

Mas se não chega a ser surpreendente que os computadores possam conhecer nossas emoções melhor do que nós mesmos, certamente é **decepcionante**. Tomamos decisões que mudam nossas vidas com base no conhecimento imaginário de nossos próprios sentimentos. Nos negócios, no amor, e em muitas outras situações, pedimos às nossas emoções para nos guiar, mesmo que muitas vezes não estejamos plenamente cientes dessas emoções. Percebendo isso, às vezes perguntamos a parentes ou amigos suas opiniões sobre nossos sentimentos. A vida tem sido sempre assim. A novidade é que pela primeira vez a tecnologia pode ler esses sentimentos melhor do que as pessoas, nelas mesmas e nos outros.

A devastadora mensagem parece ser que, na tentativa de superar a tecnologia, quase ninguém está a salvo por muito tempo. Embora milhões de pessoas trabalhando em um amplo leque de empregos não estejam imediatamente ameaçados, fica mais fácil a cada dia ver como poderiam estar. Em trabalhos que são de alta ou baixa qualificação, intensamente cognitivos ou fortemente físicos, analíticos do lado esquerdo do cérebro ou emocionais do lado direito, a TI está rapidamente chegando a um ponto – e em muitos casos já alcançou esse ponto – em que supera o melhor dos humanos.

O contra-argumento convencional é que as pessoas não precisam se preocupar porque o uso mais produtivo dos computadores é fazê-los trabalhar com as pessoas, não as substituindo; humanos e computadores trabalhando juntos são ainda mais eficazes do que os computadores sozinhos. Mas os casos em que isto é verdade são sempre temporários; o computador sozinho acaba se mostrando superior. Uma pessoa trabalhando com uma calculadora conseguia resolver problemas de matemática muito mais rápido do que a calculadora sozinha, que não conseguia fazer nada a não ser que uma pessoa teclasse os números. Mas hoje, fábricas inteiras e armazéns são operados apenas por computadores executando uma matemática complexa sem interferência de pessoas; *scanners* e sensores fornecem os números. Por muito tempo, você e seu carro altamente informatizado puderam dirigir melhor do que o carro sozinho, mas não mais.

O exemplo favorito para apoiar o contra-argumento é o do xadrez: embora o Deep Blue da IBM tivesse vencido o campeão mundial Garry Kasparov em 1997, por volta de 2008, **uma pessoa e um computador trabalhando em conjunto** conseguiam vencer um **computador sozinho**.

Você ainda ouve esse exemplo citado como prova de que as pessoas acrescentam algo inefável que os computadores simplesmente não conseguem fornecer. O problema é que o argumento está ficando mais frágil a cada momento. O exemplo ficou famoso após o economista Tyler Cowen tê-lo citado em seu excelente livro de 2013, *Average Is Over*. Mas ele também observou no livro que, à medida que os computadores avançam, poderia chegar o dia em que os humanos já não poderiam mais acrescentar nenhum valor ao jogo do computador, e no final de 2013, ele pôde postar uma mensagem no *blog* citando provas de que esse dia poderia ter chegado. Até o presente momento, as equipes homem-computador ainda vencem os computadores algumas vezes, mas em um domínio em que potências de *software* do mundo como a IBM e o Google não estão competindo. As equipes homem-computador não conseguem vencer computadores sozinhos no jogo de damas, e com o xadrez é apenas uma questão de tempo; daqui a algumas duplicações de poder.

Quanto à tendência de "implicações para mercados de trabalho mais tradicionais", Cowen observou:

"Você pode tentar ajudar um programa de computador a ler exames médicos, e por treze anos acrescentar um valor efetivo com sua intuição e sua capacidade de revisar erros do computador ou, pelo menos, fazer um médico olhar mais de perto. Mas será preciso cada vez mais tempo para você melhorar o computador a cada ano. E então um dia... puf! PMZ para você."

"PMZ" significa **"produto marginal zero"** – expressão usada pelos economistas para quando você não acrescenta valor algum.

Tornando a tendência ainda mais desconcertante, como continuamente temos que nos lembrar, está o fato de que ela está acelerando e não abrandando. Todas as tecnologias e desenvolvimentos que descrevi são coisas surpreendentes no momento em que escrevo sobre elas. Provavelmente já serão rotineiras quando você ler isso. A transição entre "de tirar o fôlego" e "enfadonho" leva apenas meses, e este fato ilustra um ponto crucial. À medida que nos esforçamos para entender o significado desses avanços para nossas vidas, temos de nos forçar a encarar mudanças ainda maiores e mais rápidas do que as estonteantes que vimos até agora.

Com este desafio em mente, quis saber o que Nicholas Negroponte pensava dessas tendências. Famoso como fundador do Media Lab do MIT, ele previu décadas a frente da realidade da época que os telefones seriam transformados de "com fio" para "sem fio", que a TV iria mudar de "sem fio" para "com fio" e que por agora todos nós receberíamos notícias em pequenos dispositivos digitais. Ou seja, ele acertou amplamente.

Então, eu lhe enviei um *e-mail* com a seguinte consulta: "Em cinco ou dez anos, o que as pessoas farão melhor do que os computadores?".

Sua resposta: "Muito pouco, que não seja **'desfrutar'**".

"Nós realmente queremos um mundo sem trabalho?".

Na verdade, um mundo que seja literalmente sem trabalho é altamente improvável, pela simples razão de que os desejos humanos são bem variados. Não importa o quanto esta tecnologia possa fazer por nós, sempre iremos encontrar algo para querer. Conforme a célebre observação de Milton Friedman, você pode chegar a um ponto em que paga para um psiquiatra pessoal acompanhá-lo por todos os lugares (quando Henry Ford – ou, em algumas narrativas, John D. Rockefeller – assumiu o cruel desafio de aprender golfe quando adulto, ele teria pagado para um menino segui-lo ao redor do campo e lembrá-lo para manter a cabeça abaixada). Nós sempre encontraremos algum tipo de trabalho para fazer. A grande questão quando contornamos o quarto grande ponto de inflexão na história do trabalho é que tipo de trabalho nós encontraremos: de alto valor ou de baixo valor, o trabalho do psiquiatra ou o do menino no campo de golfe.

Há uma resposta clara, e o estranho a respeito dela é que para vê-la, precisamos olhar mais de perto não para os computadores, e sim **para nós mesmos.**

CAPÍTULO TRÊS
O SURPREENDENTE VALOR EM NOSSA NATUREZA MAIS PROFUNDA

Por que o ótimo desempenho está se tornando cada vez menos uma questão sobre o que sabemos e mais sobre o que somos.

O caso no Tribunal Superior do Estado de Arizona referia-se a James Stone, que tinha sido condenado duas vezes por crimes sexuais violentos envolvendo crianças. Sua pena de prisão estava chegando ao fim e a questão diante do júri era se ele deveria ser confinado em um hospital psiquiátrico após a libertação – naquilo que é chamado de confinamento civil. Parece surpreendente que alguém possa ser preso por mais um período de tempo indeterminado após ter cumprido a pena imposta pelo tribunal, mas muitos Estados norte-americanos possuem tais leis de confinamento civil, especialmente para crimes sexuais violentos. A questão central em um caso de confinamento civil é a probabilidade de que a pessoa venha a cometer futuros atos de violência sexual, e o principal depoimento é dado por especialistas em saúde mental. Muito vai depender de como os jurados reagem a este depoimento, pois para chegar a uma decisão eles têm pouca coisa além dos fatos básicos do crime cometido, que pode ter ocorrido muitos anos antes. Será que os jurados libertarão Stone de volta para a comunidade ou irão trancá-lo em um hospital?

O tribunal nomeou um psicólogo chamado Brent para avaliar Stone, o que ele fez revendo os fatos do caso e entrevistando Stone por mais de duas horas. No julgamento, o promotor público colocou Brent no banco das testemunhas, pediu-lhe para descrever seu procedimento e, em seguida, foi para a questão fundamental: "Agora, com base em sua entrevista e em sua avaliação, o senhor formou um juízo sobre a probabilidade de reincidência?".

"Sim, formei."

"E qual foi?"

"Seu passado e minha experiência sugerem que ele apresenta alto risco de reincidir."

O promotor público perguntou a Brent o que foi especialmente importante na entrevista. Brent respondeu: "Ele reconheceu os comportamentos em questão mesmo antes de sua primeira condenação, quando estava em liberdade condicional; reconheceu também o comportamento que levou à segunda condenação e até mesmo os problemas contínuos com os quais realmente precisava continuar a lidar, através de tratamento."

No interrogatório, o advogado de Stone pressionou Brent, perguntando se duas ou três horas era um tempo realmente suficiente para fazer "uma avaliação precisa sobre a probabilidade de reincidência do sr. Stone", e Brent insistiu que sim. "E tudo isso é baseado em sua opinião?", perguntou o advogado de Stone. Brent respondeu: "Sim, é baseado em minha opinião como psicólogo formado."

O depoimento prolongou-se um pouco mais, mas este foi seu núcleo central. Caso fizesse parte do júri, o que você teria decidido – colocar Stone em liberdade ou confiná-lo?

Agora pense no que você teria feito se o depoimento-chave tivesse sido um pouco diferente. Suponha que Brent tivesse chegado à mesma conclusão sem entrevistar Stone; que, ao invés de basear sua conclusão em uma entrevista pessoal e em seu próprio julgamento, ele tivesse simplesmente inserido vários tipos de dados – a idade de Stone ao ser libertado da prisão, o sexo de suas vítimas, seu relacionamento com as vítimas e muitos outros – em dois modelos criados por outros psicólogos para avaliar os riscos inerentes a agressores sexuais. Suponha que as pontuações de Stone nesses instrumentos atuariais levassem Brent a depor que ele acreditava "com razoável certeza no âmbito da psicologia que ele [Stone] apresentava uma probabilidade de reincidir".

Suponha também que, no interrogatório, o advogado de Stone tivesse perguntado a Brent se uma pessoa qualquer, incluindo "alguém que não fosse um profissional", poderia ter inserido os mesmos dados nos mesmos modelos e gerado a mesma resposta, e Brent tivesse reconhecido que sim. E se o advogado de Stone tivesse perguntado a Brent: "Há alguma dúvida dentro de sua área de atividade quanto a se os instrumentos atuariais deveriam ser utilizados desta maneira?", ao que Brent respondesse "Sim".

Se este tivesse sido o depoimento principal no caso, o que você teria decidido?

Como você deve ter adivinhado, o julgamento sobre o confinamento de James Stone não era exatamente um julgamento real. Tratou-se de uma reconstituição extremamente realista de um julgamento real de confinamento pelo crime de agressão sexual no Arizona; o promotor foi retratado por um antigo promotor do Arizona, o advogado de defesa por um advogado de defesa real do Arizona e o psicólogo por um psicólogo licenciado do Arizona com muita experiência neste tipo de peritagem. Os pesquisadores produziram dois vídeos de uma hora sobre o julgamento que variavam apenas no depoimento principal; todos os outros diálogos foram extraídos da transcrição do julgamento real. Em seguida, mostraram um dos dois vídeos para 156 pessoas que haviam sido convocadas para o serviço de jurado, mas que não tinham sido colocadas em um júri; como a maioria de tais pessoas, elas não foram rejeitadas, mas ficaram ali sentadas o dia todo e, depois, enviadas para casa.

Os resultados foram surpreendentes. Esses jurados em potencial foram muito mais influenciados pelo depoimento do especialista quando este se baseou em sua própria avaliação do que quando se baseou em dados. O problema é que eles não deveriam ter sido influenciados. Como muitos Estados norte-americanos possuem leis de confinamento civil que podem prender alguém com base principalmente na previsão de um especialista sobre um comportamento futuro, muita pesquisa tem sido feita sobre a melhor forma de realizar essas previsões. A maior parte das pesquisas concorda que a avaliação pessoal do perito não é tão boa quanto os modelos com dados e números.

Os jurados neste estudo não sabiam disso. Eles só sabiam aquilo que gostaram, e gostaram de um especialista que realmente viu e ouviu pessoalmente o acusado e que podia então pesar suas impressões, a realidade humana não quantificável, com as outras provas do caso para formar um juízo. Na verdade, os jurados adoraram isso. Conforme concluíram os autores do estudo: "Parece existir neste contexto uma desconexão fundamental na tomada de decisão dos jurados – os jurados confiam mais em seus veredits quando diante de depoimentos menos precisos por parte do especialista."

O mesmo ocorre em muitos casos judiciais. As pessoas não avaliam os especialistas em sua experiência. Jeremy Rose, um profissional de consultoria de julgamentos do National Jury Project, escreveu que: "Os especialistas que ganham a guerra de credenciais contra o especialista do lado oposto, geralmente ganham com base na experiência prática que possuem com o tema em questão. Por exemplo, os jurados acham que os médicos clínicos são mais persuasivos do que os médicos peritos." Em alguns casos pode acontecer, como vimos acima, que você não precisa sequer se encontrar com o réu para chegar a conclusões mais precisas. Mas as pessoas não se importam. Em uma situação tão importante quanto um julgamento com júri, elas não querem conclusões a partir de um punhado de dados. Elas querem ver e ouvir um ser humano vivendo, sentindo e julgando.

Esta realidade possui um indício importante sobre como as pessoas serão valiosas à medida que a economia se transforma. Os jurados colocam um valor extremamente elevado em ver e ouvir, pessoalmente, especialistas humanos que fazem julgamentos humanos sobre pessoas que eles, por sua vez, puderam ver, ouvir, tocar e sentir.

A lição maior é que a interação humana governa nossas vidas. É ainda mais valiosa do que podemos imaginar. Em uma quantidade surpreendente de maneiras, ela detém a chave para o nosso valor.

PARA QUE SERVEM REALMENTE OS NOSSOS CÉREBROS

Não podemos começar a compreender a natureza mutável das habilidades de alto valor sem avaliar o poder de conexão e a importância da interação humana em nossas vidas. "A seleção natural determinou que vivêssemos em grupos para sobreviver", escreveu o eminente neurocientista e psicólogo Michael S. Gazzaniga. "Estando no grupo, construímos nossas... relações sociais, com nossas mentes interpretativas sempre ocupadas lidando com as coisas ao nosso redor, a maioria das quais envolvendo nossos companheiros humanos... Essas relações sociais humanas se tornam fundamentais para a nossa vida mental; de fato, tornam-se a razão de ser de nossas vidas... Agora nós pensamos nas outras pessoas o tempo todo, pois é assim que fomos constituídos. Sem todos esses outros indivíduos, sem nossas alianças e coalizões, nós morremos. Isso valia... para os primeiros seres humanos. E ainda vale para nós", complementou Gazzaniga.

Ou seja, estamos programados para conectar a interação social com a sobrevivência. Nenhuma conexão pode ser mais forte. Podemos facilmente esquecer – vivendo e trabalhando em economias altamente desenvolvidas, fazendo raciocínios lineares, lógicos, racionais todos os dias durante a vida inteira – que esta atividade esteja em nossa natureza profunda. Mas reconhecendo ou não nossa verdadeira natureza, ela está lá dentro de nós, nos conduzindo. "Nós somos sociais até o âmago", enfatizou Gazzaniga. "Não há como contornar o fato. Nossos cérebros grandes estão lá principalmente para tratar de questões sociais, não para... cogitar sobre a segunda lei da termodinâmica", destacou o neurocientista.

Entenda o que ele está dizendo. Os psicólogos há muito tempo estão intrigados com uma questão que definitivamente não ocorre para a maioria de nós enquanto seguimos nossas vidas, que é a de saber por que as pessoas são tão inteligentes. Que possível vantagem evolutiva os seres humanos teriam obtido com o desenvolvimento de um cérebro que pode inventar o cálculo ou a física das partículas – ou aprender a álgebra ou a dirigir um carro? Nós humanos desenvolvemos nossos cérebros modernos enquanto apenas vivíamos pela subsistência por milênios; então, de onde vem a capacidade de realizar esses feitos avançados?

A resposta parece ser a de que, na savana, tivemos de resolver problemas incrivelmente complexos, que eram os problemas de interação social. Obtivemos benefícios por viver em grupos sociais, e para tanto havia a necessidade de entender como nossas próprias ações afetariam as ações dos outros – sabendo que os outros estavam pensando da mesma forma sobre nós – e se os resultados beneficiariam ou prejudicariam a nós mesmos e a nossos semelhantes, percebendo que nunca poderíamos ter certeza de exatamente quando, como ou por que os outros iriam agir, mas sentindo os sinais de mudança. Isto é como o xadrez, só que muito mais difícil, e os riscos são maiores. "As faculdades intelectuais exigidas são da mais alta ordem", disse o psicólogo inglês N. K. Humphrey, que apresentou esta linha de pensamento na década de 1970 como uma resposta à pergunta sobre por que os cérebros humanos são tão altamente desenvolvidos.

Isto é: os nossos cérebros são feitos para a interação social.

Não devemos ficar confusos sobre isso. Por muitos anos, a visão dominante nas ciências sociais era exatamente o oposto – um ser humano recém-nascido era, segundo o raciocínio, uma tábula rasa, uma lousa em branco e tudo aquilo que pensaríamos ou sentiríamos ou nos tornaríamos surgiria a partir do que seria escrito nesta lousa por nossas experiências. "O homem não tem natureza; o que ele tem é história", escreveu o filósofo espanhol José Ortega y Gasset. Esse modelo de seres humanos surgiu de muitos estímulos no início do século XX, e algumas das motivações eram nobres. Em especial, em uma época em que algumas pessoas afirmavam que diversos grupos – africanos, judeus, ciganos, homossexuais, mulheres – eram inerentemente inferiores, um contra-argumento eficaz foi o de que eles não poderiam ser inerentemente inferiores porque ninguém é intrinsecamente nada. Seja o que for que qualquer um de nós viesse a ser, isso estaria inscrito na lousa pela cultura, o que significa que poderia ter sido algo diferente e, independente do caso, **poderia ser alterado.**

A visão da tábula rasa também detinha a esperança de um mundo melhor, particularmente um mundo menos cheio de guerras, o que foi fortemente atraente na época das duas Guerras Mundiais. A guerra não era uma maldição inevitável, como as pessoas ao longo de toda a história haviam acreditado, argumentava essa visão, porque nós não somos inerentemente belicosos. Novas pesquisas surgiram para apoiar esse ponto de vista. Margaret Mead escreveu um estudo famoso sobre o povo não violento da Samoa, e o povo da Nova Guiné que nunca tinha ouvido falar de guerra. Elizabeth Marshall Thomas, em seu livro *The Harmless People*, descreveu os pacifistas !Kung San do Kalahari. Se essas culturas prosperaram sem guerras, o mesmo poderia ter acontecido conosco.

Infelizmente, as pesquisas estavam simplesmente erradas. Outros antropólogos investigaram e descobriram que os samoanos, guineanos, e os !Kung San eram povos tão sanguinariamente violentos como qualquer cultura que você já ouviu falar. Anos de pesquisas feitas por psicólogos, antropólogos, neurocientistas e outros, praticamente arrasaram a visão da tábula rasa. O escopo completo do argumento está além de nossas necessidades aqui (que é elucidado brilhantemente no livro *Tábula Rasa: a Negação Contemporânea da Natureza Humana* do psicólogo Steven Pinker, de Harvard), mas vale a pena o nosso tempo para examinar uma lista de **universais humanos** compilada pelo antropólogo Donald E. Brown e publicada em 1991. Trata-se, disse Brown, de "características da cultura, sociedade, linguagem, comportamento e psique para as quais não há exceções conhecidas". Elas aparecem em todas as culturas do planeta. Algumas são altamente relevantes para o nosso assunto:

A empatia é universal.

Pessoas em toda parte admiram a generosidade e desaprovam a mesquinhez.

Todos nós choramos e todos nós fazemos piadas.

Todas as culturas criam música com melodia. Todas dançam. Todas as sociedades têm a estética e criam arte decorativa.

Todos nós temos um conceito de justiça e todos nós entendemos a reciprocidade.

Todos nós temos orgulho.

Todos nós contamos histórias.

Toda sociedade tem líderes.

O fato de estas características serem universais na humanidade não significa que sejam necessariamente inatas, incorporadas quando nascemos, embora pareça altamente provável. O que importa para nós é que todas elas envolvem interação humana e todas aparentemente se aplicam a todos na Terra. Nós realmente carregamos certas tendências profundamente arraigadas. Compreendê-las nos ajudará a descobrir como podemos servir melhor uns aos outros em um mundo onde a tecnologia atende cada vez mais nossos desejos.

NÃO PERGUNTE O QUE OS COMPUTADORES NÃO CONSEGUIRÃO FAZER

Na procura de nosso valor enquanto ocorre o avanço da tecnologia, olhar para nós mesmos é muito mais útil do que a abordagem tradicional, que é perguntar que tipo de trabalho o computador nunca será capaz de fazer. Embora pareça de bom senso considerar que serão valiosas as habilidades que os computadores não consigam adquirir, a lição da história é que é perigoso afirmar que exista alguma habilidade que os computadores não conseguirão afinal adquirir. O histórico de previsões embaraçosas já vem de longe. Os primeiros pesquisadores em tradução de idiomas pelo computador estavam muito pessimistas de que o campo pudesse progredir além do estado praticamente inútil em que se encontravam em meados dos anos 1960; agora o Google traduz a linguagem escrita de graça, e o Skype traduz a língua falada em tempo real, de forma gratuita. Hubert Dreyfus do MIT, em um livro de 1972 intitulado *What Computers Can't Do*, viu pouca esperança de que os computadores pudessem fazer significativos progressos adicionais no jogo de xadrez além do nível medíocre alcançado na época; mas um computador venceu o campeão mundial Gary Kasparov em 1997. Os economistas Frank Levy e Richard J. Murnane, em um excelente livro de 2004 intitulado *The New Division of Labor*, explicam como a condução de um veículo envolve uma massa tão grande de informações sensoriais e exige julgamentos tão complexos em frações de segundo que seria extremamente difícil que um computador chegasse algum dia a dar conta do recado; no entanto o Google apresentou o seu carro autônomo seis anos depois. Steven Pinker observou em 2007 que "avaliar o *layout* do mundo e guiar um corpo através dele são tarefas de engenharia incrivelmente complexa, como podemos ver pela ausência de máquinas de lavar louça que possam esvaziar-se sozinhas ou aspiradores de pó que consigam subir escadas". Mas a iRobot logo depois já estava fabricando aspiradores de pó e enceradeiras que encontravam seu caminho pela casa sem ferir móveis, animais de estimação ou crianças, e também fabricava outros robôs que sobem escadas; obviamente, ela poderia fazer máquinas que executassem ambas as funções se acreditasse que a demanda seria suficiente. A máquina de lavar louça que se esvazia sozinha também é apenas uma questão de quando o avanço da tecnologia e a demanda de mercado vão se cruzar.

O padrão está claro. Pessoas extremamente inteligentes observam a imensa complexidade de várias tarefas – incluindo algumas, como dirigir um carro, que as pessoas executam quase sem esforço – e concluem que será terrivelmente difícil para os computadores dominá-las. No entanto, seguidamente, é apenas uma questão de tempo, geralmente menos tempo do que se espera. Nós simplesmente não conseguimos alcançar com nossas mentes o significado de duplicar o poder a cada dois anos. Nesse ritmo, o poder de computação aumenta por um fator de um milhão em 40 anos. O visionário da computação, Bill Joy, gosta de destacar que a viagem a jato é mais rápida do que andar a pé por um fator de cem, e isso mudou completamente o mundo. Nada em nossa experiência consegue nos preparar para compreender um fator de um milhão. Ao mesmo tempo, algoritmos cada vez mais sofisticados permitem que os computadores processem tarefas complexas utilizando menos poder de computação. Assim, ano após ano, inexoravelmente cometemos o mesmo erro de subestimar o que os computadores farão no futuro.

UMA ESTRATÉGIA MELHOR

Já sabemos agora que tentar imaginar o que os computadores nunca farão é uma rota extremamente perigosa para determinar como os seres humanos podem permanecer valiosos. Nós vamos nos aventurar por este caminho apenas um pouco, com cautela e de forma conservadora. Mas uma estratégia melhor é perguntar: quais são as atividades que nós, seres humanos, movidos por nossa natureza mais profunda ou pelas realidades da vida diária, simplesmente insistiremos que sejam realizadas por outros seres humanos, independentemente do que os computadores possam fazer?

Esta estratégia requer que assumamos dois pressupostos importantes. Eles soam um pouco estranho, ou talvez óbvio, mas devem ser afirmados explicitamente:

- Nós assumimos que os humanos estão no comando. A economia – o mundo – continuará a ser conduzida, em última instância, por e para os seres humanos. As pessoas começam a cantarolar a música de *No Limite da Realidade (Twilight Zone)* quando você menciona isso, e algumas podem se lembrar de que uma guerra entre máquinas e humanos é o conflito básico nos filmes *Exterminador do Futuro*. Ainda assim, em 2014, quando perguntei para Dominic Barton, diretor mundial da empresa de consultoria McKinsey, sobre o efeito dos computadores nos gestores de negócios, ele respondeu: "Eu acho que ainda há, obviamente, um papel muito importante para os líderes. Não seremos comandados por máquinas." Obviamente. Contudo, ele achou que tinha de dizer isso. Vamos assumir que ele esteja certo.
- Nós assumimos que uma imitação mecânica perfeita de um ser humano não existirá em nossas vidas, ou nas de nossos netos. O ciborgue indistinguível foi outro tema dos filmes *Exterminador do Futuro*. E realmente, quem é que pode saber? Mas não iremos nos preocupar com isso. Se estivermos cometendo um erro com esta hipótese, então os problemas que enfrentaremos são inimagináveis agora.

Nesta base, quais as atividades que continuaremos a insistir que sejam feitas por humanos? Uma grande categoria delas abrange funções para as quais exigimos que determinada pessoa ou pessoas sejam responsáveis. Um exemplo útil é a tomada de decisões nos tribunais de justiça, para o que exigiremos juízes humanos ainda por muito tempo. Trata-se de um exemplo em que a questão "homens contra computadores" não é hipotética. Os juízes tomam decisões sobre livramento condicional em alguns países, como Israel, onde pesquisadores investigaram como essas decisões são influenciadas pelo problema fundamentalmente humano do almoço. No decorrer de um dia de trabalho, os juízes aprovam aproximadamente 35% dos pedidos de liberdade condicional dos presos. Mas a taxa de aprovação diminui de forma constante nas duas horas antes do almoço, caindo quase a zero antes do intervalo para o almoço. Imediatamente após o almoço, ela atinge um pico de 65% e, em seguida, novamente diminui de forma constante. Se você fosse um prisioneiro, o número de anos que passa na prisão poderia ser afetado de forma significativa caso seu pedido de liberdade condicional estivesse como último na pilha do juiz antes do almoço ou como o primeiro logo depois. À luz das conclusões sobre a previsão de reincidência para casos de presos por violência sexual e outros, é praticamente certo que a análise de computador poderia julgar os pedidos de liberdade condicional mais eficazmente, e certamente de forma menos caprichosa, do que a dos juízes humanos. No entanto, como você classificaria as chances de que este trabalho fosse transferido dos juízes para máquinas? Não é uma questão de capacidade do computador; é uma questão de necessidade social de que pessoas sejam as responsáveis por decisões importantes. Do modo semelhante, parece uma aposta segura de que as pessoas em outras funções de responsabilidade – CEOs, generais, líderes governamentais em todos os níveis – permanecerão nestas funções pelo mesmo motivo.

Além disso, existem problemas que os seres humanos, em vez de computadores, terão que resolver por razões puramente práticas. Não porque os computadores não possam eventualmente resolvê-los. É porque na vida real e, especialmente, na vida organizacional, estamos sempre mudando nossa concepção sobre qual é o problema e quais são os nossos objetivos. Estas são questões que as pessoas devem trabalhar por si mesmas e, fundamentalmente, devem fazê-lo em grupos, em parte porque as organizações incluem muitos interesses que devem estar representados na resolução de problemas e, em parte, porque os grupos conseguem resolver problemas bem melhor que qualquer pessoa individualmente. As evidências são claras (e analisaremos muitas delas) de que os grupos mais eficazes são aqueles cujos membros possuem mais fortemente as habilidades básicas profundamente humanas.

Outra categoria importante de trabalho efetuado apenas por pessoas abrange as tarefas que nós exigimos que sejam realizadas por outros seres humanos, e não máquinas, simplesmente porque nossa natureza humana mais essencial demanda isso, por razões demasiado profundas, até para serem expressas. Queremos ouvir o nosso diagnóstico vindo de um médico, mesmo se for um computador que o forneça, porque queremos conversar com ele sobre isso – talvez apenas para falar e saber que estamos sendo ouvidos por um ser humano. Queremos trabalhar com outras pessoas na resolução de problemas, contar-lhes histórias e ouvir as histórias delas, criar novas ideias com elas. Queremos seguir líderes humanos, mesmo se um computador pudesse dizer todas as palavras certas, o que não é uma possibilidade implausível. Queremos negociar acordos importantes com uma pessoa, ouvir cada tremor em sua voz, notar quando ela cruza os braços, olhar em seus olhos.

Olhar nos olhos de alguém – o que acaba por ser, metaforicamente e, muitas vezes, literalmente, a chave para o trabalho de alto valor na economia do futuro, como veremos.

NÃO SE TRATA APENAS DE TEORIA

Mudanças na natureza do trabalho exatamente deste tipo estão acontecendo em uma escala significativa. Pergunte aos empregadores quais as habilidades que eles mais vão precisar nos próximos cinco a dez anos, como fizeram a empresa de consultoria Towers Watson e a empresa de pesquisa Oxford Economics, e as respostas que são recebidas não incluem perspicácia nos negócios, análise ou gestão de resultados – habilidades de pensamento do lado esquerdo do cérebro. Em vez disso, as principais habilidades requeridas pelos empregadores incluem construção de relacionamento, trabalhar em equipe, criatividade em grupo, *brainstorming*[6], sensibilidade cultural e capacidade de gerenciar pessoas dentro de uma política de diversidade – habilidades de interação social do lado direito do cérebro. Essas respostas se enquadram bem com os dados gerais sobre como os norte-americanos trabalham hoje em comparação com o trabalho na década de 1970. Os maiores incrementos foram de longe em serviços de **educação** e **saúde**, que mais do que dobraram como porcentagem do total de empregos; os serviços **profissionais** e de **negócios** aumentaram cerca de 80%; e de **lazer** e **hospitalidade**, aproximadamente 50%. As estatísticas não dão muitos detalhes sobre tarefas específicas realizadas dentro dessas grandes categorias, de modo que devemos tirar conclusões de forma cautelosa, mas a tendência geral é um gigantesco aumento de emprego nos diversos setores da economia baseados na interação social.

Outras pesquisas corroboram essa impressão. O McKinsey Global Institute constatou que de 2001 a 2009, os empregos de transação (caixa de banco, funcionários de caixas registradoras) diminuíram em cerca de 700.000 nos EUA, e os empregos de produção diminuíram em 2,7 milhões. Mas os empregos de interação humana – médicos e professores, por exemplo – aumentaram em 4,8 milhões. O instituto relatou que os "empregos de interação" passaram a ser "a categoria de emprego de maior crescimento nas economias avançadas".

Ninguém deveria ficar surpreso. O professor William H. Bossert, da Universidade de Harvard, uma figura lendária na escola com amplo leque de interesses em matemática e biologia, deu um curso pioneiro

---

6 – NT - O *brainstorming* é uma técnica de dinâmica de grupo para resolver problemas, gerar novas ideias ou estimular o pensamento criativo. Os participantes apresentam livremente suas ideias a respeito do assunto tratado, que são compiladas sem ser descartadas, e no final procura-se chegar a um denominador comum.

de ciência da computação para alunos de graduação no início da década de 1970, o primeiro deste tipo de curso a ser oferecido nela. O tema de sua palestra final foi sobre o futuro da computação e seus prováveis efeitos. A Intel havia acabado de produzir o seu primeiro *chip* e as pessoas estavam preocupadas se os computadores eliminariam empregos. A resposta enfática de Bossert foi que os computadores de fato eliminariam empregos, e que nós deveríamos agradecer, pois poderíamos nos concentrar então na essência do ser humano, e fazer aquilo para o qual fomos concebidos. Esta observação levou-o a uma conclusão memorável: "Se você está com medo de que possa ser substituído por um computador, então provavelmente será – e deve sê-lo."

Levou um tempo, mas a incorporação em grande escala de muitas tarefas de raciocínio pelos computadores, deixando as pessoas com as tarefas profundamente humanas de interação social, está se tornando um fenômeno de grande amplitude.

QUANTO VALE REALMENTE O RACIOCÍNIO?

Uma coisa é argumentar que as habilidades de **interação social** estão ficando mais valiosas, mas outra bem diferente é sugerir, como esta análise também parece fazer, que as habilidades de raciocínio do lado esquerdo do cérebro poderiam realmente estar perdendo valor. Se os computadores estão assumindo essas habilidades, então seria lógico que menos pessoas estão sendo necessárias para executá-las. Esta é a teoria. **Será que realmente está acontecendo?**

A história econômica do século XX é em grande parte a história das pessoas adquirindo habilidades de raciocínio por meio de educação formal e de como esta tendência expandiu as economias em todo o mundo e melhorou o padrão de vida de bilhões de pessoas. O fenômeno foi explicado de forma mais persuasiva e exaustiva por Claudia Goldin e Lawrence F. Katz, de Harvard, que dedicaram décadas para reunir os dados e mostrar o que eles significam. O motivo de os EUA terem alcançado o mais alto padrão de vida do mundo em comparação com qualquer outra grande economia em 1900 e manter esta posição por mais de um século é bastante simples, mostram eles. "O rápido avanço tecnológico, medido de várias maneiras, caracterizou o século XX", escreveram eles. "Por ter a melhor educação do mundo, o povo norte-americano estava em melhor posição para inventar, empreender e produzir bens e serviços utilizando tecnologias avançadas". A educação formal (quanto mais, melhor) tem sido o caminho para a prosperidade, e foi assim durante a vida inteira de todas as pessoas nas economias avançadas.

Portanto, é surpreendente que até mesmo Goldin e Katz acreditem que esta receita de cem anos para melhorar o padrão de vida das pessoas possa não funcionar mais. "A faculdade não é mais o bilhete automático para o sucesso", afirmaram eles, surpreendentemente. "Vimos que, ao longo do século XX, as novas tecnologias recompensaram as habilidades gerais, como as relativas à matemática, ciência, conhecimento de gramática e capacidade de ler e interpretar projetos", disseram. Agora, continuam eles, isto está para mudar, pois há cada vez mais concorrência de baixo custo para empregos altamente qualificados. A concorrência pode vir de seres humanos em economias em desenvolvimento e, além disso, "as habilidades que um programa de computador pode substituir também estão em perigo".

Assim, qual é o caminho a seguir neste novo mundo? "Habilidades para empregos e trabalhos não rotineiros com competências pessoais são menos passíveis" de concorrência de baixo custo, apontam eles. Os empregadores apresentam "maior demanda por aqueles que fornecem serviços pessoais qualificados... As habilidades interpessoais... também são muito importantes". Sua conclusão, anunciando o fim de uma época: **"Ter um diploma do ensino médio ou universitário já não mais faz você ser indispensável"**. As habilidades de interação estão se tornando a chave para o sucesso.

A ideia de que habilidades cognitivas gerais possam estar perdendo, mais do que ganhando, valor econômico atinge a maioria das pessoas como algo estranho. Ninguém nunca conheceu um mundo em que isso acontece. Mas novas evidências, além das apresentadas por Goldin e Katz, sugerem que pode estar ocorrendo agora. Pesquisadores da Universidade de British Columbia e da Universidade de York acreditam até que localizaram o momento da virada: "Por volta do ano 2000, a procura por habilidades (ou, mais especificamente, a procura por tarefas cognitivas que são frequentemente associadas com alta qualificação educacional) passou por uma reversão", escreveram eles. Para comprovar, os pesquisadores mostram que a taxa de emprego entre os trabalhadores norte-americanos mais qualificados e instruídos, que vinha aumentando por décadas, atingiu um pico por volta de 2000 e passou a diminuir desde então. Isto não foi apenas um efeito da recessão que começou em 2008; a queda foi bastante pronunciada bem antes disso. Reforçando as conclusões, outras estatísticas mostram que os salários ajustados pela inflação para os norte-americanos com ensino superior estagnaram desde 2000. Os pesquisadores também verificaram a variação de um índice de **"nível de tarefa cognitiva"** de várias profissões, desenvolvido por outros economistas, e analisaram a correspondência dele com os trabalhos que os diplomados em universidades vinham fazendo. Em outras palavras: quanto recurso intelectual era realmente exigido pelos empregos ocupados por trabalhadores formados em faculdades? Eles constataram que isto também atingiu um pico por volta de 2000 e tem caído desde então; em 2012 foi ligeiramente inferior ao que tinha sido em 1980. Os diplomados em faculdades continuam conseguindo empregos – sempre encontraremos trabalho para fazer – mas esses empregos têm exigido menos trabalho cerebral desde cerca de 2000.

Estas conclusões aparentemente bizarras ficam menos estranhas quando consideramos a grande evolução da economia. O crescimento do emprego nos EUA foi extremamente lento após a recessão, mais lento do que em qualquer outro momento na história do país, e os salários aumentaram quase nada. **Por quê?** A queda na procura por capacidade intelectual em geral funciona muito bem como parte da explicação. Os pesquisadores mostram aquilo que todo jovem candidato a emprego nos últimos anos já sabe: que "em resposta a esta reversão da demanda, trabalhadores altamente qualificados moveram-se para baixo na hierarquia profissional e começaram a executar trabalhos tradicionalmente realizados por trabalhadores menos qualificados" – daí o aumento amplamente observado de arquivistas e recepcionistas com diplomas universitários, por exemplo. Segundo Goldin e Katz, o próximo passo é: "Este processo de requalificação, por sua vez, resulta em trabalhadores altamente qualificados empurrando os trabalhadores de baixa qualificação ainda mais para baixo da hierarquia profissional e, de certo modo, completamente para fora da força de trabalho". Esta conclusão faz sentido intuitivamente e ajuda a explicar a taxa geral de emprego excepcionalmente baixa nos EUA e a estagnação dos salários.

DE TRABALHADORES DO CONHECIMENTO PARA TRABALHADORES DO RELACIONAMENTO

Isto soa como se pessoas inteligentes e altamente qualificadas viriam a ser desprezadas na economia do futuro – mas isso não é necessariamente verdade. Para ver por que não, pense novamente na situação dos advogados, cujo trabalho está cada vez mais sendo assumido pela TI. Os advogados em geral "enfrentam um futuro sombrio", acredita o professor McGinnis da Northwestern. Sua melhor chance de prosperar pode muito bem estar em usar habilidades interpessoais, "persuadindo clientes irritados e irracionais a agir em seu próprio interesse", explicou ele. "As máquinas **não** serão capazes de criar os laços emocionais necessários para realizar este importante serviço", disse. Além disso, alguns **"advogados excepcionais"** terão bom desempenho utilizando a tecnologia para cortar seus custos – não precisarão de muitos associados – e turbinar seu "julgamento exclusivamente humano" em casos de alta complexidade.

Os advogados inteligentes ainda podem se dar bem, em outras palavras, mas não apenas por serem inteligentes. A chave para a diferenciação reside inteiramente nos domínios mais profundamente humanos da interação social: compreender um cliente irracional, formar os laços emocionais necessários para persuadir este cliente a agir racionalmente, fornecer os julgamentos sensatos e sensíveis que os clientes insistem em receber de um ser humano.

O quadro que surge do futuro coloca o aconselhamento convencional de carreira sob uma nova luz. Notadamente, as recomendações de que os alunos estudem disciplinas CTEM – **ciência, tecnologia, engenharia, matemática** – precisam de um ajuste fino. Foi um excelente conselho por um bom tempo; oito de cada dez formações universitárias mais bem pagas estavam na engenharia em 2014, e essas habilidades permanecerão extremamente importantes. Mas "importante" não é o mesmo que "alto valor" ou "bem pago". Enquanto a TI continuar o seu avanço em habilidades mais qualificadas, o valor continuará a se deslocar para outro lugar. Continuará a haver procura por engenheiros, podemos afirmar sem dúvida, mas os engenheiros mais valiosos de amanhã não serão gênios trabalhando em cubículos; serão aqueles que conseguem construir relacionamentos, pensar em equipe, colaborar e liderar.

Peter Drucker cunhou o termo "**trabalhador do conhecimento**" no final dos anos 1950 para descrever os trabalhadores mais valiosos quando as economias se tornavam cada vez mais baseadas na informação. Podemos ver que o termo não é mais totalmente correto. Mais pessoas do que nunca estarão trabalhando com conhecimento, mas o conhecimento não será a fonte de seu maior valor. Nós precisamos de um novo termo: **as pessoas mais valiosas serão cada vez mais os trabalhadores do relacionamento**.

OS MILITARES DESCOBREM "O DOMÍNIO HUMANO"

A crescente importância da interação social como fator crítico na eficácia e valor é bem mais do que um fenômeno empresarial. Está se tornando evidente em toda a sociedade. Os militares dos EUA têm considerado esse assunto como especialmente importante. Conforme veremos adiante, os militares têm uma história longa e impressionante de esforço para entender as interações humanas. Por um longo tempo eles se concentraram nas interações dos membros do serviço militar entre si e com o inimigo, e desenvolveram métodos inovadores de treinamento a partir dos quais os líderes de empresas podem aprender muito. Mais recentemente, durante mais de uma década de guerra no Iraque e no Afeganistão, os militares passaram a compreender o poder e a importância de sua interação social com os civis. Sua experiência espelha de muitas maneiras as novas realidades que as empresas e os trabalhadores enfrentam.

"De início no Iraque e no Afeganistão chegamos a acreditar que o assunto poderia ser resolvido pela integração de fogo e manobra", contou-me o tenente-general George Flynn do Corpo de Fuzileiros Navais. Flynn aposentou-se em 2013, após uma longa carreira em que ficou encarregado pelo treinamento e desenvolvimento, e de atuar como comandante no Iraque. "Fogo e manobra" é uma tática básica em que duas unidades coordenam o seu ataque contra uma posição inimiga; uma unidade atira contra a posição, permitindo que a outra unidade se mova na direção dela com mais segurança. Em outras palavras, os comandantes norte-americanos baseavam a sua estratégia de forma convencional em tecnologia e conhecimento, e quem poderia culpá-los? Os EUA possuíam tecnologia extremamente superior em armas e tudo o mais, além de uma quantidade muito maior de armamento, e tinham conhecimento superior, em parte devido a tecnologias como satélites e *drones*.

O problema era que a estratégia não estava funcionando. Havia os problemas inevitáveis das inovações não previstas dos inimigos, tais como os IEDs (Artefatos Explosivos Improvisados, na sigla em inglês), mas principalmente, mesmo quando as forças norte-americanas assumiam o controle de um bairro urbano, descobriam que haviam conseguido pouco se os civis permanecessem hostis ou desconfiados. "Descobrimos que precisávamos ter uma compreensão detalhada do problema que tentávamos resolver", diz Flynn. "Isso levou a uma compreensão do ambiente" – e, de repente, "estávamos falando sobre todos os aspectos humanos", destacou o tenente-general.

Os comandantes perceberam que as interações sociais individuais, a cada momento, entre as forças norte-americanas e os civis iraquianos e afegãos constituíam-se no elemento determinante que não estava recebendo atenção suficiente. Um alerta estridente ocorreu em 2004 quando, como o general George Casey contou mais tarde: "Um jovem fuzileiro naval fez uma conversão errada e dirigiu o carro para muito próximo da casa de um líder da milícia na cidade-chave de Najaf, que abriga a mesquita do imã Ali, o terceiro lugar mais sagrado dos muçulmanos xiitas, e o resultado foi uma revolta em todo o país."

No entanto, apenas algumas semanas antes, uma cena completamente diferente havia ocorrido em Najaf. O tenente-coronel Chris Hughes estava conduzindo uma pequena unidade por uma rua quando, como o escritor Dan Baun do *The New Yorker* descreveu a cena depois: "Centenas de iraquianos saíram dos edifícios de ambos os lados... Os iraquianos gritavam freneticamente com raiva". Quando os civis iraquianos se aproximaram dos soldados norte-americanos, a situação ficou a um instante do desastre. Então Hughes ordenou que seus homens se "abaixassem sobre um dos joelhos". Como contou Baum: "Eles se ajoelharam diante da multidão em ebulição e apontaram suas armas para o chão. Os iraquianos ficaram em silêncio, e sua raiva cedeu. O oficial ordenou que seus homens se retirassem." Desastre evitado, pela linguagem corporal.

Soldados no Iraque e no Afeganistão relataram inúmeras dessas experiências. "Bem, eu fiz isso (levantando o dedo indicador) para o ministro (de um ramo do governo) para dizer, 'Espere', e ele enlouqueceu, pois você deveria ter colocado a mão em forma de cálice e dizer 'Espere'", relatou um tenente ao consultor do exército, Leonard Wong. "Você faz isso (levantar o dedo indicador) para cães, eu acho". Como observou Wong, este "mal-entendido cultural aparentemente simples com gestos de mão poderia gerar consequências catastróficas".

Quanto mais pensavam nisso, mais os comandantes consideravam que o respeito por fatores profundamente humanos estava transformando a própria natureza daquilo que faziam. A guerra moderna é conduzida em cinco domínios – **terra, mar, ar, espaço** e **ciberespaço** – mas agora, contou Flynn: "Algumas pessoas até queriam criar um domínio novo denominado **domínio humano.**"

Isto já aconteceu extraoficialmente. O domínio humano ainda não é uma parte formal da doutrina do exército, mas os generais falam como se fosse. "Planejar para o sucesso no exército 'envolve a intersecção do poder terrestre com o domínio humano', disse (o tenente-general Keith) Walker", informou o *site* de notícias militares, military.com, em 2013. Walker era na época chefe do "centro futuros" do exército, responsável pela adaptação do exército para o mundo de amanhã. Ele percebeu que o fator principal era social. "'A velocidade crescente da interação social' através da Internet e das mídias sociais 'faz com que influenciar o comportamento humano seja a peça central da estratégia militar'", relatou o *site* military.com. O sucesso virá por meio de "reconhecimento das influências físicas, cognitivas e sociais sobre a população civil alvo de uma insurgência".

Os generais não costumavam falar assim. Eles agora percebem que em seu mundo, como no mundo em geral, a tecnologia e o conhecimento são vantagens maravilhosas, mas não são vantagens decisivas. "Eu espero que nunca precisemos lutar contra nossos inimigos, mas se o fizermos, quero que seja rápido – em uma questão de dias ou semanas, não meses", contou-me Ashton Carter não muito tempo antes de se tornar secretário de Defesa dos EUA em 2015. "O que significa ganhar? Não a destruição máxima. A Segunda Guerra Mundial foi o apogeu da guerra destrutiva, em que você vencia destruindo a capacidade produtiva do inimigo e, no processo, grandes parcelas da sociedade. Em guerras futuras, ganhar significará ter uma vitória que seja amplamente aceita, inclusive pelo derrotado. Assim, você não ganhará destruindo milhões de pessoas. Você vencerá tendo pessoas na linha de frente que possuam habilidades humanas", disse Ashton Carter.

Ao encontrar um ancião da aldeia, um soldado norte-americano deve retirar os óculos escuros ou deixá-los? Deve olhar diretamente nos olhos do ancião ou deixar o olhar atravessá-lo, erguer o dedo indicador ou colocar as mãos em forma de cálice? Essas decisões são agora fundamentais para que uma missão tenha sucesso e, conforme veremos mais adiante, os militares agora treinam os soldados para tomar exatamente essas decisões e muitas outras semelhantes.

Isto é o que os líderes militares querem dizer ao ressaltar a importância das operações não cinéticas, muito bem definidas pelo oficial da Marinha aposentado e consultor militar Ralph Chatham como "tudo aquilo que um soldado não queria fazer: deixar de lidar com bombas, balas, tanques e grandes batalhas, e passar a lidar com interações humanas e sociais em uma cultura estrangeira". Isto significa atuar, entre outras coisas, "coletando todas as fontes de inteligência, como político, agente de poder, advogado, negociador, assistente social, psicólogo, diplomata". Ou seja, significa ser especialista em muitas funções de interação social. As novas habilidades de alto valor acabam sendo as mesmas tanto nas forças armadas quanto nas empresas.

O NOVO SIGNIFICADO DE ÓTIMO DESEMPENHO

Na tentativa de identificar as novas habilidades de alto valor, descobrimos que a abordagem convencional – imaginar o que os computadores não conseguem fazer – não é muito útil. A história, mais os avanços galopantes da TI, mostra que seríamos loucos de pensar que poderíamos de alguma forma prever com segurança o que está além da capacidade de um computador. Em vez de perguntar o que os computadores não conseguem fazer, é muito mais útil perguntar o que as pessoas são obrigadas a fazer – aquelas coisas que um milhão de anos de evolução nos levam a valorizar e buscar em outros seres humanos, talvez por um bom motivo, talvez por nenhum motivo, mas é como somos. A capacidade de fornecer algo que os seres humanos mais querem de outros seres humanos tem um alto valor, e esses desejos não mudarão tão cedo.

Uma das características mais importantes das coisas que queremos é que elas nem sempre são racionais. Nós queremos o parecer testemunhal do especialista humano em vez de uma previsão baseada puramente em dados, embora a previsão baseada em dados possa ser tão boa quanto, ou melhor. Aceitemos a realidade de que a racionalidade não é o nosso forte. Podemos fazer isso bem, mas nunca faremos melhor do que um computador. A nossa abordagem profundamente humana em relação aos desejos e soluções – e a compreensão de para onde isso nos conduz e como responder – molda o nosso futuro e passa a ser, assim, uma das chaves para o nosso sucesso.

Parece irônico que desde o alvorecer da Revolução Industrial – a idade da máquina – muito do sucesso humano derivou de nosso ser maquinal. Durante décadas, a maior parte do trabalho físico nas fábricas e do trabalho mental nos escritórios era repetitiva e rotineira. Foi concebido para ser assim; por isso que Henry Ford reclamou: "Por que toda vez que eu peço um par de braços, eles vêm com um cérebro junto?". Era o tipo de trabalho para máquinas fazerem, só que as máquinas da época não conseguiam fazê-lo. Elas foram melhorando, lentamente no início, e, depois, rapidamente, impulsionadas pelo ritmo cada vez mais acelerado do aperfeiçoamento da TI. Agora as máquinas conseguem realmente fazer a maior parte do trabalho maquinal do mundo.

Em consequência, o significado de ótimo desempenho mudou. Ele costumava ser o de que você precisava ser bom a ponto de parecer uma máquina. Agora, cada vez mais, você precisa ser bom atuando como uma pessoa. O ótimo desempenho requer que sejamos intensamente seres humanos.

Ou de outra forma: um ótimo desempenho refere-se cada vez menos ao que nós sabemos e cada vez mais ao que somos.

Vimos várias explicações para isso. Existe mais uma. No exato momento em que as habilidades interpessoais se tornam a chave para a **criação de valor**, essas habilidades estão atrofiando em muitas pessoas. Vale a pena examinar o motivo.

CAPÍTULO QUATRO
POR QUE AS HABILIDADES QUE PRECISAMOS ESTÃO ATROFIANDO

A tecnologia está mudando mais do que apenas o trabalho. Ela também muda a nós. Principalmente da forma errada.

Durante cinco dias primaveris no sul do Estado da Califórnia, um grupo de cinquenta e um alunos da sexta série voluntariamente se colocou no inferno. Eles foram em 2012 para um acampamento nas belas montanhas de San Bernardino, onde dormiram em cabanas, fizeram caminhadas, identificaram pássaros, orientaram-se com bússola, praticaram arco e flecha – e passaram o **tempo todo sem aparelhos digitais de qualquer tipo**. Sem celulares, *tablets*, computadores, tocadores de música, jogos eletrônicos ou até mesmo TVs. Nada que tivesse uma tela. E eram crianças acostumadas a passar cerca de quatro horas e meia por dia quando fora da escola enviando e recebendo mensagens de texto, assistindo TV e jogando *videogames*.

Um grupo de psicólogos se perguntou como esta experiência de cinco dias longe das telas afetaria esses alunos em uma dimensão específica: sua capacidade de reconhecer sinais emocionais não verbais de outras pessoas. Vimos no Capítulo 1 que os computadores conseguem reconhecer algumas expressões faciais melhor do que as pessoas, em média; então por que devemos nos preocupar ainda sobre o quanto as pessoas conseguem fazê-lo? Por que acontece que reconhecer uma expressão ou outro sinal não verbal é apenas o primeiro passo em uma interação humana complexa. Os sinais não verbais são mais numerosos do que poderíamos imaginar – não apenas as expressões faciais e o tom de voz de uma pessoa, mas também contato visual, postura, distância, e muito mais – e geralmente nós as reconhecemos automaticamente, instantaneamente, sem pensar ou até mesmo perceber que estamos fazendo isso, e depois a outra pessoa reage de modo semelhante. Um varejista pode se beneficiar da leitura pelo computador das emoções dos clientes, mas em uma interação social, ler a avaliação do computador sobre as emoções de alguém, e depois utilizar essas informações para moldar uma resposta, levaria muito tempo. A capacidade de identificar esses sinais da forma natural como fazemos – e rapidamente – é crucial para nosso funcionamento no mundo, permitindo-nos responder apropriadamente aos outros. Ser bom nisso melhora a nossa vida como um todo; as pessoas especialmente hábeis em identificar esses sinais tendem a ter um melhor desempenho na escola, menos ansiedade socialmente e um melhor relacionamento com os colegas.

Portanto, os pesquisadores estavam investigando algo importante e tinham bons motivos para se perguntar se cinco dias desconectados afetariam essa habilidade. Nós aprendemos a ler os sinais emocionais não verbais diretamente na prática. Décadas de pesquisas determinaram que as crianças descobrem como fazê-lo por meio de interações pessoais com pais, irmãos e colegas. Mas essas quatro horas e meia diárias diante das telas **reduzem significativamente** o tempo disponível para **interações pessoais** com alguém; e embora parte desse tempo na tela envolva interação, principalmente por mensagens de texto, isso obviamente não inclui expressões faciais, contato visual, tom de voz ou linguagem corporal – nenhuma aprendizagem de sinais emocionais não verbais.

Os psicólogos mediram as crianças acampadas antes e depois de seu interlúdio nas montanhas, utilizando dois testes bem conhecidos. Um pedia para elas inferirem emoções a partir de fotos de rostos de pessoas; no outro, os alunos assistiam a vídeos de atores interpretando várias cenas com as palavras um pouco abafadas, e eram, em seguida, questionados sobre os estados emocionais dos personagens. Você certamente adivinhou o resultado. Após cinco dias com apenas interações pessoais, os alunos foram bem mais perspicazes emocionalmente do que eram antes. Os resultados passaram por todos os testes de significância estatística.

Descobrir que essas crianças podem melhorar muito em apenas cinco dias é bastante surpreendente. É como se esta sabedoria emocional estivesse dentro delas apenas esperando por uma oportunidade para sair. Mas uma intervenção incomum foi necessária para que isso acontecesse. Quando foi a última vez que você, ou qualquer criança que você conheça, ficou completamente longe das telas por cinco dias? Praticamente não se ouve falar disso em economias avançadas e está rapidamente ficando assim em todos os lugares. No mundo de hoje, a oportunidade de desenvolver uma habilidade emocional decisivamente importante raramente aparece.

PARA HABILIDADES SOCIAIS, UMA DIMINUIÇÃO DO FORNECIMENTO E UMA DEMANDA CRESCENTE

Em nossa busca para identificar habilidades de alto valor para a economia do futuro, a história desses alunos da sexta série contém uma pista importante. Ela é uma evidência – e está longe de ser a única – do outro lado do avanço da tecnologia. Este avanço está fazendo muito mais do que mudar a natureza do trabalho. Está também **mudando a nós mesmos**.

Esses efeitos – simultaneamente mudando o nosso trabalho e mudando a nós – são somados para moldar um novo mundo em que o papel das pessoas será diferente de tudo com o que estamos familiarizados. Em termos econômicos, o fornecimento de certas habilidades humanas básicas parece estar diminuindo – por exemplo, a capacidade de ver o rosto de outra pessoa e saber, de imediato e sem pensar, o que a pessoa está sentindo. Ao mesmo tempo, a demanda por muitas dessas habilidades está realmente aumentando. Isto ocorre, em parte, porque a programação fundamental de nossos cérebros é a mesma que era 100.000 anos atrás, de modo que está em nossa natureza profunda valorizar a obtenção de várias experiências – empatia, companheirismo, ser ouvido, atuar em grupo – de outros seres humanos, se pudermos encontrar outros seres humanos para fornecê-las. Desde os primórdios da história humana até hoje, encontrar essas experiências nunca foi um problema; hoje é, e provavelmente será mais ainda no futuro. É bom saber que as crianças conseguiram recuperar parte de sua capacidade de percepção emocional em apenas cinco dias longe das telas, mas podemos ter certeza de que elas voltaram rapidamente para seus hábitos antigos com relação à mídia assim que desceram das montanhas, quando então essas habilidades presumivelmente voltaram ao seu estado debilitado. Também não podemos presumir que as crianças desenvolverão essas habilidades à medida que crescem; pelo contrário, o tempo diante de telas está aumentando constantemente entre os adultos, enquanto as interações pessoais diminuem, e evidências sugerem que os adultos também começam a perder algumas das habilidades básicas de interação humana. No entanto, essas habilidades são elementos essenciais das experiências que estamos programados a almejar. Quanto menor a frequência com que as encontrarmos, mais nós as valorizaremos.

Um efeito adicional da tecnologia é que ela força as organizações a mudarem muito mais rapidamente do que nunca. Modelos básicos de negócios costumavam durar décadas, por vezes muitas décadas; o modelo de negócio dos jornais durou 200 anos. Agora a tecnologia está deixando obsoletos modelos de longa data em quase todos os setores da economia – mídia, varejo, automóveis, energia, serviços profissionais, serviços de saúde – e os novos modelos, sejam eles quais forem, provavelmente não durarão tanto tempo quanto os antigos. Os seres humanos evoluíram para sobreviver em meio a mudanças graduais e previsíveis do mundo natural, mas agora nossa subsistência está ameaçada por mudanças abruptas e imprevisíveis. Fazer as organizações mudarem de direção rapidamente e com frequência cada vez maior não é fácil, e isso exige um domínio de habilidades que atingem profundamente nos cérebros das pessoas, habilidades essas em crescente perigo de desaparecer.

NOSSAS VIDAS COGNITIVAS E VIRTUAIS

A grande tendência responsável por essas mudanças é que nossas vidas são ainda em grande parte cognitivas e cada vez mais virtuais, elementos famintos de nossa natureza essencial. Não devemos esperar a reversão dessa tendência. Ela é um subproduto do avanço da tecnologia, cujos benefícios são tão grandes que não podemos e não devemos abrir mão deles. Aqueles que vivem em economias avançadas podem queixar-se de estar presos aos equipamentos, mas a tecnologia de hoje é um fator-chave para o progresso econômico mundial que tira bilhões de pessoas de uma pobreza atroz, uma bênção verdadeiramente inimaginável até anos recentes. Não voltaremos para trás.

Mas precisamos enfrentar o modo como nossos cérebros antigos são afetados pelo ambiente tecnológico de hoje, especialmente os efeitos de dois fatores poderosos:

- Nossas vidas ainda são em grande parte **cognitivas**. Mesmo com o acúmulo de evidências da diminuição da procura por habilidades cognitivas, a nossa economia baseada em informações ainda requer muitas pessoas diante de telas o dia todo e pensando. Estes são principalmente os empregos de "analista simbólico" que o economista Robert Reich foi o primeiro a descrever, prevendo corretamente que eles constituiriam o cerne da economia. São caracterizados pelo uso de palavras, números e imagens – símbolos – e pela análise de seu significado. Ou seja, ainda são principalmente cognitivos.

Essas ocupações remuneraram bem por um longo período, e muitas ainda o fazem. Há necessidade de uma ampla mudança desses empregos para o desenvolvimento de uma economia moderna. Mas, como trabalhadores, nos transformamos nos *nerds* dos desenhos animados – personagens com cabeças muito grandes e um corpo muito pequeno. Algo importante – nossas conexões com nossos sentidos e outras funções cerebrais – foi diminuído. Para marcar o contraste, considere o tato, indiscutivelmente o menor sentido cognitivo que possuímos. Trata-se do primeiro sentido a se desenvolver e está intimamente ligado à nossa vida emocional e social, ainda mais do que imaginamos. Por exemplo, em um experimento, indivíduos escolhidos aleatoriamente liam uma descrição breve e deliberadamente vaga sobre um encontro entre duas pessoas; se eram amigos ou se o encontro foi amigável, era difícil dizer. Em seguida, os indivíduos respondiam a algumas perguntas sobre a história. Mas antes da leitura, metade dos pesquisados havia montado um quebra-cabeça composto de cinco peças suaves ao tato, e metade montou o mesmo quebra-cabeça com peças cobertas de lixa. Os indivíduos que manusearam peças ásperas do quebra-cabeça interpretaram o encontro social como sendo um tanto "áspero", classificando-o como mais discordante, competitivo e argumentativo do que os indivíduos que haviam manipulado peças suaves ao tato. E fica ainda mais estranho. Pessoas que olham para um currículo de candidato a emprego em uma prancheta pesada classificam o candidato como mais sério – de mais peso – e melhor no geral que pessoas lendo o mesmo currículo em uma prancheta leve. Pessoas sentadas em uma cadeira dura negociam de forma mais dura que pessoas em uma cadeira macia.

Assim, não devemos nos surpreender com o fato de que uma experiência de toque muito mais socialmente direta, um aperto de mão, nos afete fortemente, até mais do que suspeitávamos. Os candidatos a emprego que apertam as mãos obtêm uma avaliação mais alta do que aqueles que não o fazem, mesmo quando tudo o mais sobre eles for igual. Nós julgamos as **pessoas que apertam as mãos** como sendo mais **confiáveis** e mais **competentes** do que **aquelas que não o fazem**. Em experimentos sobre negociação conduzidos por Francesca Gino e colegas de Harvard, os negociadores que apertavam as mãos no início eram mais abertos e honestos do que aqueles que não o faziam, e alcançavam resultados melhores, mesmo com tudo o mais mantido constante. O aperto de mão nos afeta profundamente. Trata-se literalmente de uma experiência elétrica. Imagens do cérebro mostram que energizamos a região associada à sensibilidade de recompensa – isto é, sentimo-nos recompensados – não só apertando as mãos, como também simplesmente vendo outras pessoas apertando as mãos.

Mas é claro que você não pode apertar as mãos com gente que não encontra pessoalmente. O que nos leva à segunda maneira com que a tecnologia está mudando as nossas vidas e, assim, mudando o quanto desenvolvemos habilidades humanas básicas.

- Nossas vidas são cada vez mais **virtuais**. Vivenciamos outras pessoas (em uma quantidade muito maior) principalmente através de sinais digitais, e não por meio de presença física. Isto é tão evidente que não requer uma maior elaboração, embora os números reais ainda possam ser chocantes. Tendo em mente que o uso da mídia digital cresce tão rapidamente que as estatísticas estão desatualizadas no momento em que são compiladas, vemos que os norte-americanos com idade entre 16 e 45 anos, que possuem acesso a, pelo menos, dois equipamentos, relatam que diariamente ficam sete horas e meia diante da tela. Este não é um fenômeno de países ricos. Os indonésios passam nove horas por dia olhando para suas telas, os filipinos apenas alguns minutos a menos, e ambos os países possuem PIBs *per capita* que são inferiores a 10% do PIB (Produto Interno Bruto) *per capita* dos norte- americanos. Nestes países e em quase todos os outros, as telas que as pessoas olham mais são as de seus celulares; note que esses números não incluem o tempo gasto falando em celulares, apenas o tempo **olhando para eles**.

Não há nenhuma dúvida de que os adolescentes estejam totalmente consumidos pelos seus celulares. Em uma ampla amostra representativa de adolescentes norte-americanos, mais de 75% têm telefones celulares, e aqueles entre as idades de 14 e 17 anos, enviam e recebem uma média de 5.400 textos por mês, aproximadamente 180 por dia. Não é de admirar que seja tão difícil ter uma conversa falada com eles. Ao longo de apenas poucos anos, a mensagem de texto tornou-se o principal meio de comunicação para os adolescentes. Na última contagem, 63% dos adolescentes dizem que enviam e recebem mensagens de texto todos os dias. Apenas 35% dizem que socializam com amigos frente a frente fora da escola todos os dias.

A PROFUNDA DESVANTAGEM DA MÍDIA SOCIAL

Enquanto seres fundamentalmente sociais que evoluíram ao longo de milênios para interagir pessoalmente, estamos totalmente despreparados para esta repentina nova maneira de viver. Nós aceitamos a revolução porque ela oferece muitas vantagens em conveniência, eficiência, segurança e algum tipo de conectividade. Mas ao mesmo tempo, não devemos nos surpreender que, de muitas formas, não estamos respondendo bem a ela. Entre os pré-adolescentes e adolescentes norte-americanos (com idades entre 8 e 18 anos), os usuários pesados de telas apresentam menor probabilidade de tirar boas notas do que os usuários moderados ou leves. Os usuários pesados também são menos propensos a dizer que se dão bem com os pais ou que ficam felizes na escola; eles são mais propensos a dizer que frequentemente ficam entediados, entram muito em apuros e geralmente se sentem tristes ou infelizes.

Outras pesquisas sugerem que as redes sociais *on-line* nos afetam exatamente da maneira oposta à das redes sociais pessoais: elas nos tornam **menos felizes**, ao invés de mais felizes. Pesquisadores da Universidade de Michigan estudaram jovens adultos que utilizavam o Facebook e tinham um *smartphone* medindo sua felicidade de uma forma muito bem definida – recebendo um questionário muito curto cinco vezes por dia, em intervalos aleatórios, perguntando: "**Como você se sente agora?**" e algumas outras perguntas. Os indivíduos pesquisados também tinham que avaliar no início e no fim do período do estudo de duas semanas a sua satisfação geral com suas vidas. Estas perguntas passaram a ser a forma padrão de medir o bem-estar subjetivo de uma pessoa.

Os resultados foram claros: o uso do Facebook é um indicador de se sentir menos feliz e menos satisfeito com a própria vida. Se estiver cético quanto a isso, poderia estar se perguntando se talvez as pessoas simplesmente não entrem mais no Facebook quando se sentem mal, mas os pesquisadores testaram isso, e constataram que não era verdade. Pelo fato de questionarem os indivíduos cinco vezes por dia enquanto ao mesmo tempo monitoravam o uso do Facebook, os pesquisadores puderam determinar a diminuição da felicidade após o uso do Facebook. Será que outras atividades solitárias como exercício ou leitura também são indicadoras de queda na felicidade? Dificilmente, pois uma pesquisa demonstrou que as pessoas em sua maioria gostam dessas atividades. Será que outras atividades na Internet, tais como enviar e receber *e-mail*, tornam as pessoas infelizes? Novamente é improvável, com base em pesquisas que não encontraram esse efeito. Os pesquisadores incidentalmente rastrearam ainda as "interações de rede social direta" dos indivíduos, também conhecido como falar pessoalmente ou ao telefone, e constataram que isso "levava as pessoas a se sentirem melhor ao longo do tempo".

É muito importante entender o nosso bem-estar subjetivo, pois ele parece influenciar a nossa saúde e até mesmo a longevidade. Assim, qualquer fator que afete o bem-estar geral é altamente significativo para os indivíduos e a sociedade. "Aparentemente, o Facebook fornece um recurso inestimável para atender a necessidade humana básica de conexão social", dizem os pesquisadores neste estudo. Mas, concluem eles com franqueza incomum, "em vez de aumentar o bem-estar, como fazem intensamente as frequentes interações com redes sociais de apoio '*off-line*' (isto é, pessoalmente), as constatações do estudo demonstram que a interação com o Facebook pode ser um indicador do resultado oposto para jovens adultos – pode minar o bem-estar".

Mesmo na interação *on-line* com amigos pessoais reais, diferentemente dos amigos só pelo Facebook, nós sofremos uma perda. Ao conversar pessoalmente, os pares de amigos preexistentes formam uma ligação mais próxima do que quando falam por vídeo, que por sua vez gera vínculos mais próximos do que falar ao telefone, que gera laços mais próximos do que enviar e receber mensagens de texto. Os amigos classificaram seus vínculos como mais fracos a cada meio de comunicação, nesta sequência. Além disso, os psicólogos observaram independentemente as interações e notaram "sinais de afiliação", os comportamentos automáticos e inconscientes – **rir, sorrir, acenar com a cabeça, gesticular** – que indicam a ligação. Suas avaliações confirmaram o que os amigos relataram: quanto mais obtinham com as interações pessoais, menos entusiasmados ficavam com a experiência *on-line*.

Podemos ter a expectativa e até mesmo acreditar que as interações *on-line* nos permitem manter laços com amigos que já não vemos muito, mas não é assim. E "embora possa parecer óbvio que o vínculo mais fraco ocorra na comunicação baseada em mensagens de texto", observam os pesquisadores, "esta é, sem dúvida, uma constatação socialmente significativa, pois a maior parte da comunicação digital atual entre os jovens nos EUA ocorre por meio de mensagens de texto". Como já vimos, os pesquisadores poderiam ter tirado a palavra "digital". Segundo algumas estimativas, a mensagem de texto é a forma como os jovens se comunicam mais, ponto.

O problema com todos esses efeitos não é apenas que a infelicidade, a desconexão emocional e os vínculos sociais fracos sejam terríveis em si mesmos. Eles também ameaçam causar danos por meio de efeitos de segunda ordem. As pessoas que utilizam redes sociais, por exemplo, parecem confiar menos do que as pessoas que não as utilizam – o motivo não está claro – e a confiança, em parte uma questão de química entre os seres humanos, é um fator-chave para fazer as economias avançarem. Adam Smith observou este fato mais de 200 anos atrás, e nós vimos isso mais recentemente na crise financeira, quando as instituições que durante um longo tempo tinham feito negócios de forma fluida entre si, de repente passaram a desconfiar de seus respectivos interlocutores nas negociações, e o sistema todo congelou. Um aumento da desconfiança significa jogar areia nas engrenagens da economia.

O PODER SURPREENDENTE DE FALAR PESSOALMENTE

Outro exemplo: interagir de forma virtual em vez de pessoalmente bloqueia mecanismos profundamente arraigados que nos tornam mais eficazes trabalhando em conjunto. Quando duas pessoas falam um com o outro frente a frente, seus cérebros sincronizam. Imagens cerebrais mostram que as mesmas regiões se acendem ao mesmo tempo; quando descrevemos essa maravilhosa sensação de estar "em sincronia" com alguém, na verdade não é uma metáfora. Mas quando duas pessoas falam uma com a outra pessoalmente, mas de **costas**, em vez de frente a frente, a **sincronização desaparece**. Elas já não "leem" uma à outra, e não se revezam durante a conversa com a frequência e facilidade como fizeram quando frente a frente. Evidentemente, ao interagir de forma digital a conexão é ainda mais fraca. Como veremos mais a frente, exatamente esses fatores – ler um ao outro e se revezar na conversa – acabam sendo extremamente importantes para determinar se um grupo trabalhando em conjunto consegue executar bem um amplo leque de tarefas. Juntos pessoalmente, frente a frente, ficamos literalmente mais inteligentes e mais capazes como grupo do que jamais poderíamos ser nos encontrando de forma virtual.

Na verdade, a interação pessoal permite mais do que apenas fazer dois (ou mais) de nós mais inteligentes como uma unidade; ela também pode fazer cada um de nós mais inteligente individualmente em aspectos importantes. Além de nossas habilidades cognitivas básicas, como contar, calcular e lembrar, todos nós temos outro conjunto de habilidades denominadas funções executivas, que são essencialmente a capacidade de gerenciar e coordenar as habilidades básicas, incluindo habilidades interpessoais. As **funções executivas** são importantes porque nos permitem resolver problemas difíceis, encontrar e corrigir erros, planejar atividades complexas, tomar decisões difíceis e dominar impulsos imediatos (comer o bolo de chocolate) a fim de alcançar objetivos benéficos, mais distantes (perder peso, ser mais saudável, se sentir melhor). Para um bom desempenho no mundo real, ter funções executivas fortemente desenvolvidas é fundamental.

Então o que faz com que essas funções se desenvolvam? Aqui vai uma pista. Se você coloca duas pessoas em uma sala e diz para elas se conhecerem – ou melhor ainda, se você passa uma tarefa que obriga com que elas tentem imaginar o que está acontecendo na mente da outra pessoa, e dá apenas dez minutos para que façam isso – suas funções executivas ficam melhores, como descobriram os pesquisadores da Universidade de

Michigan, da Universidade da Califórnia, em San Diego, e da Warsaw School of Social Science and Humanities. Observe que a causa da melhoria não é uma inteligente situação experimental artificial em um laboratório. Embora esses resultados tenham sido relatados por pesquisadores da área de psicologia, que necessariamente tiveram de recrutar pessoas para o estudo e controlar seu ambiente, o que os indivíduos pesquisados fizeram foi o que as pessoas muitas vezes fazem naturalmente quando se reúnem – tentar saber uns sobre os outros e entender o que o outro está pensando. Parece que ficamos mais capazes simplesmente por agir assim.

Por que isso acontece? Lembre-se de como a nossa natureza social levou ao desenvolvimento de nosso cérebro. Os pesquisadores notaram que os recursos intelectuais exigidos pelas interações sociais pessoais supostamente simples pareciam ser exatamente iguais aos de outras habilidades de nível superior. Eles observaram que quando os indivíduos se envolvem uns com os outros pessoalmente e tentam entender os pensamentos da outra pessoa, "eles têm que manter o objetivo de fazer a interação, representar onde a interação está e para onde está indo, e guiar a interação ao mesmo tempo em que inibe determinadas tendências (por exemplo, dominar a interação) e limita distrações (por exemplo, atender ao toque de uma mensagem de texto)". É tudo "análogo ao funcionamento executivo, que envolve manter planos e objetivos em um estado ativo enquanto monitora o desempenho e inibe os estímulos que distraem". Ter uma conversa pessoal é uma experiência tão intensa e completamente envolvente que desenvolve nossas mais altas habilidades mentais em geral. Uma evidência adicional é que, ao explicar como desenvolvemos nosso incrível cérebro humano, a resposta esteja literalmente olhando fixamente para nosso rosto.

Isso significa, evidentemente, que ao não termos essas conversas pessoais, empurrando-as para fora de nossa agenda em troca de interações virtuais, nós não desenvolvemos plenamente os nossos cérebros como poderíamos, socialmente ou de formas mais amplas.

O negócio de jogos para exercitar o cérebro, que prometem desenvolver e manter nossas habilidades mentais, vem crescendo nos últimos anos. O principal motivo é claramente o envelhecimento dos *baby boomers*[7], cuja cruzada contra a velhice também tem alimentado os setores de cirurgia estética e de branqueamento dos dentes. Mas você tem que se perguntar se a diminuição da interação social pessoal também não estaria desempenhando um papel na explicação de por que tantas pessoas estão sentindo uma forte necessidade de exercitar suas funções mentais. Se isso for verdade, é irônico que a solução para muitas pessoas envolva assinar um serviço *on-line* de estimulantes cerebrais. Existe uma maneira mais simples, barata, comprovada pelo tempo e muito mais agradável.

NÓS PODEMOS VIRAR A MARÉ

É estranho ver muitas pessoas se desconectando das experiências que a evolução nos proporcionou, gradualmente perdendo habilidades que nos definem como seres humanos, embora essa tendência seja amplamente conhecida. É tão comum que nós praticamente não pensamos mais nisso, e todos somos assim, pelo menos em certa medida. Sherry Turkle do MIT, que vem estudando as relações entre as pessoas e a tecnologia por mais de trinta anos, observou os comportamentos bizarros que consideramos inteiramente naturais: "Os adolescentes evitam fazer telefonemas com medo de que 'revelem demais'. Eles preferem mensagens de texto a falar. Os adultos também escolhem teclados em vez da voz humana. É mais eficiente, dizem eles. Coisas que acontecem em 'tempo real' demoram muito tempo." Todos nós podemos ter aparentemente boas razões para nos comportarmos desta maneira, ainda que, no fundo, compartilhemos uma sensação

---

7 – NT - Trata-se da geração dos norte-americanos nascidos após a Segunda Guerra Mundial, entre 1946 e 1964.

de abrir mão de algo profundo. Conforme escreveu Turkle: "Amarrados à tecnologia, ficamos abalados quando o mundo 'desconectado' não significa, não satisfaz... Às vezes as pessoas experimentam uma sensação de não ter conseguido se comunicar mesmo após horas de conexão... Nisso tudo há uma questão desconfortável: será que a intimidade virtual degrada a nossa experiência de outro tipo, ou melhor, dos encontros de qualquer tipo?". Todo mundo reconhece o que Sherry Turkle está descrevendo. Porém, isso não significa que temos de abrir mão de nossas experiências mais essencialmente humanas, perder nossas habilidades mais profundamente humanas ou deixar que essas habilidades atrofiem. Pelo contrário, a responsabilidade recai inteiramente sobre todos nós. Podemos até mesmo optar por ir além de apenas manter essas habilidades, tornando-nos extremamente bons nelas. Na verdade, conforme veremos mais adiante, mais do que nunca sabemos perfeitamente como nos tornar extremamente capacitados nas habilidades mais profundamente humanas.

As pessoas que o fazem levarão vidas bem mais ricas, completas e realizadas do que aquelas que não agem assim. E ao procurarmos a resposta para a questão de como as pessoas serão mais valiosas na economia do futuro, o que elas farão e como trabalharão, chegaremos a esse mesmo lugar. Na medida em que as duas grandes tendências tecnológicas de nossa era se somam, com a tecnologia assumindo o nosso trabalho ao mesmo tempo em que muda a nós mesmos e a forma como nos relacionamos uns com os outros, as pessoas que dominam as habilidades humanas que estão desaparecendo ao nosso redor serão as mais valiosas em nosso mundo.

O que levanta a questão de saber, exatamente, o que são essas habilidades. Até agora, temos conversado sobre elas em termos gerais, mas quais delas realmente são importantes enquanto a tecnologia avança, e por quê? De onde vêm? Por que algumas pessoas são mais capacitadas do que outras? Todas essas perguntas têm respostas e para respondê-las, o melhor lugar para começar é com uma habilidade específica que é claramente fundamental para todo o resto. Isto é o que devemos examinar em seguida.

CAPÍTULO CINCO
"A HABILIDADE FUNDAMENTAL DO SÉCULO XXI"

Empatia é a chave para as habilidades mais fundamentais dos seres humanos. Ela é ainda mais poderosa do que imaginamos.

O dr. Timothy Gilligan e outro médico estavam no hospital onde ambos trabalhavam e pararam para conversar com um paciente sobre sua estada ali. Eles nunca o tinham encontrado antes. O paciente, vendo os dois médicos, quis informações. "Eu vou ficar bem, doutor?", perguntou ao colega de Gilligan.

"Sim. Você vai ficar bem".

"Como você sabe?".

"Por que eu sou médico".

A realidade era um pouco diferente. Além de nunca ter encontrado o paciente antes, o médico tranquilizador não tinha visto a ficha do doente e sequer sabia até mesmo o motivo de ele estar no hospital, muito menos qual poderia ser o seu prognóstico. O médico havia simplesmente ouvido um paciente angustiado e ansioso e quis fazê-lo se sentir melhor, o que sem dúvida aconteceu.

O dr. Gilligan, especialista em câncer, tinha uma opinião diferente. "Talvez o fato de ser um oncologista me leve a esperar o pior", relatou mais tarde. "O paciente tinha uma gaze enrolada na cabeça e não se lembrava de quanto tempo estava no hospital", o que não eram bons sinais. O dr. Gilligan perguntou a uma enfermeira e ficou sabendo que este paciente estava com câncer pancreático que havia se espalhado para o cérebro, cujo tecido canceroso acabara de ser removido cirurgicamente. Ao que Gilligan cautelosamente concluiu: "Talvez ele não venha a ficar bem."

O outro médico ouviu a ansiedade do paciente e lhe deu esperança, motivado inteiramente pela bondade. **Mas ele demonstrou empatia?**

Considere agora um cenário muito diferente. A dra. Adrienne Boissy é uma célebre especialista em esclerose múltipla (EM) na Clínica Cleveland. Os casos difíceis são geralmente enviados para ela. Alguns desses casos são difíceis por um motivo surpreendente. De vez em quando ela atende um paciente de EM que, após análise e exame completo, acaba recebendo o diagnóstico de que, efetivamente, não sofre de EM. "Eu costumava dizer, 'Sra. Jones, a ótima notícia é que você não tem EM'", disse-me a dra. Boissy. Mas frequentemente, "a resposta não era 'Oh, isto é maravilhoso!'. Era, 'Quem é você? É claro que tenho'".

Acontece que, às vezes, os pacientes "acreditam ter EM, mas na verdade não têm, e ninguém lhes diz que não", explicou ela. A mesma coisa acontece com outras doenças. "Se você já aceitou o diagnóstico – talvez tenha se aposentado por invalidez, pedido demissão do emprego, seja um interlocutor para a sociedade sobre a doença – é devastador descobrir que não sofre dela". Assim, alguns neurologistas e especialistas em EM, em vez de perturbar emocionalmente os pacientes, dizem que eles sofrem de "um caso leve de EM" ou "EM branda" ou "EM benigna". E assim, disse a dra. Boissy: "Os pacientes ficam muito felizes – eles te abraçam."

Ela não segue este caminho. Ela lhes diz a verdade. Esses casos aparecem com que frequência? "Eu atendi cinco pacientes nas últimas duas semanas com esta situação geral. Precisei dizer-lhes que eles não tinham aquilo que achavam", disse a dra. Boissy.

A dra. Boissy entende o que esses pacientes estão pensando e sentindo e, da mesma forma que o médico que tranquilizou o paciente com câncer, ela só quer ajudá-los. No entanto, ela escolhe deixá-los chateados, mesmo assim. **Ela está demonstrando empatia?**

POR QUE OS EMPREGADORES ESTÃO DESESPERADOS POR EMPATIA?

A **empatia** é a base de todas as outras habilidades que cada vez mais tornam as pessoas valiosas na medida em que a tecnologia avança. É inevitável. Nos últimos dois séculos muitos funcionários de escritório, muitos trabalhadores de fábrica, e outros, poderiam atravessar sua jornada de trabalho, e alguns ainda podem, sem se envolver em nenhuma relação social. Mas quando as máquinas rapidamente assumem os elementos em grande parte mecânicos e não sociais do trabalho, nossas funções mais valiosas passam a ser mais intensamente sociais. Já vimos que somos seres fundamentalmente sociais – que evoluímos para criaturas que não conseguem sobreviver ou se aproximar da felicidade ou ser produtivas sem relacionamento social. A empatia é o primeiro elemento de como tudo isso acontece, a base de cada relacionamento significativo. E como mostram as histórias dos dois médicos, a empatia é mais difícil do que possa parecer e, na verdade, frequentemente nem parece fácil.

O termo foi definido de várias maneiras por dezenas de pesquisadores, mas todos nós o compreendemos suficientemente bem. Ele significa discernir o que a outra pessoa está pensando e sentindo, e responder de alguma maneira apropriada. Esta definição abrange muito mais do que muitas vezes paramos para pensar. Ela vai muito além de apenas sentir a dor de outra pessoa. Identificar a alegria, raiva, comprometimento, confusão ou qualquer outro estado mental é igualmente importante. A empatia não se refere apenas a entender o estado mental de alguém porque você se preocupa com esta pessoa e quer ajudá-la. Ajudar não é sempre a resposta apropriada, e a capacidade de entender o que outra pessoa está sentindo e pensando se mostra extremamente valiosa, independentemente deste alguém ser um colega, chefe, cliente antigo, futuro cliente, concorrente, oficial de polícia, médico, paciente, um interlocutor desconhecido em uma negociação, alguém que você quer casar, ou alguém que está tentando matá-lo.

A noção de que a empatia está ficando mais importante na economia de hoje não é apenas teoria. Os empregadores de todo o mundo estão dizendo explicitamente que a valorizam e que querem mais dela. Quando o jornalista George Anders fez uma varredura de anúncios em um *site* de empregos *on-line* oferecendo mais de US$ 100.000 por ano e que especificamente solicitavam candidatos com **empatia** e características intimamente relacionadas, ele encontrou mais de mil ofertas. Não eram apenas de instituições filantrópicas; na verdade, os anúncios eram de empresas como McKinsey, Barclays Capital, Abbott Laboratories, Raytheon, Mars, Pfizer e outros grandes empregadores tradicionais. Esses resultados reforçam as conclusões de um grupo consultivo composto pelos principais educadores e CEOs britânicos que receberam a incumbência de recomendar mudanças no ensino secundário do Reino Unido. Eles concluíram que "a empatia e outras habilidades interpessoais eram tão importantes quanto a proficiência em inglês e matemática para assegurar perspectivas de emprego aos jovens". O grupo exortou que essas habilidades sejam ensinadas a todos os alunos do ensino médio, "mas com o processo de aprendizado começando muito antes na vida escolar". As competências "deveriam ser incorporadas em todo o currículo".

Até mesmo os empregadores da área de TI, criadores do mundo centrado em telas, que devoram cada vez mais de nosso tempo, querem mais empatia. O diretor de tecnologia de um dos maiores varejistas do Reino Unido diz que suas maiores necessidades em termos de recursos humanos no momento são de "pessoas que tenham empatia e que sejam colaborativas". Isto porque a tecnologia sendo desenvolvida por eles é cada vez mais para os consumidores, não para uso interno, e uma equipe tem que construí-la trabalhando em grupo, de modo que seus *designers* de produtos de TI precisam perceber os pensamentos e sentimentos dos consumidores e entre si: "Não posso ter um excelente arquiteto de TI que fique trancado em uma sala", diz ele. Charles Phillips, CEO da companhia de *software* empresarial Infor, que produz grandes programas para organizações gigantescas, contou-me que "empatia – entender o que o cliente realmente está sentindo – é a habilidade fundamental para nós" e irá diferenciá-los no setor em que atuam. Talvez, mas quando Bill McDermott, CEO de um concorrente direto, SAP, publicou um livro logo depois, um capítulo inteiro da obra foi denominado "Empatia". E Meg Bear, uma executiva de alto escalão em outra companhia de *software* empresarial, Oracle, disse: "A empatia é a habilidade fundamental do século XXI." Bear considera a empatia uma habilidade "que eu preciso desenvolver em mim mesma, minhas equipes e em meus filhos" e conclui que "a empatia será a diferença entre bom e ótimo".

Esses empregadores não estão especulando. Quando Jim Bush era o responsável pelos *call-centers* do American Express (AmEx), ele me contou como deu o passo revolucionário de jogar fora os *scripts* que aparecem nas telas dos funcionários que atendem as ligações telefônicas, e que faziam com que a maioria de nós odiasse a experiência. No lugar dos *scripts*, ele fez com que as telas exibissem informações sobre o cliente, e o atendente poderia então dizer o que ele ou ela desejava – uma mudança, disse, que "faz surgir a personalidade do atendente e permite as conexões individuais, que, em última instância, constroem e mantêm os relacionamentos". Para fazer a mudança funcionar, o AmEx teve de mudar a maneira de recrutar aqueles funcionários, deixando de procurar candidatos apenas com experiência em *call-center* e buscando pessoal vindo dos melhores hotéis e cruzeiros marítimos, por exemplo –

pessoas "que adoram construir relacionamentos e são capazes de sentir empatia e se conectar com os clientes". Como não poderia deixar de ser – aparentemente surpreendendo apenas as outras empresas do setor – a mudança funcionou. Os clientes passaram a recomendar mais o AmEx aos amigos, as margens de lucro subiram e os atritos com funcionários caíram pela metade, o que em uma empresa deste tamanho significou milhões de dólares de lucro adicional. A empatia estava em seu cerne. Como observou Bush: "Os clientes sabem imediatamente quando um serviço profissional realmente se importa com eles."

Além daquilo que os empregadores estão vendo em suas próprias empresas, outras evidências mostram que a empatia compensa. Belinda Parmar, uma analista britânica da área de tecnologia que diz querer "transformar o mundo corporativo de forma a garantir que a empatia esteja no cerne de todas as empresas", cita um resultado de pesquisa mostrando que "os garçons que são melhores em mostrar empatia ganham quase 20% mais em gorjetas" e "cobradores com habilidades de empatia recuperam duas vezes mais dívidas".

A professora de administração da Universidade de Columbia, Rita McGrath, tem até dividido a história da gestão de negócios em três eras, sendo as duas primeiras de **execução** (fazer as primeiras grandes organizações funcionarem) e de **especialização** (desenvolvimento da teoria e ciência da gestão no século XX). Agora, diz ela: "Estamos no meio de outra reflexão fundamental sobre o que são as organizações e com que finalidade elas existem... Hoje muitos estão olhando para as organizações em termos de criar experiências completas e significativas. Eu diria que a gestão entrou em uma nova **era da empatia**."

NÃO É RACIONAL – MAS É FORTE

Algumas das ideias mais importantes e úteis sobre a empatia vêm do campo da medicina. Grande parte da pesquisa sobre o assunto tem sido feita naquela área por alguns motivos: os profissionais percebem que o assunto é importante para eles; o pessoal médico se sente confortável com a ideia de participar em estudos de pesquisa; e os desafios em termos financeiros e humanos são extremamente elevados. As conclusões são relevantes para bem além do setor de saúde.

Pesquisas mostram que quando os cuidadores são ricos em empatia ou em capacidade de se aproximar dos pacientes (comunicação verbal, compreensão de sinais não verbais, tempo gasto com o paciente), os pacientes tendem a obedecer às instruções sobre a medicação ou outros aspectos. Se fôssemos seres puramente racionais, esta conclusão não faria sentido – instruções são instruções – mas esta é a realidade dos seres sociais. Além disso, os médicos que demonstram empatia ficam sabendo mais, de modo que seus diagnósticos e prognósticos são mais precisos. Por outro lado, os residentes de clínica médica com baixo grau de empatia, cometem mais erros médicos.

Um aspecto ainda mais importante é que evidências diretas mostram que os pacientes apresentam resultados melhores ao tratamento quando seus médicos têm mais empatia. Em dois estudos envolvendo mais de 21.000 pacientes de diabetes e 271 médicos, os doutores foram avaliados em uma escala clinicamente desenvolvida de empatia. Os resultados foram claros e estatisticamente significativos: os pacientes com médicos de alta empatia apresentaram um controle melhor do açúcar no sangue e do colesterol LDL, e passaram por menos complicações agudas que os pacientes com médicos de baixa empatia. Mais uma vez, isso não faz sentido, mas é assim que nós somos.

Você não pode deixar de notar que cada efeito da maior empatia dos médicos resulta em custos menores. Os médicos fazem diagnósticos e prognósticos mais precisos, e cometem menos erros; os pacientes tendem a seguir as instruções, ficam mais saudáveis e sofrem menos complicações. Além disso, a empatia economiza dinheiro de outra maneira: faz com que os pacientes fiquem menos propensos a processar os médicos e hospitais. Isto não deveria chocar, mas ainda assim é impressionante. Quando os pacientes avaliaram os médicos sobre a qualidade de sua comunicação com base na "preocupação do médico com seus problemas e inquietações" e alguns outros critérios, os médicos com menor pontuação tinham maior probabilidade de ser processado por negligência.

Outras pesquisas ressaltam a importância e a natureza extremamente profunda da conexão empática. Um estudo mostra que até mesmo o tom de voz do cirurgião durante as visitas de rotina está significativamente relacionado com a probabilidade de o cirurgião ser processado por negligência – e isto é completamente independente do que quer que seja que ele ou ela possa dizer. Cirurgiões cujo tom transmite "maior dominância" e "menor preocupação", segundo o julgamento de avaliadores independentes, têm maior probabilidade de passar por processos na justiça.

O significado desses resultados certamente se estende para além da medicina. Eles mostram que a **empatia** é **muito mais** do que a **polidez**. A empatia detém o poder surpreendente de influenciar nossos sentimentos e pensamentos, nossas ações e até nossos corpos. Nós não a avaliamos racionalmente; nós a sentimos de diversas formas e estamos muito bem ajustados para senti-la o tempo todo. Será que o tom de voz do médico realmente nos diz se ele ou ela está discernindo nossos pensamentos e sentimentos? Talvez sim ou talvez não, mas praticamente ninguém duvida que sentimos isso. Será que é racional decidirmos se processamos um médico com base em nossa sensação de ele ou ela ter sentido empatia por nós? Obviamente que não, pois este fator é irrelevante na lei. Mas, de novo, ninguém duvida que se eu tiver um mau resultado em minha cirurgia e sentir que o sacana do cirurgião simplesmente não se preocupou comigo, eu vou querer muito mais processá-lo do que se eu sentisse que ele realmente entendeu meu problema e verdadeiramente tentou me ajudar.

Para qualquer pessoa em qualquer interação pessoal – na empresa, guerra, família, medicina, direito ou qualquer outro ambiente – a empatia é uma força poderosa independentemente de querermos ou não que ela seja ou de, até mesmo, a reconhecermos. Não podemos colocá-la de lado. Na verdade, ela é ainda mais poderosa do que sugerem as evidências vistas até agora. Isto fica claro quando analisamos a sua origem.

NÓS SENTIMOS EMPATIA PARA SOBREVIVER

Todos nós passamos pela experiência diária de assumir as emoções dos outros. Conversar com uma pessoa alegre faz com que fiquemos mais alegres. Ouvir alguém cantar uma canção triste faz com que fiquemos mais tristes. Raramente pensamos por que isto acontece, mas não é por termos aprendido a ser assim. Nós, literalmente, sempre fizemos isso. Quando recém-nascidos, com apenas algumas horas de vida, ouvir outro bebê chorando nos fazia começar a chorar. O interessante é analisar aquilo que não nos fazia chorar. Apenas ouvir um barulho não provocava isso. Ouvir um bebê alguns meses mais velho chorando, também não provocava isso. Até mesmo ouvir uma gravação de nosso próprio choro não provocava isso. Somente quando ouvíamos o choro de um bebê muito parecido conosco é que começávamos a chorar também.

É incrível que possamos fazer essas distinções imediatamente após o nascimento e que quando alguém parecido conosco sente angústia, nós automaticamente também sintamos. Os pesquisadores chamam esse fenômeno de contágio emocional. O neurocientista Michael Gazzaniga escreveu: "Muitos pesquisadores consideram que esta é a pedra fundamental necessária para o desenvolvimento da emoção mais altamente evoluída da empatia."

Estamos sujeitos ao contágio emocional, mesmo sem perceber. Suponha que você esteja fazendo um pequeno trabalho manual enquanto ouve a gravação de alguém desconhecido lendo um texto sem nenhum interesse especial para você. Em seguida, você é solicitado a ler aquele mesmo texto em voz alta. Não é uma situação que envolva muita emoção, mas quando os pesquisadores colocaram vários indivíduos passando por esta experiência, os resultados foram instrutivos. Esta gravação simples tinha sido lida em três versões – **triste, alegre** e **neutra**. Ao ler em voz alta, os indivíduos pesquisados imitaram a emoção da gravação que tinham ouvido, e relataram ter sentido esta mesma emoção – embora, quando perguntados mais tarde, não tivessem ideia de qual era a emoção da gravação e não conseguissem explicar porque sentiram aquela emoção. Eles haviam apenas "captado" a emoção sem saber.

Outras evidências reforçam o quanto somos incrivelmente sensíveis aos estados emocionais dos outros, sendo ainda mais sensíveis do que conscientemente percebemos. Em uma pesquisa foram mostradas imagens de rostos com expressão neutra, precedidas durante apenas 1/30 de segundo por uma imagem de um rosto feliz, neutro ou irritado. Não temos consciência daquilo que vemos por 1/30 de segundo, e os pesquisadores não fizeram perguntas sobre esta imagem fugaz; em vez disso, utilizaram eletrodos para medir a atividade muscular nos rostos dos participantes da pesquisa. Quando os indivíduos viam, sem saber, um rosto feliz ou irritado, seus músculos faciais começavam a fazer um rosto feliz ou irritado em resposta, mas tudo acontecia tão rápido que as pessoas não tinham consciência disso. Como cada um desses indivíduos estava reagindo à visão extremamente rápida da expressão de alguém, parece razoável supor que este alguém, caso fosse uma pessoa real, teria igualmente "lido" a expressão fugaz do participante da pesquisa. Vamos ver mais tarde evidências de que isto é exatamente o que ocorre. E toda essa interação emocional acontece em uma fração de segundo, antes mesmo que estejamos conscientes disso.

Você também sente o estado emocional de outra pessoa de uma forma altamente sofisticada, da qual provavelmente você não sabia nada a respeito. O tamanho das pupilas nos olhos de uma pessoa é um sinal importante para as emoções, ou, pelo menos, para a tristeza. Pupilas pequenas fazem um rosto triste parecer ainda mais triste e quando você vê um rosto triste, o tamanho de sua própria pupila provavelmente imita o tamanho das pupilas que você está vendo; assim, a pessoa para quem você está olhando consegue detectar sua empatia, embora nenhum dos dois perceba. Os pesquisadores que descobriram este fato classificaram os indivíduos do estudo utilizando uma das escalas-padrão para medir empatia; eles constataram que aqueles cujos cérebros mostraram resposta mais emocional ao tamanho da pupila também tiveram classificação mais alta na escala de empatia. Assim, diz o neurocientista britânico Michael Trimble: "Os sinais da pupila são continuamente monitorados durante as interações sociais, e transmitem informação emocional". **Quem sabia disso?** A resposta é: **nós sempre soubemos.** Conforme observou Gazzaniga: "Parte da comunicação emocional frente a frente ocorre em um nível inconsciente." Nós respondemos às emoções dos outros – o início da empatia – sem nem mesmo perceber.

Mas por quê? Alguns primatas exibem emoção e imitação física, mas nenhum outro animal mostra evidências de algo que se aproxime do tipo de empatia que nós, humanos, praticamos todos os dias. Por que desenvolvemos esta característica exclusiva? Muitas evidências mostram que nós a desenvolvemos porque ela nos tornou mais fortes na batalha evolutiva.

Seu benefício mais valioso, no passado distante e agora, é que a empatia ajudou a nos tornar sociais. "Ajuda mútua entre os membros de uma espécie pode ser a força mais poderosa na evolução", diz o pesquisador da Johns Hopkins, James Harris – ainda mais importante que as adaptações individuais e a sobrevivência do mais apto. A empatia ajuda a unir as pessoas, o que as torna mais seguras; os grupos têm uma probabilidade maior de sobreviver na savana do que os indivíduos isoladamente. Além disso, quando nossos ancestrais desceram das copas das árvores para o chão e se tornaram caçadores-coletores, grupos coesos tinham mais sucesso na caça às presas. Alguns cientistas chegam a especular que, muito antes de desenvolvermos a linguagem, obtivemos uma vantagem com a capacidade de nos comunicar através de expressões faciais – os semáforos da empatia – em vez de com as mãos, porque poderíamos então utilizar as nossas mãos para fazer coisas e executar um milhão de outras tarefas úteis.

A capacidade de discernir os sentimentos dos outros também nos protegeu de uma forma bastante específica: "Seu companheiro dá uma mordida na carcaça podre de uma gazela e faz uma careta de nojo. Agora você não precisa prová-la", explicou Gazzaniga. "Obviamente isso representa uma vantagem evolutiva", completou dizendo. Parece claramente concebida para nos proteger; vemos a expressão facial de nojo, sentimos a emoção, e realmente sentimos nojo, tudo na mesma pequena área do cérebro. No entanto, quando vemos alguém sentir o cheiro de uma fragrância agradável, não passamos pelo mesmo tipo de reação – porque ninguém precisa se proteger contra um cheiro agradável. Nós reagimos à dor, outra experiência contra a qual precisamos de proteção, muito parecido com o nojo, exceto que nós realmente não sentimos dor quando vemos a expressão facial de dor de uma pessoa, felizmente. Caso contrário, ficaríamos debilitados sempre que víssemos alguém se machucar.

Assim, destas várias maneiras, nossos ancestrais distantes que desenvolveram a empatia sobreviveram e prosperaram com muito mais sucesso do que aqueles que não o fizeram. Michael Trimble conclui, em linguagem científica, que "a seleção evolutiva deve ter favorecido mecanismos cerebrais que permitiram a rápida avaliação do estado emocional de membros da mesma espécie". Em outras palavras, estamos programados para a empatia. Não é uma opção que escolhemos. Foi algo instalado de fábrica. Está lá há aproximadamente 100.000 anos e não vai a lugar algum tão cedo.

Mas espera um pouco – o que foi isso sobre a dor e a forma como a discernimos a partir das expressões faciais? Não descobrimos no Capítulo 2 que os computadores podem discernir uma expressão facial de dor com mais precisão do que as pessoas? E isso não abriria as portas para os computadores assumirem nossa característica de 100.000 anos e melhorá-la, passando a ter mais empatia do que as pessoas?

Não, isso não acontece!!! Lembre-se que a empatia é geralmente uma via de mão dupla. Eu vejo o seu rosto expressar uma emoção (ainda que fugazmente), meu rosto responde automaticamente, e você vê meu rosto. Eu vejo que você está triste; minhas pupilas se contraem, e você vê minhas pupilas. Nós dois sabemos que nos conectamos e formamos um laço em uma espécie de vínculo que, lá no fundo, consideramos fundamental para a nossa sobrevivência. Isto significa um poder muito grande. É verdade que às vezes você poderia fingir a sua expressão e eu seria enganado; neste caso, o nosso relacionamento mudaria. Mas mesmo com um computador nunca sendo enganado, não podemos formar um vínculo poderoso de empatia de mão dupla com ele porque a versão de empatia que foi instalada em nosso cérebro todos esses milênios não foi a de empatia com computadores; foi a de empatia com as pessoas. O vínculo incrivelmente sensível de mão dupla é de ser humano para ser humano.

Mas não existiria ainda uma maneira de um computador ter sucesso? E se fosse possível construir um robô perfeitamente indistinguível de um ser humano? Lembre-se que o segundo dos nossos dois pressupostos importantes é que isto não acontecerá em nossas vidas, ou nas de nossos netos. Caso aconteça, então até mesmo as grandes questões que estamos considerando aqui não chegarão a ser suficientemente grandes. E o fato de que uma possibilidade tão extrema seja necessária para conseguirmos ultrapassar a natureza intensamente humana da empatia mostra o quanto ela é poderosa.

MAIS VALIOSO – AINDA QUE MENOS DISPONÍVEL

Mais um fator aumenta o poder e a importância da empatia no mundo de hoje. A empatia parece estar em declínio. Este fato pode parecer contradizer a noção de que a empatia seja uma característica inata do ser humano, que nunca será extinta, mas certamente não é verdade. Nossos corpos evoluíram para ser fisicamente ativos, mas as pessoas em economias desenvolvidas são muito menos ativas do que as pessoas de 200 anos atrás, em detrimento de sua saúde. Somos constituídos para funcionar melhor com **dez horas de sono por noite**, acredite ou não, e antes da invenção da luz elétrica era o que a maioria das pessoas fazia; as pessoas em culturas que não possuem eletricidade ou empregos com rotina rígida ainda dormem este tanto, relata a autoridade em sono James B. Maas, da Universidade de Cornell. Mas isso não nos impede de **dormir muito menos, com terríveis efeitos sobre a nossa saúde, segurança, eficácia** e **felicidade**.

O mesmo ocorre com a empatia. Somos constituídos para possuí-la, mas ainda assim podemos repudiá-la, o que parece estar acontecendo. Um grande estudo sobre a empatia com estudantes universitários nos EUA, de 1979 a 2009, constatou um declínio acentuado, especialmente desde 2000. A pesquisa é válida porque utilizou um teste amplamente comprovado em que as pessoas se medem em relação a várias afirmações (por exemplo: "Muitas vezes tenho sentimentos ternos de preocupação por pessoas menos afortunadas do que eu"). O teste mede componentes emocionais da empatia com afirmações como a do exemplo que acabamos de citar, além de outros componentes mais cognitivos do tipo: "Às vezes tento entender melhor meus amigos imaginando como as coisas seriam do ponto de vista deles." Medida de forma abrangente como esta, a empatia, pelo menos entre estudantes universitários, é significativamente baixa. Esta parece ser uma mudança geracional.

É tentador pensar que talvez as pessoas fiquem com mais empatia à medida que envelhecem, mas as evidências não confirmam essa opinião. Pelo contrário, um estudo de pessoas com idades entre 22 e 92 anos constatou que pessoas mais velhas apresentavam menos empatia. Uma pesquisa que acompanhasse um grande número de pessoas específicas ao longo de décadas seria mais útil sobre a questão de idade, mas isto ainda não foi feito. Por ora, temos poucos motivos para esperar que os estudantes de hoje com menos empatia, passem a possuí-la mais tarde na vida.

E fica pior ainda. Reforçando as evidências de uma mudança geracional, há resultados mostrando que os estudantes universitários dos EUA estão ficando mais **narcisistas**. Como seria de esperar, o maior narcisismo está fortemente correlacionado com a menor empatia, e os elementos de empatia que têm mais diminuído desde 1979, são os que estão mais fortemente correlacionados com outra pesquisa que mostra aumentos nos piores elementos do narcisismo – o de explorar os outros e de se sentir no direito de algo.

O que está acontecendo? Provavelmente uma porção de coisas, começando com a ampla mudança de valores. Os pesquisadores destacam uma pesquisa Pew de 2006 em que 81% dos jovens de 18 a 25 anos de idade disseram que: "Ficar rico estava entre os objetivos mais importantes de sua geração; 64% consideraram este como o objetivo mais importante de todos. Em comparação, apenas 30% escolheram ajudar as pessoas que precisam de ajuda." Você poderia estar se perguntando se a economia fraca da crise financeira e da recessão não seria um fator, mas aparentemente não. A diminuição mais pronunciada na empatia começou nos anos de *boom* econômico e continuou nos anos de recessão.

Os pesquisadores especulam se o aumento do uso de tecnologia pessoal poderia ser um fator. O termo "rede social" passou a significar uma comunidade *on-line*, mas isso é exatamente o oposto das redes sociais em que fomos constituídos e com as quais contamos. Nossa extraordinária capacidade de perceber os sentimentos e pensamentos dos outros está baseada em ver seus rostos, ver sua linguagem corporal e ouvir suas vozes, nenhum dos quais está disponível ao enviarmos e recebermos mensagens de texto ou ao usarmos a mídia social. Obviamente ouvimos a voz de alguém em um telefonema, mas a atividade que os jovens utilizam menos nos celulares é falar. As mídias sociais são o inimigo da empatia e, como vimos no Capítulo 4, elas estão vencendo.

Uma tecnologia mais antiga, a televisão, também pode desempenhar um papel. Ao longo das últimas décadas, as pessoas em países desenvolvidos foram participando menos de organizações, jantando com menor frequência em família, visitando menos os amigos e geralmente ficando mais desconectadas entre si, como mostrou o extenso trabalho de Robert D. Putnam, de Harvard. Outros pesquisadores constataram que "as pessoas hoje têm uma quantidade significativamente menor de pessoas próximas a quem possam manifestar seus pensamento e sentimentos pessoais". Menos interações e menos "pessoas próximas" significa poucas oportunidades para empatia. Muitos fatores têm contribuído para essas mudanças, mas a televisão parece ser a maior, e assistir TV, incluindo *on-line*, continua aumentando.

RECONSTRUÇÃO DE UM MÚSCULO ATROFIADO

Assim, esta é a nossa situação: fomos concebidos para ter empatia. Ela faz parte de nossa natureza essencial. Mas em economias desenvolvidas vivemos em um ambiente que se tornou hostil à empatia. Estamos famintos por ela.

Não podemos obtê-la com os computadores, porque ela não é isso. A empatia evoluiu em nós como uma interação entre seres humanos. A oportunidade de oferecermos uma empatia genuína em um mundo carente de empatia é, portanto, a possibilidade de sermos verdadeiramente valiosos, fornecendo algo que todo mundo quer e precisa e que não está recebendo o suficiente. Isto em parte explica por que os empregadores estão ficando desesperados para encontrá-la nos empregados. E podemos utilizar a empatia em praticamente qualquer função que envolva interação humana.

O desafio é que no mundo de hoje, especialmente no mundo desenvolvido, muitas pessoas simplesmente não são boas nisso. Voltando 100.000 anos atrás, a empatia era fundamental para nossa sobrevivência. Hoje, embora ainda tenhamos anseio pela empatia, podemos ganhar a vida usando muito pouco dela – enviando e recebendo mensagens de texto, *e-mails*, entrando no Facebook e indo a reuniões em que metade das pessoas está secretamente enviando e recebendo mensagens de texto e *e-mails*. A empatia tornou-se um músculo atrofiado. Para aproveitarmos a oportunidade que isto oferece e para nos tornarmos excelentes no trabalho de alto valor da economia do futuro, temos que reincorporá-la.

Muitas pessoas perceberam este novo desafio e estão desenvolvendo maneiras de reconstruir o músculo. Vários dos esforços se concentram nas crianças, que enfrentarão uma economia amplamente transformada quando adultos. Um programa bem conhecido, *Roots of Empathy* (*Raízes da Empatia*, em tradução livre), é destinado a crianças da pré-escola até a oitava série e utiliza o dispositivo engenhoso de trazer um bebê para a sala de aula a cada três semanas durante o ano letivo. As aulas que ocorrem antes, durante e depois de cada visita preparam os alunos para discernir e classificar como o bebê está se sentindo, o que ele quer e precisa, e como ele muda ao longo do ano. O modelo funciona porque o bebê é real e cativante, e os alunos sabem que não foi dito a ele o que fazer. Várias pesquisas mostraram que o programa é eficaz; ele desenvolve a empatia, diminui a agressividade e aumenta os comportamentos favoráveis à sociabilidade, como compartilhar e ajudar, e os benefícios duram por anos.

Alguns programas são voltados para as meninas, visando o fenômeno "menina má" e o aparente aumento da intimidação feminina. Muitos pesquisadores recomendam que os pais passem mais tempo lendo em voz alta para os filhos. As histórias, principalmente as de ficção em que os autores descrevem ricamente os pensamentos e sentimentos dos personagens, ajudam as crianças a avaliar como os outros reagem aos acontecimentos; ler em voz alta dá aos pais uma oportunidade de destacar explicitamente o assunto, fazendo uma pausa e perguntando: **"Como você acha que ela se sentiu?"**.

Uma das maneiras mais simples e mais eficazes de desenvolver a empatia em crianças é deixá-las brincar mais por conta própria. Sem supervisão, as crianças não ficam relutantes em contar umas às outras como se sentem. Além disso, as crianças brincando geralmente assumem outros papéis, fingindo ser o diretor da escola ou a mãe de uma aluna, obrigando-se alegremente a imaginar como outra pessoa pensa e sente. Infelizmente, a brincadeira livre é cada vez mais rara. O professor e pesquisador Peter Gray de Boston College documentou: "Uma drástica e contínua diminuição das oportunidades para as crianças brincarem e explorarem utilizando formas de sua própria escolha ao longo dos últimos 50 anos nos EUA e em outros países desenvolvidos." Ele argumenta que os efeitos têm sido especialmente prejudiciais à empatia. Citando alguns dos mesmos resultados que examinamos antes, ele concluiu que: "Uma diminuição da empatia e um aumento do narcisismo são exatamente o que esperaríamos ver em crianças que têm poucas oportunidades para brincar socialmente."

COMO OS MÉDICOS VIRAM A LUZ

Desenvolver a empatia em adultos é surpreendentemente semelhante ao desenvolvimento em crianças, mas mais difícil, pois os cérebros adultos são mais difíceis de alterar. Grande parte do trabalho mais vigoroso e instrutivo está sendo realizado na mesma área de atividade em que o assunto tem sido tão fortemente pesquisado: **serviços de saúde**.

Isto ocorre, em parte, porque muitos médicos estão abraçando a empatia com o zelo de alguém sendo catequizado... É duro de acreditar – ou talvez não, dependendo de suas experiências – que ainda tão recentemente como meados dos anos 1990, muitos médicos achassem que deveriam trabalhar com afinco para evitar a empatia com os pacientes. "Impessoalidade, imparcialidade e afastamento são necessários para alcançar cuidados médicos objetivos que não favoreçam um paciente em detrimento de outro" era a visão predominante, conforme resumido por Johanna Shapiro (que discorda fortemente disso) da Universidade da Califórnia, em Irvine. Outro motivo para os médicos evitarem a empatia era que isso seria debilitante em um redemoinho constante de questões com impacto profundo na vida dos pacientes; "empatia e compaixão automaticamente transformam os médicos em bolhas de emoção", conforme escreveu alguém na publicação *New England Journal of Medicine;* eles rapidamente ficariam exaustos e esgotados.

Médicos e hospitais mudaram de opinião à luz das evidências claras já vistas por nós de que a empatia compensa em termos de pacientes mais saudáveis, custos menores e menos processos judiciais. Além disso, médicos e hospitais recentemente tiveram um incentivo financeiro ainda mais direto: os reembolsos do Medicare[8] desde 2012 têm se baseado em parte em índices de satisfação do paciente, e a empatia desempenha um papel importante em satisfazer os pacientes.

Agora fortemente incentivados a demonstrar empatia, médicos e estudantes de medicina estão sendo treinados. Muito parecido com as crianças no programa Roots of Empathy, os alunos do Weill Cornell Medical College acompanham um ou mais pacientes durante os seus quatro anos na faculdade de medicina. Do mesmo modo que aquelas crianças, que eram convidadas a falar sobre seus pensamentos a respeito do que o bebê está sentindo, os alunos da Weill Cornell são solicitados a registrar em diários os seus pensamentos sobre os pacientes que acompanham. Tal como acontece com as crianças, ler histórias acaba sendo uma forma de desenvolver a empatia em adultos, e vários hospitais e escolas de medicina oferecem programas para incentivar esta prática.

A maneira mais eficaz de desenvolver empatia, novamente reproduzindo a experiência com crianças, envolve encenações/dramatizações. Isso não é surpresa, já que a forma de ficar melhor em qualquer coisa é

---

8 – NT - Sistema de seguro-saúde gerido pelo governo dos EUA destinado a pessoas com idade superior a 65 anos ou que atendam a determinados critérios de renda.

praticar antes do desempenho real de uma habilidade. Na Universidade de Missouri Health Care, por exemplo, mais de 1.000 médicos passaram por um programa em que praticam com atores representando pacientes. Os cenários incluem "ter uma interação de rotina em uma clínica ou hospital, dando más notícias, fornecendo um diagnóstico impactante na vida do paciente e controlando a compreensão do doente quanto ao plano de cuidados", publicou o *The Wall Street Journal*. Depois, o médico e o ator reúnem-se com mediadores para analisar o desempenho do médico e como melhorá-lo.

Este é exatamente o modelo para aperfeiçoar o desempenho de qualquer habilidade em qualquer domínio, e funciona. O cadinho emocional dos cuidados médicos é particularmente revelador de como isso funciona, especificamente com a habilidade de empatia. As questões são iguais às de qualquer empresa ou indivíduo que deseja desenvolver habilidades de empatia, e essas questões aparecem mais intensamente no mundo da medicina.

"Nós pedimos para a equipe trazer os casos que a tem assombrado", disse a dra. Adrienne Boissy, a especialista em esclerose múltipla que conhecemos antes. Suas reflexões sobre a empatia são bem desenvolvidas porque ela também dirige o programa inovador da Clínica Cleveland para treinamento de médicos e outros interessados em clínica. Seus exemplos incluem: "Casos em que uma pessoa morreu devido ao erro de alguém e ao falar com a família o médico foi a fonte de incrível reação e ataques pessoais. Médicos sendo expulsos de quartos ou tendo coisas atiradas contra eles porque um paciente estava chateado ou em negação. Crianças morrendo nos braços do médico. Algumas das coisas que essas pessoas falam são inescrutáveis."

Em seguida, os membros da equipe no programa trabalharam nesses casos, com os instrutores adotando a abordagem clássica do ensino de qualquer habilidade: explicar como é feito; mostrar alguém executando bem, neste caso com vídeos; pedir que o pessoal em treinamento faça sozinho; dar-lhes *feedback*. A habilidade básica que se quis desenvolver neste caso foi construir uma relação de empatia, uma ideia simples que requer algum tempo para se acostumar. "A premissa é que em serviços de saúde o que se faz é criar relacionamentos", explicou Boissy. "Para a maioria dos provedores de serviços de saúde, não é o que eles acham que estão fazendo", completou Boissy.

Para que o processo fique mais claro, o programa é dividido em três partes: estabelecimento de relacionamento, desenvolvimento e engajamento. Nenhuma delas é complicada, embora os participantes fiquem muitas vezes surpresos com o fato de que cada passo é importante e que eles podem melhorar em cada uma das etapas. Transmita valorização e respeito na acolhida do paciente. Não faça sua série habitual de perguntas com respostas telegráficas; deixe os pacientes contarem suas próprias histórias, e converse primeiro sobre o que eles querem falar, não sobre o que você quer falar. Pergunte suas ideias, expectativas e medos. Ouça com atenção, respondendo com aquilo que você os ouviu dizer, e procurando incluir as emoções deles, além dos fatos. Forneça o diagnóstico em linguagem normal e apresente-o em termos daquilo que preocupa o paciente. Em seguida, envolva o paciente nas decisões sobre o que fazer a seguir. "A maioria dos médicos tem um discurso preparado", salientou Boissy. "Precisamos resistir a isso – trata-se de um diálogo, não deum monólogo". Ao final da consulta, diga algo como "Estou muito feliz por você ter vindo me ver. Caminharei nesta jornada contigo". É muito melhor do que dizer: "Você tem mais alguma dúvida?".

"Os conceitos parecem simples", destacou Boissy, "mas não fazem parte do ensino padrão de medicina".

VOCÊ NÃO ENTENDE

A experiência com milhares de pessoas no programa revelou lições importantes que têm valor para todos. Uma é que na interação com um paciente, muitos profissionais ignoram os sinais emocionais no início, planejando retornar e falar sobre eles mais tarde. Isto é um erro. Se esses sinais não obtêm respostas logo, as pessoas os aumentam ou simplesmente param de trazê-los, e o relacionamento pode nunca chegar a ser aquilo que deveria ser.

Outra lição: não diga que você entende. Você não entende. Nós todos dizemos muito "**eu entendo**", e isto certamente parece empatia, mas não é. "Eu gostaria muito se pudéssemos tirar essas palavras do vocabulário dos serviços de saúde", enfatizou Boissy. "A menos que você seja o paciente, você não entende", complementou a doutora.

O ensino entre colegas é fundamentalmente importante. Os professores no programa não são instrutores profissionais; eles são médicos da Clínica Cleveland que foram treinados em como conduzir o programa. Além disso: "Os médicos que ensinam cirurgiões não devem ser pediatras; devem ser cirurgiões", disse o dr. James Merlino, o executivo encarregado pela estadia do paciente. Só então é que os participantes do programa passam a acreditar nas instruções e consideram válido o *feedback* sobre seu desempenho.

A lição mais profunda talvez seja a de que a simples participação no treinamento acaba sendo pelo menos tão reconfortante – como a cura – para os profissionais de saúde quanto as novas relações de empatia são para os pacientes. Muitos médicos foram criados em uma cultura que acredita que pedir ajuda "é um sinal de fraqueza", como me explicou um famoso cirurgião. Para eles é difícil se sentir vulneráveis. Mas quando os profissionais de todos os tipos trazem seus casos mais assustadores para os pequenos grupos que treinam juntos, eles constatam que não estão sozinhos. Na medida em que avançam no treinamento, acabam desenvolvendo uma empatia entre si, e isto é terapêutico para eles. A habilidade é mais benéfica do que todos esperavam. Como diz Boissy: "Há uma fome por ela".

Nem todo mundo está no setor de saúde, mas todos nós enfrentamos muitos dos mesmos desafios. A concorrência fica mais intensa na medida em que o desempenho é medido de forma mais rigorosa, e somos remunerados de acordo com aquilo que produzimos. A tecnologia avança e provoca a ruptura de tudo ao nosso redor, fazendo coisas maravilhosas, mas cada vez mais transformando o nosso negócio, seja ele qual for, em uma *commodity*, deixando-nos lutando para obter e manter algum tipo de vantagem competitiva. Uma economia sem atrito – em que os custos de informação, custos de transação e custos de troca de fornecedor estão caindo vertiginosamente a zero – é mais eficiente, mas também é mais impiedosa; em um ambiente sempre *on-line*, o estresse e o esgotamento estão aumentando. À medida que a tecnologia assume tarefas cognitivas, a conexão profundamente humana torna-se economicamente mais valiosa.

Estamos todos descobrindo aquilo que o setor de serviços de saúde já descobriu – que a empatia responde a todos esses desafios.

A VERDADEIRA EMPATIA É UMA HABILIDADE, NÃO UMA PARTICULARIDADE

Você se lembra dos cenários do início do capítulo? Um envolvia um médico que disse a um paciente preocupado que ele estava bem, embora o médico não estivesse inteirado do caso, e as evidências sugerissem que o paciente não estava de todo bem. O outro era sobre alguns médicos que diziam aos pacientes que eles tinham esclerose múltipla, o que os pacientes desesperadamente queriam acreditar, embora não o tivessem. **Esses médicos estariam demonstrando empatia?** Eles certamente discerniram os sentimentos de seus pacientes, e trouxeram conforto com suas respostas. Mas não estavam realmente sendo empáticos. Eles **mentiram** aos pacientes e, sem dúvida, **violaram sua própria ética profissional**, e esses pacientes não estavam realmente melhores.

A verdadeira empatia compreende duas partes: **discernir os pensamentos e sentimentos dos outros, e responder apropriadamente**. Aqueles médicos frustraram a segunda parte. A empatia real não poderia ter sido fornecida nas respostas simples que eles deram. Ela exigiria ouvir muito mais e responder com cuidado de modo a dar conforto, apoio e a verdade ao paciente. No primeiro caso, o médico que não sabia nada sobre a condição do paciente provavelmente deveria ter convidado o doente a falar mais sobre suas preocupações e então tranquilizá-lo sobre a experiência do profissional que estava realmente cuidando dele e confortá-lo com a mensagem de que o médico e a equipe estavam juntos com ele em seu tratamento. No segundo caso, o médico provavelmente enfrentou o problema de recomendar cuidado psicológico ou pediátrico para um paciente que não iria querê-lo. É aqui que a construção de uma relação de empatia torna-se crucial. Desenvolver relacionamento e confiança, perguntar sobre medos e emoções, reforçar a parceria com o paciente: na experiência dos médicos que enfrentaram a situação, esses passos preparam o terreno para o paciente pensar na possibilidade de atendimento psicológico ou psiquiátrico.

Esta é a verdadeira empatia. Ela é extremamente valiosa e é uma experiência humana em nível mais profundo. Poderia um computador fornecer isso? Estritamente falando, provavelmente poderia, em certo sentido; seria fácil imaginar um computador que pudesse dizer as palavras certas, ouvir as respostas e responder de modo adequado. Mas como fomos programados para sentir a empatia como uma interação humana, nós não conseguiríamos recebê-la em sua forma mais poderosa, a forma pessoal, de qualquer outra fonte que não fosse a de um ser humano. Estamos vendo mais uma vez que um fator fundamental na identificação de habilidades de alto valor não é o que os computadores são capazes de fazer, mas o que os seres humanos não conseguem fazer.

Um dado impressionante da experiência da Clínica Cleveland é que enquanto 70% dos participantes do programa consideraram útil o treinamento em empatia no relacionamento, apenas 10% esperavam que fosse. Apenas 10%. Por que praticamente ninguém esperava que esse exercício pudesse ser benéfico?

Uma possível explicação é que a ideia como um todo parece meio estranha – aprender como fazer algo que possuímos de forma inata. A maioria das pessoas sequer consideraria a empatia como uma habilidade; elas diriam que se trata de uma característica, algo que você simplesmente possui. Veremos que, neste aspecto, é como muitas das habilidades que acabam sendo as habilidades de alto valor da era do computador – muito profundamente humanas, amplamente consideradas como características e não habilidades, e os tipos de coisas que sequer pensamos como passíveis de treinamento.

Mas podemos ficar melhor nessas habilidades – extraordinariamente melhor – se estivermos dispostos a pensar nelas de uma maneira nova. Na verdade, nós sabemos muito sobre como isso é feito. Existe um vasto cabedal de conhecimento sobre como tornar pessoas comuns muito melhores em algumas habilidades essenciais da interação humana, incluindo as que se revelarão mais valiosas na **economia do futuro**, e este **conhecimento está no lugar mais inesperado!**

CAPÍTULO SEIS
LIÇÕES DE EMPATIA A PARTIR DA GUERRA

Como as forças armadas dos EUA aprenderam a desenvolver habilidades humanas que superam a tecnologia e o que isso significa para todos nós.

O avião de combate *Phantom F-4* foi uma maravilha tecnológica dos anos 1960 e início dos anos 1970. Enorme no tamanho – 20 metros de comprimento – era, no entanto, extremamente rápido, o mais rápido avião de combate em operação em qualquer outro lugar, e durante algum tempo o avião mais rápido do que qualquer outro tipo no mundo, tendo alcançado a velocidade de 2.370 km/h. Seus motores eram tão poderosos que podiam arremessar o avião para o céu como se fosse um foguete; um avião comercial moderno atinge a altitude máxima de cruzeiro de 12.000 metros em cerca de 10 minutos, mas um *F-4* poderia fazer isso em 77 segundos. Um piloto da Marinha em um *F-4* uma vez subiu até 27.000 metros, voando a mais de duas vezes a velocidade do som em um acentuado ângulo ascendente e, em seguida, desligou os motores e subiu outros 2.400 metros acima da Terra, atingindo a **maior altitude** já alcançada por qualquer outro avião na época.

Equipado para o combate no Vietnã, o *F-4* era temível. Além do canhão

Gatling de seis canos que disparava balas de diâmetro acima de 20 mm, o caça carregava os mais avançados misseis ar-ar da época. O *Sparrow* era um míssil guiado por radar; o *Sidewinder* era um míssil que procurava calor utilizando sensores de infravermelho. Qualquer um dos dois podia atingir um alvo a 30 quilômetros de distância em aproximadamente 43 segundos, e o *F-4* carregava quatro de cada. No geral, este avião era um pacote de tecnologia militar mais avançada do mundo.

Os norte-vietnamitas pilotavam jatos soviéticos, que provavelmente eram o segundo melhor do mundo, **mas não se igualavam** ao equipamento dos EUA. Seu avião mais sofisticado, o *Mig-21*, tinha um curto alcance e era difícil de manobrar. Os soviéticos possuíam um míssil muito parecido com o *Sidewinder* – eles tinham conseguido um *Sidewinder* real em 1958 e aplicaram a engenharia reversa para construir a sua versão – mas não tinham nada como o *Sparrow* e nem o seu radar de longo alcance era tão bom quanto o do *F-4*.

Em suma, não tinham como competir. Só que nos céus sobre o Vietnã houve de fato uma competição, e ela não estava indo bem para os EUA. O sucesso no combate aéreo é geralmente expresso por meio de um índice de troca ou *kill ratio* ("taxa de destruição") – quantas aeronaves do inimigo foram destruídas para cada um dos nossos que foi perdido. Alguns dos números são certamente escondidos no calor da guerra, mas parece que os índices de troca dos EUA na Segunda Guerra Mundial e na Coreia foram elevados, significando que os EUA abateram muitos aviões inimigos para cada um perdido – 5:1 ou, em alguns relatos, 10:1 ou até mesmo maior, dependendo dos tipos de aeronaves e do período. Nos primeiros anos da guerra do Vietnã, o índice norte-americano era um alarmantemente baixo 2,3:1, e no início de 1968 estava ficando muito pior; nos primeiros três meses do ano, a Marinha abateu **nove** *Migs*, mas perdeu **dez aviões**. A excelente tecnologia não estava funcionando. Cerca de 90% dos mísseis *Sparrow* disparados não atingiram nada, e os *Sidewinders* não estavam se saindo muito melhor. Durante um período especialmente ruim em 1968, os pilotos de caça da Marinha dispararam uma sequência de cinquenta desses mísseis maravilhosos e nenhum deles acertou o alvo.

A situação ficou tão ruim que no final de 1968 os EUA decidiram suspender os ataques aéreos, eliminando assim a necessidade de caças para acompanhar os bombardeiros, por um ano. A Marinha e a Força Aérea deram início então a um experimento natural sem precedentes em treinamento, com resultados tão impressionantes que provocaram uma verdadeira revolução. Eles mudaram tão profundamente as forças armadas dos EUA, que grande parte do treinamento tal como existia anteriormente seria praticamente irreconhecível para um jovem membro do serviço militar norte-americano de hoje. O principal aspecto para nossos objetivos é que esta revolução oferece diretrizes fundamentais sobre como podemos melhorar em habilidades de alto valor de uma economia em mudança – as habilidades que a maioria das pessoas não acha que possam ser treinadas.

NÃO É O NOSSO JATO CONTRA O JATO DELES – É O NOSSO PILOTO CONTRA O PILOTO DELES

O grande experimento surgiu de duas decisões independentes: a Marinha decidiu treinar seus pilotos de uma nova maneira durante a suspensão por um ano do bombardeio, e a Força Aérea não. Nos quatro anos antes da suspensão do bombardeio, os índices de troca da Marinha e da Força Aérea no Vietnã tinham sido quase exatamente iguais. Portanto, aqui tínhamos um experimento controlado tão bom quanto o que poderíamos encontrar no mundo real. Após um ano, as missões de bombardeio e, portanto, dos jatos de combate, foram retomadas, e os militares puderam avaliar qual regime de treinamento produziu os melhores resultados.

Até então, o treinamento dos pilotos de caça não incluía muito combate, e o pouco que se fazia não era realista. Isto porque, do mesmo modo que em um combate real, praticar um combate aéreo é perigoso. "Quando você tem um acidente no treinamento de combate, uma calamidade cai sobre sua cabeça", disse o tenente-comandante Ronald E. "Mugs" McKeown. Ele, que dirigiu o novo programa de treinamento da Marinha, disse mais tarde ao *Armed Forces Journal*: "O mundo que me perdoe a idiotice, mas supõe-se que os pilotos de combate sejam profissionais e um acidente (em combate aéreo) é absolutamente inaceitável." Ao simular um combate aéreo, o piloto enfrentava um adversário em um avião exatamente igual ao seu, o que, naturalmente, não era nada parecido com a experiência que realmente teria no Vietnã. McKeown resumiu o conceito de treinamento da forma que vinha sendo executado há muito tempo: "Era *F-4* contra *F-4* e as pessoas se dedicavam a não ter acidentes." Este tipo de treinamento tornava os pilotos fluentes no uso do equipamento, mas não especialistas no que contava: vencer duelos contra o inimigo que enfrentariam. A Força Aérea continuou fazendo este tipo tradicional de treinamento durante a suspensão do bombardeio.

A Marinha denominou seu novo programa, conduzido em uma base perto de San Diego, de Navy Fighter Weapons School (Escola de Armas de Combate da Marinha, em tradução livre) e estabeleceu-o com base em três princípios completamente diferentes, sendo que cada um deles será lembrado repetidas vezes ao analisarmos como as pessoas ficam melhores em habilidades de alto valor:

- Tudo o que acontece no treinamento será **registrado** – cada tiro ou míssil disparado (simulado) e seu resultado, tudo que foi dito, cada movimento de cada avião. Não haverá disputas mais tarde sobre o que realmente aconteceu. Como disse um cronista posterior do programa, "Não mais seria o primeiro participante que chegou à lousa, vence."

- O inimigo seria o **mais real possível**, só que melhor. Em vez de pilotar *F-4s* como os pilotos em treinamento, os instrutores pilotariam aviões o mais parecido possível com os MiGs dos norte-vietnamitas, até pintado igual, e os pilotos seguiriam a doutrina de combate aéreo do Vietnã do Norte. Dentro dessas restrições, eles poderiam fazer o que quisessem para derrotar os *trainees*. Foi extremamente importante para o programa que os instrutores fossem os melhores pilotos da Marinha; os *trainees* seriam os próximos melhores. Isto significou que os instrutores geralmente derrotavam os pilotos em treinamento, cada vez mais com o passar do tempo, pois os *trainees* ficavam apenas duas semanas na escola e depois retornavam para suas unidades, enquanto os instrutores enfrentavam um novo grupo de treinamento a cada duas semanas. Esses instrutores ficaram extremamente hábeis em abater *trainees*.
- Cada exercício de combate seria seguido por uma **análise absolutamente sincera** após a ação. Todos os envolvidos se reuniriam em uma sala e falariam sobre o que aconteceu, o que geralmente significava os pilotos em treinamento tentando entender por que tinham sido derrubados. Por que você fez aquilo? O que você estava pensando? E se você tivesse tentado isso? Honestidade brutal e abertura total era a única abordagem que fazia sentido: o que estava em jogo para os *trainees* – a sobrevivência em combate real – não poderia ser maior. Salvar as aparências e o autoengano ("Mas eu sei que atirei em você naquela hora!") eram impossíveis porque o exercício era totalmente registrado. Após a análise, eles passavam por tudo novamente, repetidas vezes, durante duas semanas.

Quando a suspensão do bombardeio terminou após um ano, as missões de combate aéreo dos pilotos da Marinha e da Força Aérea foram retomadas, e a fase final do experimento começou. Ao final da guerra, os resultados foram os seguintes: nos quatro anos depois do fim da suspensão do bombardeio, o índice de troca da Força Aérea era quase exatamente igual à que tinha sido durante os quatro anos antes do início da interrupção do bombardeio; na verdade ficou um pouco pior, diminuindo de 2,3 para 2,0. O índice da Marinha, no entanto, melhorou tanto que foi difícil de acreditar. **Aumentou de 2,4 para 12,5.**

Este foi um resultado sem precedentes. Em treinamento deste tipo, uma melhoria de 5% é muito bem-vinda. Isto foi uma melhoria de cinco vezes. Os líderes das forças armadas dos EUA acabaram se dando conta que algo extremamente importante havia sido descoberto, afora a eficácia surpreendente dos princípios de treinamento utilizados. Era algo maior do que isso: que a tecnologia era muito menos influente do que as habilidades dos humanos que a utilizavam. A superioridade clara do jato dos EUA não foi decisiva porque a batalha não era apenas do nosso jato contra o jato deles; era principalmente do nosso piloto contra o piloto deles. Como disse o coronel da Força Aérea John Boyd em uma ocasião: "As máquinas não travam guerras, as pessoas sim, e elas usam suas mentes." Até mesmo um combate aéreo de caças, em que um piloto jamais falaria ou mesmo veria o outro, era acima de tudo uma interação humana. Poucas pessoas diriam que isso é um exercício de empatia, mas é exatamente do que se trata – discernir o que estava na mente de alguém e responder apropriadamente. Vencer exigia ficar muito bom nisso.

Quanto à Navy Fighter Weapons School, ela ficou muito mais conhecida por seu nome informal, *Top Gun*, e continua a treinar os melhores aviadores da Marinha, só que agora em Fallon, no Estado de Nevada.

O GENERAL GORMAN PROPAGA O EVANGELHO

A Força Aérea foi a primeira a adotar as lições de *Top Gun*, rapidamente adaptando seu treinamento de pilotos de caça para incluir os mesmos princípios. Mas foi o Exército que percebeu mais plenamente como eram profundas as lições de *Top Gun* e que as aplicou em maior escala. Não que os líderes do Exército tivessem comprado a ideia de imediato – antes pelo contrário – e a forma como eles vieram a abraçar os novos conceitos é uma lição para qualquer organização.

O homem que mais se esforçou para mudar as mentes e, no final, revolucionar o treinamento militar dos EUA, e um herói desta história, foi o general Paul F. Gorman. Após servir como comandante no Vietnã, o general Gorman foi designado para o Comando de Treinamento e Doutrina do Exército como vice-chefe de pessoal para treinamento. Ele estava convencido que o *Top Gun*, assim como a experiência da Força Aérea após a conversão para os mesmos princípios, trazia enormes implicações e, felizmente, outra parte das forças armadas estava testando como essas ideias poderiam ser aplicadas no treinamento do Exército. O experimento era simples: pequenas unidades eram testadas em combates simulados contra uma força adversária especializada. Em seguida, todas as unidades recebiam durante aproximadamente uma semana um treinamento intensivo. Metade das unidades recebeu treinamento convencional, que "tendia a enfatizar doutrina, princípios, terminologia e procedimentos", conforme Gorman explicou depois, e aprenderam com os melhores instrutores deste tipo de treinamento. As outras unidades seguiram os princípios de *Top Gun*: simulações de combates reais seguidas de análises após a ação. Então, as unidades foram novamente avaliadas tal como tinham sido antes do treinamento e em uma série de outras maneiras, incluindo exercícios em que duas unidades, uma de cada grupo, lutavam entre si.

Você pode imaginar os resultados. Nos testes após o treinamento contra uma força adversária, as unidades do Exército treinadas da forma convencional tiveram desempenho tão terrível quanto antes do treinamento, perdendo 70% de seus membros nos primeiros 15 minutos de batalha simulada. As unidades que treinaram simulações perderam apenas 30% e infligiram muito mais danos ao inimigo. Nas escaramuças unidade contra unidade, aquelas que treinaram simulações tiveram um desempenho, como disse mais tarde maravilhado o general Gorman, "de duas a seis vezes melhor." Tanta diferença em função apenas de uma semana de treinamento. Como no *Top Gun*, são resultados que não se costuma ver.

No final dos anos 1970, o general Gorman comandou a Oitava Divisão de Infantaria dos EUA na Alemanha, onde testou ainda mais o treinamento baseado em combates simulados, novamente com resultados extremamente positivos. Desta vez ele teve uma melhor tecnologia à disposição, envolvendo lasers presos a cada arma e a cada alvo (sim, o Exército inventou a mira laser – *laser tag*). Ele ficou ainda mais convencido de que todo o Exército deveria adotar esses novos princípios de treinamento.

O general Gorman tinha um bom motivo para ficar entusiasmado, e vale a pena pensar nisso do ponto de vista de um executivo de empresa. As empresas em geral dedicam **pouco tempo para treinamento**, e muitas não dedicam nenhum. Presume-se que você não vá treinar; presume-se que você vai sair e executar, aprendendo na prática; você cometerá erros, é claro, mas é assim que se aprende. Quando se trata de vencer batalhas contra o inimigo, os militares adotam uma atitude muito semelhante. Parece difícil de acreditar; desde que a maior parte das unidades militares passa somente uma pequena fração de seu tempo combatendo em batalhas reais, o treinamento é sua principal atividade. No entanto, como vimos anteriormente, o treinamento convencional não chega nem perto dos combates reais, e evidências preocupantes mostram de forma incisiva que a maioria das unidades militares aprende a travar guerras reais lutando na prática. A grande diferença entre eles e as empresas é que os inevitáveis erros dos militares são muito mais caros.

Nas duas Guerras Mundiais, como nos primeiros anos do Vietnã, os pilotos de caça não passavam por nenhum combate realista até voar para seu primeiro duelo real. É aí que eles deveriam aprender, mas as chances de conseguirem aplicar o que aprenderam eram pequenas, pois poucos pilotos de primeira viagem sobreviviam para voar uma segunda vez. No entanto, se por habilidade ou sorte eles de alguma forma retornavam de seu primeiro combate, suas chances de sobreviver a futuros duelos aumentava rapidamente a cada vez. Caso conseguissem chegar à quinta batalha, sua chance de prevalecer era de 95%, e uma vez que passassem por mais esta, evidências de várias forças aéreas em várias guerras mostraram que esses pilotos que continuavam voando em missões de combate geralmente alcançavam de 50 a 100 vitórias antes de serem abatidos.

Mas o que todos esses dados mostram realmente? Um ponto de vista entre os analistas era de que nenhum aprendizado significativo ocorrera; os dados simplesmente refletiam a sobrevivência do **mais apto**, que é também o ponto de vista de muitos executivos de empresas ao avaliar alguém em um novo emprego. O senso comum é que a habilidade interpessoal é uma característica individual, não uma habilidade aprendida; as pessoas com uma aptidão natural para a tarefa, simplesmente a realizam, e o resto não. Mas nós sabemos a partir da experiência de *Top Gun*, do treinamento da Força Aérea, e de outros programas que, na verdade, uma quantidade enorme de aprendizado estava acontecendo. O problema no combate aéreo, e em muitas empresas, é que o aprendiz pode nunca conseguir superar um erro inicial. O modelo é, conforme diz Gorman: "Uma espécie de tutorial mortal."

O mesmo problema apareceu em todos os lugares. Os oficiais de submarinos dos EUA na Segunda Guerra Mundial aprenderam muito em apenas alguns poucos combates, desde que sobrevivessem para aplicar o que aprenderam. Um pesquisador constatou que "quando um comandante obtinha uma vitória, sua probabilidade de sucesso adicional, em contraposição às suas chances de perder o submarino, parece melhorar por um fator de três." Os oficiais do Exército dos EUA na França, após o Dia D, vivenciaram isso também. Nas primeiras sete semanas de combates, cerca de 95% dos oficiais perdidos na 90ª Divisão de Infantaria eram tenentes – os oficiais subalternos que comandavam os pelotões – e suas chances de sobrevivência eram terríveis. Aproximadamente 48% dos que comandavam pelotões de Infantaria morriam a cada semana naquelas primeiras sete semanas. "Assim, a longevidade média do tenente era de apenas duas semanas", observou o general William E. DePuy, chefe de Gorman no Comando de Treinamento e Doutrina. A 90ª Divisão passou então cinco meses combatendo na França, acabando por alcançar Ardennes e a crucial batalha das Ardenas. Esta foi por algumas avaliações a batalha mais feroz da guerra e certamente a que trouxe mais perdas para os EUA – 108.000 baixas, incluindo 19.000 mortos e mais de 26.000 desaparecidos ou capturados. Mas poderia ter sido pior. Durante as sete semanas desta batalha, a perda média de tenentes foi de apenas 10% por semana. O motivo para a acentuada melhora da sobrevida dos tenentes, explicou DePuy, foi que "durante os cinco meses de envolvimento na guerra, a 90ª Divisão aprendeu a lutar."

Na década de 1970, Gorman estudou todos esses dados, muitos dos quais produzidos apenas recentemente. Ele percebeu que em terra, sob o mar, e no ar, não era apenas a sobrevivência do mais apto. As pessoas aprendiam rapidamente com a experiência real; o problema era que a experiência muitas vezes os matava. Ele também percebeu em *Top Gun* e no novo programa de treinamento de pilotos de caça da Força Aérea na base aérea de Nellis, em Nevada, que colocar pessoas em experiências de combate realistas, mas não letais, produzia melhorias impressionantes e sem precedentes no desempenho. De fato, o objetivo maior, como disse

Gorman a respeito do programa da Força Aérea: "Era permitir que cada piloto vivenciasse seus dez primeiros 'combates decisivos' e, assim, colocar à disposição dos comandantes aéreos, no Dia D de qualquer guerra futura, o diferencial entre 40% e 5% de probabilidade de perda de piloto no primeiro ataque, e o aumento significativo de pilotos e aeronaves que ficariam disponíveis para o segundo, terceiro ou enésimo ataque."

COMBATENDO O INIMIGO INTERNO

A Marinha tinha *Top Gun*, a Força Aérea tinha Nellis, mas o Exército não tinha nenhuma maneira de aplicar esses princípios extremamente poderosos para beneficiar seus guerreiros terrestres. Então, Gorman apresentou uma proposta tão audaciosa que deixou todo mundo atordoado: vamos pegar uma área de 2.600 km^2 no deserto de Mojave e transformá-la em um local para treinamento para brigadas inteiras, com 3.000 a 4.000 homens, em batalhas simuladas de forma realista – não as dividindo em forças adversárias, mas tendo uma brigada inteira de soldados em treinamento combatendo outra brigada inteira que esteja permanentemente aquartelada ali para lutar contra as unidades em esquema de rodízio, exatamente como o tenente-comandante McKeow e os outros pilotos em *Top Gun*.

As evidências a favor da construção de um Centro Nacional de Treinamento (**NTC**, na sigla original em inglês), como ele é conhecido, eram inquestionáveis, mas nenhuma instituição abraça mudanças tão profundas. Os principais líderes do Exército ficaram profundamente divididos. "Metade dos generais de quatro estrelas achou que o NTC e seu processo de simulação de combate seriam vitais para restaurar o Exército depois do Vietnã", contou o consultor militar Ralph Chatham, "e a outra metade achou que o NTC iria destruir o Exército, pois poderia mostrar aos soldados, entre outras coisas, como os seus tenentes eram ruins."

Em um encontro particularmente angustiante, Gorman tentou vender a ideia básica da simulação de combate para um grupo de generais de quatro estrelas aposentados no Pentágono. Ele subiu ao palco e apresentou suas tabelas e gráficos, demonstrando a incrível eficácia deste treinamento. Em seguida, abriu para perguntas. Uma imponente figura lutou para ficar de pé. Era Hamilton Hawkins Howze, uma formidável encarnação das tradições do Exército como nunca existiu. Ele nasceu em West Point, onde seu pai, também um general, foi comandante. Seu avô, outro general, participou da batalha pela colina San Juan com Teddy Roosevelt na guerra Hispano-Americana. Seu bisavô, um cirurgião do Exército, morreu na guerra do México. Agora quatro gerações de alta distinção no Exército olharam para Gorman e disseram: "Se eu entendi corretamente, você avaliou as baixas em ambos os lados nestes exercícios."

"Sim senhor", respondeu Gorman.

"O que você faz depois com essas baixas?"

"Bem, eles ficam efetivamente fora de combate até a avaliação após a ação. Em seguida retornam para suas unidades."

"Então, qualquer um que se torne uma baixa não treina mais naquele dia. Está correto?"

"Bem, não exatamente, senhor. Antes de tudo, eles aprenderam algumas lições valiosas sobre como combater."

"Isto é o que eu suspeitava", disse Howze, apontando o dedo ossudo para Gorman. "Desconfio que você esteja ensinando a esses soldados como morrer." Ele imaginou que caso os soldados saibam que podem tirar o dia de folga por terem sido "mortos", eles encontrarão um jeito para isso acontecer. Howze virou-se e olhou para seus colegas quatro estrelas. "Senhores", disse ele, "isto é completamente sem valor."

Gorman sentiu que sua cruzada tinha terminado. "Estamos acabados", disse ao general DePuy, que lhe perguntou como tinha sido a apresentação. "O durão Howze resolveu interferir." Eles não estavam acabados, mas o episódio ajudou Gorman a entender o desafio que enfrentava. "O que eu descrevi era diferente da forma como eles foram educados. Diferente a ponto de que simplesmente não conseguiriam digerir", disse Gorman. Que é exatamente a forma como aqueles que estão mais envolvidos em qualquer organização reagem às mudanças de fundamentos.

Acontece que a mudança mais difícil para os tradicionalistas engolirem é a do elemento mais importante de todo o sistema: **a análise após a ação**. Esta ideia simples parece obviamente valiosa; por isso, é um pouco surpreendente – e instrutivo – descobrir que para trazê-la ao dia a dia do treinamento militar fosse necessária uma luta titânica. Também é surpreendente ver como isto mudou de forma ampla e profunda a cultura militar. "Literalmente transformou o Exército", disse-me o então coronel Tom Kolditz na época em que ensinava liderança em West Point (mais tarde ele se aposentou como general de brigada e passou a lecionar na Escola de Administração de Yale). Ralph Chatham concordou: "Tudo aquilo que (os soldados de hoje) fazem, pequeno ou grande, eles submetem ao processo de análise crítica da análise após a ação. O Exército de hoje é a única grande organização que institucionalizou a introspecção em todos os níveis dos escalões superiores e inferiores."

Após cada exercício de treinamento – e em combates reais, após as batalhas – os envolvidos se reúnem para conversar sobre o que aconteceu. Trata-se da elaboração da Análise Após a Ação (AAR, na sigla em inglês) enquanto procedimentos do Exército, mas não é isso que a torna eficaz. O segredo está na forma como é feita:

- Acontece imediatamente após o evento ou, por vezes, se possível, durante o evento.
- Exceto nos eventos de escala muito grande, todos os envolvidos participam. Se o evento foi um exercício de treinamento

contra uma força opositora, e o exercício está encerrado, até mesmo os líderes da força adversária podem estar presentes.
- A discussão se concentra na questão de avaliar se o exercício alcançou seus objetivos. O que deveria acontecer, e nós fizemos isso?
- A discussão avalia continuamente o desempenho em três níveis – soldados, líderes e a unidade.
- O objetivo da análise não é atribuir uma nota geral para o desempenho do grupo, o que seria quase inútil, mas identificar pontos fortes e fracos específicos que nortearão os futuros treinamentos.
- Mais importante do que todos os outros elementos combinados: a discussão é brutalmente honesta – "sem limites ou restrições" é a expressão que todos usam. "A verdadeira chave para este processo é a franqueza", disse Kolditz. "São os soldados e os oficiais juntos. Todos tiram seus capacetes, o que é muito simbólico. Não há hierarquia na sala. Os comentários são francos. Se o chefe tomou uma decisão ruim, geralmente é um subordinado que aponta", destacou Kolditz.

Esta última característica, acima de tudo, é o que assustava os tradicionalistas. Eles acreditavam que uma AAR verdadeiramente sincera "destruiria a ordem e a disciplina", disse-me Chatham. "O Exército estava com muito medo." O general Gorman compreendeu isso. As forças da ordem estabelecida queriam matar essa ideia desde o momento em que ouviram falar disso e, como observou Gorman mais tarde: "Ficaria ainda pior ao descobrirem que, nas AARs, o soldado raso podia criticar o tenente, ou o sargento podia criticar o comandante da companhia, e que este tipo de discussão sem limites ou restrições frequentemente surgiria."

Surgiu desde o início. O Exército estava tão preocupado com este tipo de inovação ameaçadora da ordem que enviou seu segundo oficial mais graduado, um general de quatro estrelas, o vice-chefe do Estado Maior Jack Vessey, para observar uma das primeiras AARs do Exército. Ele contou depois para Chatham que quando observava sentado no fundo da sala, um sargento se levantou e disse: "Eu avancei sobre aquela colina e descobri que algo estava muito errado." Seu tenente então se levantou e disse, "Eu sei. Dei ouvidos às pessoas erradas e deveria ter enviado você para um lugar diferente... Vou precisar de alguma ajuda." Ao que o sargento respondeu: "Não tem problema tenente, nós vamos corrigir."

Este diálogo aparentemente inócuo era de fato revolucionário, no Exército dos EUA ou em qualquer outro Exército. Por um mero sargento afirmar que alguém havia cometido um erro grave; por um tenente admitir o erro e pedir ajuda; pelo sargento oferecer ajuda e o tenente aceitá-la (como fez); sem ordens, sem cadeia de subordinação, sem procedimento regimental – era **impensável**. Claro que a velha guarda odiou isso tudo. No entanto, a AAR não destruiu o Exército. Ela fortaleceu o Exército enormemente e vale a pena perguntar como. As respostas se aplicam muito além do mundo militar a todas as empresas.

POR QUE TODA ORGANIZAÇÃO NECESSITA DA AAR

A AAR mostrou que a verdadeira interação humana é mais forte e eficaz do que a interação mecânica entre as pessoas. A distinção entre humano e mecânico não é artificial. Grande parte da interação militar sempre foi mecânica, e muito ainda é. Para a plebe responder a um oficial em West Point, por exemplo, somente quatro frases são permitidas: sim, senhor; não, senhor; sem desculpas, senhor; e senhor, eu não entendo. De forma menos extremada, muitas outras interações foram rigorosamente formalizadas. Antes da AAR, os exercícios ou combates de treinamento terminavam com os oficiais dizendo aos subordinados o que fizeram de errado, e não havia mais nada a dizer. Nesta rotina, "os comentários e observações dos soldados podiam não ser incentivados", assinala uma circular de treinamento do Exército extremamente contida sobre a AAR.

A AAR, em qualquer organização, transforma a interação entre pessoas de maquinais para humanas, e os benefícios são muitos:

- Todos, incluindo o líder, obtêm muito mais informações. "Nenhum comandante, não importando sua capacidade, terá uma visão tão grande quanto a dos soldados e dos líderes que realmente conduzem o treinamento", diz o guia AAR do Exército. Trazer à tona mais informações é a base para se chegar a decisões melhores, e também aumenta o respeito pelo líder. Quando os subordinados sabem que o tomador de decisão não possui determinadas informações, que eles próprios detêm, dificilmente aceitarão plenamente as decisões do líder.
- Nós lembramos mais e aprendemos mais quando participamos da descoberta sobre o que aconteceu e por quê. Muitas pesquisas comprovam esta afirmação, mas não precisamos de pesquisa. Todos os seres humanos entendem isso imediatamente.
- Quando as pessoas descobrem por si mesmas como foi o seu desempenho e como poderiam ter se saído melhor, elas ficam ansiosas por corrigir. Elas ficam motivadas a fazer mais treinamento. As pesquisas também comprovam essa afirmação, mas intimamente já sabemos que isso é verdade.

Dizer que a AAR tornou a interação menos mecânica e mais humana no Exército não é dizer que o Exército ficou mais relaxado. Ele continua sendo rigorosamente hierárquico, ordens ainda são ordens e são inúmeros os procedimentos prescritos. Por isso que o seu exemplo é tão importante para outros domínios de atividade. Dentro de uma estrutura geral inalterada, uma mudança naquilo que é fundamental

– permitir que as pessoas liberem suas habilidades verdadeiramente humanas – foi realmente revolucionário.

O PRIMEIRO TESTE NO MUNDO REAL

O projeto audacioso de Gorman, o Centro Nacional de Treinamento, foi inaugurado em Fort Irwin, no Estado da Califórnia, em 1981, funcionando como um *Top Gun* gigantesco e conduzido segundo a mesma grande ideia – que o combate é fundamentalmente de pessoa contra pessoa ou de equipe contra equipe, e não de equipamento contra equipamento. Uma brigada treinaria ali por três ou quatro semanas, com cada batalhão (600 a 800 soldados) lutando de oito a dez batalhas simuladas em que todos os movimentos, tiros e comunicações seriam registrados. A força adversária, que naquela época teve como modelo os regimentos motorizados soviéticos, ficava sediada em Fort Irwin, e por isso conhecia intimamente o terreno difícil e sabia os erros que cada novo grupo de soldados iria quase certamente cometer; ela os derrotou em aproximadamente 85% das vezes. Assim como os pilotos de caça residentes em *Top Gun*, ela era o mais parecido possível com o inimigo real, mas melhor do que eles. As AARs começariam imediatamente após cada batalha simulada.

Esses exercícios mostraram, ainda mais claramente do que em *Top Gun*, que a simulação realista ajudava os soldados em treinamento a entender a mente dos adversários, e também realizava algo mais. Ela os ajudava a entender uns aos outros, o que muitas vezes era ainda mais importante. Perceber como pensam os outros membros da unidade, confiar na capacidade de cada um em condições que se aproximam do combate real – estas é que se revelariam como as principais vantagens.

Os resultados dos primeiros treinamentos no NTC foram mais marcantes do que qualquer coisa já vista em treinamentos de simulação anteriores. Os pesquisadores do Exército analisaram centenas de batalhas simuladas e compararam o desempenho de unidades exaustivamente treinadas com o de unidades com pouco treinamento. A probabilidade de um pelotão de Infantaria vencer sua batalha aumentava por um fator de aproximadamente 30 (**não 30%, mas 30 vezes**); para as equipes de companhias (vários soldados), por um fator de aproximadamente 15; para forças-tarefa de batalhões (centenas de soldados), por um fator de aproximadamente 5.

Esses resultados eram espetaculares e sem precedentes, mas todo mundo, incluindo Gorman, sabia que se tratava apenas de estimativas. O que contava era o desempenho em batalhas reais, especialmente na primeira batalha de um conflito, onde o histórico norte-americano era terrível. Na maioria das guerras dos EUA desde 1776, a primeira batalha foi um desastre, e como concluiu o historiador John Shy, os resultados desta perda inicial eram "na melhor das hipóteses, sangrentos, e na pior das hipóteses, irremediáveis." O problema, segundo Shy, era: "A falta de exercícios operacionais realistas de grande escala antes da primeira batalha." Ele não estava escrevendo sobre a necessidade do NTC – que ainda era relativamente novo – mas poderia estar.

Em 1990, Gorman escreveu um artigo para a DARPA, a Agência de Projetos de Pesquisa Avançada de Defesa, sobre treinamento militar. Nele, Gorman informava que o chefe de pessoal do Exército na época, o general Carl Vuono, lhe tinha dito que enquanto permanecesse no cargo, o NTC teria recursos, pois ele o considerava: "O principal 'propulsor' – influência motivadora – do treinamento do Exército dos EUA hoje, e a garantia de que nas primeiras batalhas da próxima guerra, o Exército dos EUA não repetiria os desastres militares que foram os combates iniciais em conflitos passados."

O artigo de Gorman foi publicado em dezembro de 1990, numa época em que ninguém sabia quando poderia ocorrer a fatídica próxima primeira batalha. Na verdade, ela ocorreu cerca de dois meses depois.

Foi a operação Tempestade no Deserto, o esforço para reverter a invasão e anexação do Kuwait pelo Iraque. Foi o primeiro teste do mundo real do NTC, a primeira vez que o Exército colocou em campo de batalha uma força que havia quase que inteiramente sido treinada ali. Os resultados são bem conhecidos. As operações terrestres terminaram apenas cem horas depois de iniciadas. Ao contrário de todas aquelas desastrosas primeiras batalhas do passado, a primeira batalha desta guerra "foi tão bem-sucedida que não houve necessidade de uma segunda batalha", como observou Chatham. A análise convencional desta vitória é que ela resultou da tecnologia bem mais avançada dos EUA; os telespectadores norte-americanos viram pela primeira vez vídeos de bombas guiadas a laser destruindo alvos através da mira de um bombardeiro. Os iraquianos tinham tecnologia soviética, que não era de se jogar fora, mas a norte-americana era inegavelmente superior. Ainda assim, parece que os comandantes no terreno contestaram a visão convencional de que a tecnologia foi a sua principal vantagem. Eles acharam que o treinamento de suas tropas foi ainda mais decisivo. "Vários generais da época me disseram que, mantendo o NTC, eles teriam vencido mesmo trocando de equipamento com o inimigo", relatou Chatham.

A BATALHA DOS 73 GRAUS LESTE

Um combate foi especialmente significativo como uma demonstração da eficácia do treinamento no estilo NTC em batalhas reais, e também como prenúncio de outra revolução no treinamento que continua hoje e está se tornando cada vez mais importante. Em 26 de fevereiro de 1991, nas primeiras horas da Tempestade no Deserto, três esquadrões do Segundo Regimento de Cavalaria Blindada – unidades de tanques – receberam ordens para avançar para leste e identificar as posições defensivas dos combatentes de elite do Iraque, a Guarda Republicana. Um grupamento muito maior dos EUA seria, então, lançado contra o inimigo, utilizando o reconhecimento desses esquadrões para planejar seus ataques.

Os tanques norte-americanos avançaram com uma formação em V, com o tanque do meio transportando o comandante da tropa, um capitão de 28 anos de idade chamado H. R. McMaster. Os soldados norte-americanos não perceberam, mas estavam entrando em uma área-chave de treinamento iraquiano, significando que quaisquer forças que encontrassem conheceriam cada centímetro daquele terreno. No final daquela tarde, um sargento norte-americano inadvertidamente dirigiu seu veículo de combate Bradley sobre um *bunker* de observação iraquiano e os enfrentamentos começaram.

A princípio, as forças dos EUA receberam fogo apenas de um vilarejo próximo, mas quando avançaram sobre "uma elevação imperceptível" no deserto, como o capitão McMaster descreveu mais tarde, eles se depararam de repente com oito tanques da Guarda Republicana e logo depois muito mais tanques, outros veículos blindados e infantaria, enterrados e preparados para se defender contra os norte-americanos. A unidade de McMaster conseguiu destruir aqueles veículos e dispersar, capturar ou matar a infantaria, mas logo ele precisaria tomar uma decisão fundamental. Ele havia concluído a sua missão – localizado a posição defensiva da Guarda Republicana. Ele também tinha o inimigo em fuga, mas suas ordens o autorizavam a avançar somente até "70 Graus Leste", um sistema de coordenadas em um mapa. Assim que sua unidade rompeu a defesa inicial iraquiana, McMaster recebeu uma mensagem de rádio de um de seus tenentes: "Eu sei que você não quer saber disso agora, mas sua tropa está no limite do avanço. Sua unidade alcançou a coordenada 70 Graus Leste." Ao que McMaster respondeu: "Diga-lhes que não posso parar. Diga-lhes que estamos em contato direto com o inimigo e precisamos continuar o ataque. Diga-lhes que sinto muito."

Avançando mais a leste, a unidade de McMaster alcançou outra elevação e desta vez, na linha de coordenada 73 Graus Leste, estava em grande desvantagem numérica em relação às forças iraquianas, enterradas e prontas para defender sua posição. A unidade de McMaster, porém, atacou da forma mais agressiva possível. Ele também conseguiu destruir essas unidades da Guarda Republicana. Na verdade, atacou e destruiu tudo o que podia ver. Como McMaster mais tarde explicou a uma classe de cadetes de West Point: "A tropa parou quando não tínhamos mais nada para disparar."

Os resultados foram os seguintes: a unidade de McMaster, com apenas nove tanques, destruiu 57 tanques iraquianos, 28 veículos de combate de infantaria, 11 veículos com esteiras de blindagem leve, 45 caminhões e três peças de artilharia de defesa aérea. Os EUA não sofreram baixas. A coisa toda durou 23 minutos.

Este enfrentamento é conhecido como a batalha de 73 Graus Leste (*Battle of 73 Easting*) e entre os estudiosos de guerra é uma **batalha famosa**, pois foi uma vitória assimétrica sobre forças amplamente superioras. **Pergunta óbvia: por quê?**

Não foi a força militar bem maior dos EUA; nesta batalha, as tropas e equipamentos iraquianos superavam enormemente as forças norte-americanas. A tecnologia superior dos EUA certamente foi importante. A navegação por GPS e a mira térmica permitiram que os tanques norte-americanos manobrassem e disparassem com muito mais eficácia do que os tanques soviéticos do Iraque na tempestade de areia, e as armas dos tanques dos EUA podiam ser recarregadas e disparar três vezes mais rápido. Os mísseis antitanques disparados pelos veículos de combate Bradley eram extremamente precisos.

No entanto, McMaster considerou que a tecnologia não foi o principal fator na vitória. Em vez disso, teria sido a maneira como os membros da unidade haviam aprendido a trabalhar em conjunto e a confiança que adquiriram uns em relação aos outros. "Eu acredito que os fatores mais importantes foram o espírito ofensivo de nossos soldados e as ações agressivas das equipes, pelotões e da unidade como um todo", disse ele aos cadetes de West Point. "Todos os nossos soldados atacaram sem hesitar uma força inimiga numericamente superior que possuía todas as vantagens defensivas." Este "espírito ofensivo" vital, disse ele, "deriva de uma confiança autêntica, baseada em árduo treinamento realista." McMaster chamou muitas vezes a atenção para o valor do realismo. "Conduzam treinamentos em condições que reproduzam o mais perto possível as que ocorrem em combates reais", disse ele aos cadetes.

A lição recorrente, segundo Chatham: "O treinamento supera a tecnologia." Ele não estava falando sobre treinamento em como usar o equipamento. Ele se referia ao tipo de treinamento que ajuda os membros do serviço militar a aprender a ler o inimigo e uns aos outros.

A vitória em 73 Graus Leste foi tão impressionante que McMaster foi convidado a explicá-la no Comitê de Serviços Armados do Senado. **Como aconteceu?** "Você não pode entender isso a menos que compreenda o que tem sido a nossa experiência de treinamento", respondeu ele. Os elementos-chave desta experiência, disseram os autores de um relatório sobre a batalha, consistiu em "lidar com situações de combate simulado apresentadas em inúmeros exercícios de treinamento em lugares como o NTC e, para os líderes, em trabalhar através de cenários em uma grande variedade de simulações."

Como primeiro teste no mundo real do treinamento no estilo NTC, a batalha de 73 Graus Leste acabou sendo um experimento natural ainda mais persuasivo do que parecia de início. Ao capturar o comandante iraquiano, as forças norte-americanas tiveram uma surpresa: ele também havia sido treinado pelo Exército dos EUA. Anos antes, quando o Iraque era um aliado dos EUA, ele havia passado pelo Curso Avançado de Oficial da Infantaria em Fort Benning, na Geórgia. Mas nem ele e nem os seus soldados tinham estado no NTC. Este foi, portanto, um teste do velho treinamento contra o novo; os outros fatores principais na batalha, tecnologia superior para os EUA e conhecimento do campo de batalha e números superiores para o Iraque, mais ou menos se anularam entre si. **O treinamento realista contra um inimigo realista fez a diferença!!!**

De volta aos primeiros dias de *Top Gun*, foi relatado que os pilotos de caça muitas vezes retornavam aos seus porta-aviões após um enfrentamento e diziam sobre os pilotos de *Migs* inimigos: "Foi como lutar em *Top Gun*, só que eles não eram tão bons." De modo semelhante, após 73 Graus Leste, um dos soldados dos tanques dos EUA disse que nunca sentiu medo, pois "havia treinado de forma tão árdua e com tanta frequência que isto simplesmente parecia ser apenas outro problema de campo."

COMEÇA A REVOLUÇÃO DO TREINAMENTO DIGITAL

A batalha de 73 Graus Leste foi altamente significativa por outro motivo, que dizia respeito a uma grande desvantagem do NTC: era tão grande e elaborada que não podia ser facilmente reproduzida e o NTC só consegue lidar com uma quantidade limitada de soldados em treinamento por ano. Centros-satélite foram construídos em Louisiana e na Alemanha, mas eram muito menores que o NTC. O conceito é espetacularmente eficaz, mas não é passível de grandes aumentos de escala. As enormes extensões de terrenos adequados são limitadas e administrar esses centros é caro. O departamento de Defesa nunca revelou os custos, mas o programa NTC requer milhares de tropas em sistema de rodízio, entrando e saindo do deserto de Mojave depois de algumas semanas, junto com todo o equipamento, incluindo tanques e outros armamentos. A maioria das unidades do Exército vai para o NTC somente uma vez a cada três anos, e muitas unidades da reserva do Exército e da Guarda Nacional nunca chegam lá.

O modelo NTC traz mais um inconveniente que é um pouco irônico à luz do quanto parecia absurdamente ambicioso o projeto quando Gorman o propôs pela primeira vez: ele não é grande o suficiente para simular alguns dos combates em que os militares se envolvem ou podem vir a se envolver. Uma batalha real pode envolver forças muito maiores do que um ou dois batalhões que se enfrentam no NTC, em um campo de batalha muito maior do que o NTC e envolvendo caças de porta-aviões ou outros elementos distantes. Nenhum centro de treinamento físico pode acomodar tudo isso.

Capacidade limitada, despesas, expansão – até mesmo em 1991, a solução para esses problemas parecia óbvia. Computadores. Você poderia recriar pelo menos algumas das experiências de treinamento em uma tela, e poderia estabelecer uma rede de computadores para envolver tantos elementos de terra, mar e ar quanto quisesse, a uma fração mínima do que qualquer simulação ao vivo custaria. Como primeiro passo, o Exército fez algo fundamentalmente novo. Ele recriou a batalha de 73 Graus Leste como *software*.

A maioria das informações necessárias foi registrada e os programadores do *software* entrevistaram os combatentes para obter mais dados. Imagens de satélite e dados de GPS permitiram que o terreno fosse recriado. O resultado foi uma representação altamente precisa da batalha que passou a ser um novo tipo de ferramenta de ensino. Em algumas versões (várias foram criadas), você pode ver a batalha sob qualquer ângulo – bem acima do terreno, olhando para baixo, ou o de um soldado olhando através da mira de um veículo de combate Bradley, de um artilheiro de tanque iraquiano ou de qualquer outro participante, e você pode alternar de uma visão para outra a qualquer momento. Em outras versões você pode tentar várias hipóteses: e se o tempo estivesse claro em vez de tempestade de areia; e se os tanques iraquianos tivessem sido orientados de forma diferente quando as forças norte-americanas vieram sobre eles? Este *software* reuniu dois personagens importantes nesta história quando Gorman e McMaster o demonstraram conjuntamente para o Comitê de Serviços Armados do Senado em maio de 1992. O senador Sam Nunn da Geórgia, presidente do comitê, considerou o *software* "muito impressionante e fascinante."

Pelos padrões modernos era bastante primitivo. Mas foi um passo gigantesco na direção de um novo mundo de melhoria da interação humana, que ficou extremamente sofisticado, em alguns aspectos funcionando ainda melhor do que a simulação ao vivo, conforme veremos.

Uma batalha de 23 minutos no deserto do Iraque é, portanto, um evento importante em nossa compreensão sobre como as pessoas em todos os domínios se tornaram mais eficazes em suas interações com os pensamentos e sentimentos de outros seres humanos. Foi o primeiro teste no mundo real da proposição de que o treinamento hiper-realista de grupos, e não apenas de indivíduos, quando feito de acordo com princípios muito específicos, produz um aumento da ordem de grandeza do desempenho, e valida essa ideia de forma conclusiva. Foi também a ponte para a próxima geração de treinamento, que aplicou os princípios do NTC em formato digital.

Ambos os tipos de treinamento, ao **vivo** e **virtual**, continuam sendo eficazes e altamente valiosos para ajudar as pessoas a ter um desempenho melhor naquilo que mais conta, na interação humana. Mas talvez você esteja pensando que o combate não tenha muito a lhe ensinar, que é muito diferente dos desafios que você enfrenta. Veremos que os princípios do NTC se aplicam muito além do combate e são exatamente os que ajudam as pessoas a melhorar a **interação humana** em todos os domínios. Mas tudo bem – você gostaria de ver esse assunto de uma forma diferente da de forças reunidas em um campo de batalha. Acontece que as forças armadas dos EUA, dentre todas as instituições, podem fazer exatamente o que você está pedindo.

TREINAMENTO DE CONVERSA, NÃO DE COMBATE

A missão militar mudou radicalmente quando os EUA invadiram o Afeganistão em 2 de outubro de 2001 e, depois, o Iraque em 20 de março de 2003. O inimigo agora era em grande parte composto por insurgentes.

Eles podiam vir vestidos de guerreiros ou aparecer como civis. Os enfrentamentos decisivos não ocorriam em campos de batalha, mas geralmente em vilarejos. O **sucesso** se baseava cada vez mais nas **interações humanas** do tipo da que todos nós nos envolvemos todos os dias – conversas, negociações, questionamentos, papo furado – e na capacidade humana quase indescritível de sentir confiança, intenções e valores baseado nos menores detalhes dos olhos, postura ou tom de voz de outra pessoa, embora todos esses fatores possam ter significados diferentes na cultura desta outra pessoa. Como observou o general George Flynn no Capítulo 4, os militares tinham entrado no "domínio humano".

Em resposta à nova missão, o NTC transformou-se. Em vez de se preparar para encenar batalhas trovejantes de tanques a cada três semanas, aldeias iraquianas extremamente realistas foram construídas em seus 2.600 km^2, chegando a 13 aldeias no auge da guerra do Iraque. O NTC contratou centenas de civis, muitos dos quais de nacionalidade iraquiana, para retratar aldeões, insurgentes disfarçados, equipes de reportagem da Al Jazeera e outros. Cenários e roteiros foram criados, que os soldados circulando por ali teriam que descobrir por si só.

As rotinas normais da existência diária tornaram-se questão de vida ou morte. Por um tempo, o membro do elenco do NTC mais hábil em "matar" soldados dos EUA foi um vendedor de cachorro-quente (na realidade, um oficial de condicional de Sparks, no Estado de Nevada) que usava o mesmo estratagema em cada novo grupo de soldados em treinamento, conforme explicou ao *The New York Times*. Os soldados vinham à sua barraca, onde conversava com eles e perguntava se poderia ser autorizado a vender cachorros-quentes dentro da base norte-americana nas proximidades "para ganhar algum dinheiro extra para a sua família." Os soldados sempre concordavam e logo ele dirigia seu caminhão cheio de cachorros-quentes e carvão para a base, diariamente. Os soldados revistavam totalmente o caminhão nos primeiros dias. Então, acreditando que o vendedor era confiável, paravam de se preocupar. Um ou dois dias depois, o vendedor substituía o carvão por explosivos – na verdade, falsificações ao estilo de Hollywood – e levava seu caminhão para bem dentro da base e explodia. O truque funcionou em todas as ocasiões. Ele calculou ter "matado" centenas de norte-americanos.

Situações semelhantes eram encenadas de inúmeras maneiras por meio de interações com anciões da aldeia, polícia local, crianças, imãs e qualquer outra pessoa que pudesse ser encontrada. Apesar do tipo bastante diferente de treinamento sendo executado – operações "não cinéticas" em vez de manobras de guerra – os princípios de sucesso permaneciam os mesmos:

- A simulação é em grande escala e altamente realista. Os atores nunca devem sair do personagem; se um personagem não fala inglês, então ele ou ela nunca deve falar em inglês e deve sempre falar por intermédio de um intérprete. Os instrutores descobriram que os elementos mais importantes no sentido de tornar o ambiente realista são som, cheiro e temperatura, de modo que se esforçam muito para recriar os sons e cheiros de uma aldeia iraquiana; no deserto, a temperatura cuida de si mesma.
- Tudo o que acontece é registrado. Todas as interações são filmadas em vídeo, exatamente como as batalhas simuladas são monitoradas por meio de lasers e outras tecnologias.
- Os instrutores são muito melhores que os soldados em treinamento. Os aldeões simulados conhecem cada canto, esconderijo ou túnel, e como o vendedor de cachorro-quente, sabem a partir da experiência como enganar os soldados recém-chegados.
- Intensas análises após a ação (AARs), sem limites ou restrições, são realizadas após cada simulação.

Assim como os princípios permanecem os mesmos que para o treinamento de guerra tradicional, os resultados são igualmente impressionantes. Os atores do elenco do NTC relataram que os soldados que retornavam do serviço ativo, às vezes os procuravam para agradecer. Eles diziam que se não tivessem sido "mortos" no NTC, certamente teriam sido mortos no Iraque.

NOVAS IDEIAS SOBRE O SUCESSO DE EQUIPE

Na longa jornada militar em sua revolução no treinamento, uma das descobertas mais importantes foi o poder dos novos conceitos de treinamento não apenas de indivíduos, mas também de grupos. O treinamento baseado em simulações extremamente realistas certamente turbinou a proficiência dos indivíduos, e fez algo mais: tornou cada pessoa muito mais confiante nas habilidades de seus companheiros de equipe e nas habilidades da equipe; os membros rapidamente desenvolviam sinais, rotinas e entendimentos que multiplicavam sua eficiência e eficácia. O resultado foi a confiança geral que McMaster citou como o fator mais importante no sucesso de sua equipe.

Mais do que nunca, o trabalho hoje é feito em equipes, e cada equipe é uma unidade social. A qualidade de suas interações sociais – dentro da equipe e entre equipes – determina seu sucesso ou fracasso. Pode parecer improvável que haja qualquer novo aprendizado sobre o que torna os grupos eficazes, mas ele existe, e vale a pena analisá-lo, na busca por ideias sobre trabalho de elevado valor da economia do futuro.

CAPÍTULO SETE
O QUE REALMENTE FAZ AS EQUIPES FUNCIONAREM

Não é o que os membros da equipe (ou líderes) costumam pensar. Na verdade, são os processos profundamente humanos que a maioria das equipes ignora.

Paul Azinger tinha dois problemas. Seu grande problema, mais geral, era o fato de ser capitão da equipe Ryder Cup dos EUA, uma posição que lhe oferecia uma excelente oportunidade de ser maltratado pela mídia e os fãs do golfe após serem humilhados pela equipe europeia, que era o destino habitual dos norte-americanos. A cada dois anos, os doze melhores golfistas dos EUA enfrentam os doze melhores da Europa durante um torneio de três dias. Em todas essas ocasiões, os comentaristas, jornalistas e aficionados de golfe no mundo concordam que a equipe dos EUA é melhor, mas então, os norte-americanos geralmente **perdem**. Eles perderam cinco dos seis torneios anteriores. O capitão, que é diferente a cada vez, não é um dos jogadores e, portanto, não dá uma única tacada, mas a mídia, porém, sempre o critica fortemente pelo fracasso dos EUA.

O segundo problema de Azinger, mais particular, era que o maior golfista do mundo não estaria na equipe. Era 2008, o ano em que Tiger Woods venceu o Aberto dos EUA com uma perna quebrada e uma ruptura no ligamento cruzado anterior em seu joelho esquerdo. Depois de obter esta histórica vitória – seus médicos haviam ordenado que não jogasse – Woods fez uma cirurgia no joelho e ficou de molho pelo resto da temporada. Ele havia participado da equipe do Ryder Cup dos EUA nos três torneios anteriores, e os EUA perderam todos os três. Agora, sendo capitão de uma equipe que tinha repetidamente fracassado apesar de contar com o principal jogador do mundo, Azinger tentaria vencer sem ele. Quando o torneio começou no Valhalla Golf Club em Louisville, os torcedores europeus provocaram os norte-americanos alterando a letra da canção "O que vamos fazer com um marinheiro bêbado?" e cantando em seu lugar "Como você pode ganhar sem o seu Tiger?"

Azinger tinha sido um excelente golfista profissional nas décadas de 1980 e 1990, ganhando doze torneios do PGA Tour, incluindo um *major*, o campeonato PGA. Conhecido em todo o mundo como Zinger, ele era popular entre os jogadores e os torcedores, que gostavam de sua maneira peculiar de ver o mundo. Quando mais tarde trabalhou como comentarista de golfe na TV, ele dizia, se um jogador dava uma tacada 15 cm mais curta: "Você consegue imaginar o que teria acontecido se ele tivesse dado uma tacada 15 cm mais perto?"

Essas piadas denotavam uma mente independente, que é exatamente o que a equipe do Ryder Cup dos EUA necessitava urgentemente. O próprio conceito de construção de espírito de equipe é problemático no mundo do **golfe profissional**, pois o **esporte é caracteristicamente individual**. De algum modo, espera-se que doze sujeitos que passaram os dois últimos anos tentando vencer um ao outro venham a se transformar durante uma semana em uma grande família de apoio mútuo, sabendo que na semana seguinte eles voltarão a se destruir um ao outro. No entanto, a equipe é um conceito importante durante essa semana, quando os competidores jogam formas de golfe que, se não fosse por esse torneio, seriam desconhecidas. Por exemplo, um par de norte-

-americanos e um par de europeus competem entre si utilizando uma única bola, com os membros do par dando tacadas de forma alternada. Ou os mesmos dois pares competem, com cada jogador dando tacadas em sua própria bola, e em cada buraco o par recebendo a menor pontuação dentre os seus dois membros – assim, se o seu parceiro fica em apuros, você fica sob pressão para salvar a equipe. E em qualquer configuração, em vez de tentar derrotar o jogador norte-americano com pontuação mais próxima, você tenta apoiá-lo e incentivá-lo.

A equipe dos EUA nunca foi parecida com uma equipe. A indefinível, mas inconfundível, química não estava presente, e todos notavam. A solução pouco convencional de Azinger não tinha nada a ver com a aplicação de uma disciplina rígida, como o aconselhou um ex-capitão de equipe, ou com encher de entusiasmo os golfistas enfatizando a glória de representar seu país, como outro o aconselhou. Ele preferiu reforçar uma maior interação humana entre eles.

Uma semana não era suficiente para que os doze sujeitos formassem uma equipe, raciocinou Azinger; então ele os dividiu em grupos de quatro homens, que chamou de casulos. Ele os agrupou não de acordo com os pontos fortes e fracos no jogo de cada um, mas de acordo com o tipo de pessoa que cada um era – não o que eles sabiam, mas como eles eram. Esses sujeitos precisavam estar extremamente confortáveis e confiar um no outro; eles tinham que entender o pensamento um do outro e se comunicar sem esforço; e dispunham de apenas uma semana para fazer isso acontecer. O plano de Azinger pressupunha que pequenas nuances de interação humana seriam fundamentais. "Um comentário bem feito falado no momento certo pode fazer a diferença e gerar resultados positivos", explicou mais tarde. Disse Azinger: "Um tapinha nas costas ou apenas cruzar com o olhar de alguém e fazer um leve aceno com a cabeça pode restabelecer a confiança e mudar um resultado." Azinger não tinha como saber que pesquisadores iriam mais tarde usar uma tecnologia inteligente para mostrar como isso era espantosamente verdadeiro. "A forma como você transmite uma mensagem é tão importante quanto a mensagem em si", destacou Azinger. Na verdade, é muito mais importante.

Azinger reuniu um grupo de jogadores **agressivos** e **confiantes** (Phil Mickelson, Anthony Kim, Justin Leonard, Hunter Mahan); um grupo de **"pessoas amigáveis"**, que se sentiam confortáveis em interações sociais e que inspiravam entusiasmo (Boo Weekley, Kenny Perry, J. B. Holmes, Jim Furyk); e um grupo de tipos **estáveis**, imperturbáveis (Stewart Cink, Ben Curtis, Steve Stricker, Chad Campbell). Então, com todos reunidos em Louisville na noite de segunda-feira da semana do torneio, ele disse para cada casulo: "Vocês treinarão juntos, jogarão juntos e montarão a estratégia juntos. Vocês constituem uma equipe nesta semana. Tirando lesão ou doença, eu não irei separá-los."

Esta abordagem foi sem precedentes, assim como os efeitos. Os jogadores praticamente inverteram o seu comportamento típico. "Eu costumo pensar em meu próprio jogo nessas partidas em equipe", disse Jim Furyk, que jogou nas seis equipes anteriores do Ryder Cup pelos EUA, "mas em Louisville eu pensava no Kenny (Perry, um dos membros de seu casulo), perguntando ao *caddie*[9] como ele estava se sentindo, se queria que eu falasse ou calasse. Este geralmente não é o meu estilo, mas tentei me colocar no lugar de Kenny, jogando diante do seu povo em seu estado natal de Kentucky." Os jogadores se comunicaram, se apoiaram – criaram empatia. Seus casulos funcionaram como verdadeiras equipes.

E eles ganharam – por uma margem maior do que qualquer uma das raras vitórias dos EUA ao longo dos últimos 25 anos. Ninguém duvidou do motivo. "Todos nós concordamos com a estratégia do casulo; então, Paul estabeleceu o tom dando-nos responsabilidade, e funcionou", disse Mickelson, que jogou nas seis equipes Ryder Cup anterio-

---

9 – NT - Pessoa que carrega o saco com os tacos do golfista pelo campo com dezoito buracos.

res dos EUA, cinco das quais tinham sido derrotadas. Outros capitães dos EUA tinham formado pares de golfistas com base em seus pontos fortes complementares no jogo, o que certamente parecia lógico. Só que simplesmente não funcionou. Os fatores sociais acabaram sendo muito mais fortes – ainda mais forte do que ter o maior golfista do mundo na equipe.

Após 2008, os capitães do Ryder Cup dos EUA **abandonaram o modelo dos fatores sociais** e voltaram a utilizar as estratégias mais tradicionais em 2010, 2012 e 2014. **Os EUA foram derrotados em todos esses torneios!**

POR QUE AS EQUIPES SÃO MAIS IMPORTANTES DO QUE NUNCA

A equipe Ryder Cup não compete contra robôs, pelo menos não ainda, mas pode nos ensinar muito sobre o poder das equipes no mundo de hoje da tecnologia fantástica, especialmente sobre como o sucesso das equipes depende da qualidade do comportamento mais profundamente humano de seus membros. Entender como e por que isso é verdade é mais valioso do que nunca, pois as equipes estão se tornando mais importantes para o sucesso das organizações e dos indivíduos.

É surpreendente que no momento em que a TI ficou mais poderosa e influente, a importância dos grupos humanos – e não dos indivíduos – na criação de conhecimento tenha aumentado enormemente. Isso não é necessariamente o que você esperaria. Com mais poder de computação eletrônica em um *laptop* do que existia no mundo inteiro em 1954, e acesso a um universo de conhecimento a apenas alguns cliques de distância, por que um cientista, inventor, autor, engenheiro, gestor ou qualquer outro precisaria de mais ajuda das pessoas? A TI dá aos indivíduos aquilo que nossos antepassados teriam considerado poder divino, que em teoria deveria permitir-lhes conseguir avanços revolucionários em qualquer área. Os grupos, por outro lado, têm a reputação de fazer o trabalho mais trivial. "Nenhuma grande ideia jamais nasceu em uma conferência", escreveu F. Scott Fitzgerald. Ou, como disse de forma inesquecível o grande homem da publicidade, David Ogilvy: "Procurem em todos os parques de suas cidades/ Vocês não encontrarão nenhuma estátua de comitês."

Mas na realidade, os avanços mais importantes em praticamente todas as áreas sempre envolveram a colaboração e estão cada vez mais sendo obtidos por grupos claramente definidos. As evidências estão em um enorme estudo sobre 20 milhões de trabalhos de pesquisa em 252 áreas no âmbito da ciência, engenharia, ciências sociais, artes e humanidades ao longo de 50 anos, mais 2 milhões de patentes de todos os tipos ao longo de 30 anos. Os resultados são absolutamente claros. Em quase 100% das áreas, uma quantidade maior de pesquisas está sendo feita por **equipes**, e as **equipes estão ficando maiores**. Além disso, o trabalho mais influente, que é citado mais frequentemente na literatura acadêmica, também está cada vez mais sendo feito por equipes cada vez maiores.

Especialmente digno de nota são as conclusões sobre os trabalhos mais influentes de todos, aquelas raras ideias ou inovações que impulsionam o progresso. Estas pertenciam ao domínio dos pensadores individuais cinquenta anos atrás, nas áreas de ciência e engenharia, e nas ciências sociais; autores solitários eram mais prováveis do que equipes na produção dos trabalhos com maior volume de citações. Mas agora a maré virou, em sua esmagadora maioria. Em ciência e engenharia, por exemplo, o trabalho em equipe tem probabilidade **530%** maior do que um trabalho individual de ser citado **1.000 vezes ou mais**. Os autores deste enorme estudo concluem: "**O processo de criação de conhecimento mudou radicalmente.**"

Alguns fatores se combinaram para produzir esta mudança histórica, e todos eles são importantes nas empresas e organizações em geral, não apenas em pesquisa científica e acadêmica. À medida que aumenta o conhecimento, as pessoas precisam especializar-se em fatias mais estreitas para obter o domínio do assunto. O cargo de diretor financeiro nas empresas só se tornou comum a partir da década de 1970, o de diretor de *marketing* a partir dos anos 1980, o de diretor de informática só no final da década de 1980, e os otimizadores de dispositivos de pesquisa e os profissionais de *marketing* digital não eram sequer imaginados até a década de 1990. Para praticamente qualquer tipo de problema são necessárias contribuições de mais pessoas para encontrar a melhor resposta. A tendência é tão ampla que aparentemente reforça a si mesma: na medida em que cada vez mais as equipes produzem trabalhos de qualidade mais elevada que a dos indivíduos, os indivíduos têm menor probabilidade de equipará-los e, assim, ficam mais propensos a fazer parte de equipes que se esforçam para produzir trabalhos ainda melhores. O resultado é que os seres humanos que trabalham em grupos são mais importantes para o sucesso das organizações (e economias inteiras), e a capacidade de trabalhar em grupo é mais crucial para o sucesso dos indivíduos.

A DESCOBERTA DO QI DE EQUIPE

Então chegamos a uma grande questão enquanto a economia se transforma: **o que faz com que as equipes sejam eficazes?** As pessoas vêm tentando responder isso há séculos, mas pesquisadores do MIT, Carnegie Mellon e Union College descobriram algo fundamentalmente novo a respeito do assunto quando o abordaram de uma maneira nova. Eles observaram que os grupos assumem um caráter próprio. Os grupos se tornam criaturas vivas distintas das naturezas individuais de seus membros. Assim, os pesquisadores se perguntaram se os grupos poderiam ser medidos como entidades integradas em uma dimensão específica: a **inteligência**.

A ideia é particularmente intrigante porque a inteligência geral individual, como medido por um teste de QI, é um conceito que não necessariamente precisaria existir. Um teste de QI não é apenas um teste; são dez subtestes que exigem que a pessoa execute tarefas muito diferentes. Você precisa demonstrar a extensão de seu vocabulário, fazer contas, resolver quebra-cabeças visuais e até mesmo demonstrar coordenação entre mão e olho, entre outras coisas. Não parece haver qualquer motivo para que todas essas habilidades sejam relacionadas. Um grande vocabulário e uma boa coordenação entre mãos e olhos não parecem apelar para as mesmas habilidades, por exemplo. Caberia até supor que o desempenho nos subtestes pudesse variar em direções opostas; alguém poderia se dar bem nos testes de raciocínio verbal abstrato e vocabulário por ler o tempo todo, tendo assim menos tempo para se dedicar à aritmética. No entanto, de forma um pouco surpreendente, as pontuações das pessoas nos subtestes estão correlacionadas. Se você se sai bem em um deles, provavelmente se sairá bem em todos. Os pioneiros da psicologia moderna perceberam que havia algum fator em comum que influenciava o desempenho de uma pessoa em todos os diferentes subtestes. Eles poderiam ter chamado esse fator de vários nomes, mas o denominaram de **inteligência geral**.

    Será que o mesmo fenômeno poderia ocorrer em grupos? Será que haveria algum fator em comum que afetasse o desempenho de um grupo em um amplo leque de tarefas distintas? Em caso afirmativo, seria extremamente valioso conhecê-lo, pois a quantificação desse fator comum em indivíduos, o QI, mostrou-se surpreendentemente poderosa. O QI tem sido controverso, e certamente não mede tudo o que queremos saber sobre uma pessoa, mas seu poder como indicador está solidamente estabelecido. Como disseram os pesquisadores, ele "é um indicador confiável de um amplo leque de desdobramentos importantes na vida durante um longo espaço de tempo, incluindo notas escolares, sucesso em muitas profissões e, até mesmo, expectativa de vida." E se algo semelhante existisse para grupos – um fator que mede a eficácia geral de um conselho de administração ou de uma equipe de vendas ou de um grupo de projeto, e que também servisse de indicador do desempenho para além dos domínios testados?

Isto é o que os pesquisadores foram à procura, e encontraram. Eles mediram quase 200 grupos executando muitas tarefas amplamente variadas que os grupos eventualmente realizam na vida real, tais como *brainstorming*, julgamentos morais coletivos e negociar com base em recursos limitados, por exemplo. Assim como com os indivíduos, a eficácia de um grupo nessas tarefas distintas apresentou uma correlação positiva. O fator em comum existe.

Além do mais, esse fator, que os pesquisadores chamaram de c (de "inteligência coletiva"), é um forte indicador do desempenho em tarefas que sequer foram utilizadas para medi-lo. Alguns dos grupos, depois do teste, foram convidados a executar uma tarefa simples em grupo, competir contra um computador no jogo de damas. Outros tiveram de realizar algo muito mais difícil, uma tarefa de projeto arquitetônico nos moldes de um problema complexo de pesquisa e desenvolvimento. Em ambos os casos, o c foi um forte indicador do desempenho do grupo. Ele faz exatamente o que desejaríamos que fizesse.

Então, os pesquisadores fizeram uma pergunta fundamental: será que o c não nos diz algo que poderíamos descobrir apenas medindo os QIs dos membros individuais de um grupo? Então eles mediram todos esses QIs e descobriram que o QI médio dos membros de um grupo valia pouco como indicador do desempenho do grupo. O QI do membro mais inteligente não servia para nada. Ou seja, mesmo o grupo mais eficaz não precisa da pessoa mais inteligente. A equipe vencedora do Ryder Cup não precisou do maior golfista.

O que o grupo tem, segundo disseram os pesquisadores: "É uma propriedade do grupo como um todo, não dos indivíduos que participam dele."

Os pesquisadores fizeram então a pergunta mais importante: se a inteligência individual não explica a eficácia de um grupo, o que explica? Eles investigaram alguns candidatos populares: a coesão do grupo, motivação e satisfação. Nenhum deles significou muita coisa.

A estabilidade da equipe e seu tamanho tiveram apenas um pouco de importância. Que tal esses conceitos bonitos como ter uma visão clara, desafiadora e significativa, ou estabelecer funções e responsabilidades bem definidas ou dar aos membros da equipe recompensas, reconhecimento e recursos adequados? Nenhum destes teve importância.

Porém, o mais importante foi a **sensibilidade social**. Cada membro do grupo realizou um teste amplamente utilizado chamado "Leitura da Mente nos Olhos", que pede que você escolha uma palavra que melhor descreva os pensamentos ou sentimentos das pessoas apenas baseado em fotos da região dos olhos. Se você quiser prever a eficácia de um grupo, a melhor coisa a fazer é olhar para a pontuação média dos membros neste teste. A alternância das pessoas se expressando durante a conversa também fez uma grande diferença; os grupos dominados por poucos oradores foram menos eficazes do que aqueles em que os membros se manifestavam de forma mais igualitária.

Outra maneira de inferir o grupo mais eficaz era muito mais simples: contar o número de mulheres. Isto porque nesta pesquisa, e em muitas outras, as mulheres apresentam um desempenho muito melhor do que os homens nas medições de sensibilidade social. Esta constatação é apenas uma das várias razões para as mulheres parecerem fortemente posicionadas para se destacar na nova economia que surge, como veremos no Capítulo 10.

"**Inteligência coletiva**" é uma expressão muito limitada para nos referirmos ao que os pesquisadores detectaram; é mais do que a inteligência como geralmente pensamos nela. Por se basear principalmente em tarefas que os grupos realmente executam, poderia ter um nome melhor se fosse chamado de eficácia do grupo. E os aspectos fundamentais disso – para a capacidade de um grupo gerar ideias ou planejar uma atividade ou chegar a um julgamento moral ou resolver um problema difícil – são os elementos sutis da interação humana, perceber o significado apropriado de uma testa franzida ou notar o desejo silencioso de alguém de contribuir para uma conversa.

O desempenho do grupo continua sendo uma atividade humana crescentemente valiosa mesmo quando os computadores aprendem a ler as nuances do rosto e, assim, detectar sentimentos. Pelo simples motivo de que somos nós, e não os computadores, que decidimos quais são os nossos problemas e, em última análise, escolhemos as melhores soluções, e os grupos podem ser bem melhores na escolha de soluções do que qualquer pessoa individualmente. "Podem" é uma palavra-chave. Os grupos não são sempre melhores; nossa própria experiência de vida (e muitas pesquisas) mostra que alguns grupos são totalmente disfuncionais e não conseguem nada. Mas quando funcionam, são superiores. Já vimos também que enquanto o mundo fica mais complexo, mais tarefas estão sendo executadas por grupos. Na medida em que a tecnologia assume mais tarefas, a escolha de nossos problemas e de como resolvê-los estarão entre os empregos reservados para pessoas, pois as pessoas – lembre-se de nosso primeiro grande pressuposto – estão no comando. Entender como fazer melhor esse trabalho, o que significa fazê-lo em grupo, é, portanto, vital para o nosso sucesso.

O QUE REALMENTE ACONTECE DENTRO DE EQUIPES VENCEDORAS

Vimos agora que o principal fator para tornar um grupo eficaz é a **habilidade na interação profundamente humana**. Esta é uma descoberta notável em si mesma, se considerarmos que os grupos quase nunca são avaliados nessas bases. Todos parecem achar que outros fatores – liderança, mistura de competências técnicas, visão, motivação – são mais importantes. Eles são importantes, mas não tanto quanto as habilidades sociais. Ainda assim, não podemos fazer muito com essa percepção até que entendamos por que isso acontece.

O que realmente acontece dentro desses grupos altamente eficazes, e de que forma as habilidades sociais bem ajustadas fazem com que isto aconteça? As respostas eram um mistério até que o Human Dynamics Laboratory de Alex Pentland no MIT inventou o **crachá sociométrico**, um dispositivo discreto que as pessoas em um grupo usam em suas roupas. O crachá normalmente mede o tom de voz que uma pessoa usa, se as pessoas olham umas para as outras quando falam, o quanto gesticulam, e quanto elas falam, ouvem e interrompem umas às outras. O dispositivo não grava o que as pessoas dizem; para explicar o mistério, as palavras em si acabam sendo praticamente irrelevantes.

Pentland foi um dos pesquisadores no estudo que detectou o **c**, e alguns dos grupos nesta pesquisa usavam os crachás. Esses dispositivos revelaram o que acontecia dentro dos grupos. Os membros dos melhores grupos interagiam de três maneiras distintas. Em primeiro lugar, eles **geravam um grande número de ideias** em contribuições curtas nas conversas; ninguém se alongava demais. Em segundo lugar, eles se envolviam no que Pentland chama de **"interações densas"**, com os membros do grupo constantemente alternando entre colocar suas próprias ideias e responder às ideias dos outros com **"bom"**, **"certo"**, **"o quê?"** e outros comentários muito curtos que sinalizavam o consenso sobre o valor de uma ideia, boa ou má. Em terceiro lugar, todos **contribuíam com ideias** e **reações**, alternando-se mais ou menos igualmente, assegurando uma ampla diversidade de ideias.

As habilidades sociais representaram o fator mais importante na eficácia do grupo porque incentivam aqueles padrões de "fluxo de ideias", para usar uma expressão de Pentland. Mostrando os dados de outra maneira, aqueles três elementos de interação foram mais importantes do que qualquer outro fator para explicar o excelente desempenho dos melhores grupos; na verdade, eles foram quase tão importantes quanto todos os outros fatores juntos: inteligência individual, competências técnicas, personalidades dos membros e qualquer outro fator que você possa pensar.

Esses padrões pareciam muito familiares para Pentland, que passou anos estudando pessoas e grupos altamente criativos e bem-sucedidos. Todos fazem essas mesmas coisas. Neste estudo de grupos, o desempenho "dependia do quanto os membros do grupo eram bons em colher ideias de todos os participantes e de provocar reações a cada ideia nova", observou ele. Fazia sentido que os grupos com as melhores habilidades sociais fossem os de maior êxito, pois o que "os participantes socialmente inteligentes em nosso experimento de inteligência coletiva estavam fazendo era permitir o melhor fluxo de ideias, ao orientar o grupo para apresentações breves de mais ideias, incentivar respostas e assegurar que todos contribuíssem igualmente." O valor operacional das habilidades sociais estava explicado. O mistério sobre como aquelas habilidades faziam com que os grupos fossem mais eficazes foi resolvido.

As pessoas que tornaram as equipes mais eficazes podem ou não ter sido os melhores trabalhadores do conhecimento. Mas, definitivamente, eram os melhores trabalhadores do relacionamento.

COLOCANDO AS DESCOBERTAS PARA FUNCIONAR

A **interação humana** é tão forte que aumentá-la apenas um pouco melhora muito o desempenho do grupo. Por exemplo, Pentland e seu laboratório investigaram um enorme *call-center* do Bank of America onde a ênfase estava na **produtividade**; reduzir o tempo médio de atendimento neste *call-center* em apenas 5%, permitiria uma economia para a empresa de US$ 1 milhão por ano. O banco agrupou os funcionários em equipes de aproximadamente vinte pessoas, mas eles não interagiam muito, em parte porque seu trabalho era totalmente solitário, sentados em um cubículo com um telefone e um computador. Seja como for, era improvável que encontrassem uns aos outros com muita frequência, pois o banco escalonava os intervalos para manter o quadro de pessoal estável. Aqui tínhamos uma equipe que mal justificava o nome.

No entanto, os membros efetivamente interagiam um pouco, e ao pedir que eles usassem os crachás sociométricos por seis semanas, Pentland descobriu que o melhor indicador da produtividade da equipe era o quanto os membros interagiam no pouco tempo que tinham, e no que ele chama de engajamento, o grau com que todos os membros da equipe estavam envolvidos na interação. Então Pentland propôs que os gerentes tentassem uma experiência: dar intervalo ao mesmo tempo para todas as 20 pessoas da equipe. Em um *call-center* de mais de 3.000 funcionários, foi fácil deslocar os intervalos dos outros para manter o serviço. O resultado foi que os membros do grupo interagiram mais, embora ainda não fosse muito; mais funcionários se envolveram na interação; e a produtividade disparou. Os efeitos foram tão claros que o banco adotou os intervalos baseados em equipes em todos os seus *call-centers*, estimando que a medida poderia economizar até US$ 15 milhões por ano.

O mesmo parece acontecer em todos os lugares. Até quando as pessoas trabalham em sua maioria por conta própria, os padrões certos de interação quando estão juntas – e não as personalidades individuais ou qualquer outra coisa – representam a principal forma de os grupos melhorarem. Pentland concluiu: "Estar no circuito permite que os funcionários aprendam truques da profissão – o tipo de experiência tácita e detalhada que separa os novatos dos especialistas – e é o que mantém a máquina de ideias funcionando com eficiência." Quando as pessoas realmente fazem o trabalho substancialmente juntas, o efeito é o mesmo de tomar esteroides.

O QUE AS EQUIPES PERDEM QUANDO ATUAM *ON-LINE*

Isso leva a uma conclusão aparentemente óbvia: se muita interação e amplo envolvimento são os impulsionadores mais fortes do desempenho de um grupo, então será que a tecnologia não nos levou às portas do nirvana? O *e-mail*, as mensagens de texto e as mídias sociais não seriam o maior presente já dado aos grupos? A resposta é **não**, ou, pelo menos, **não necessariamente**. A interação social é a própria essência do ser humano, como já vimos – um fenômeno tão altamente evoluído que nós ainda estamos descobrindo todas as formas como acontece, por vezes nos afetando profundamente, sem nem mesmo nos darmos conta do que aconteceu. Nós não desenvolvemos essas habilidades maravilhosas na era eletrônica, e muitas delas simplesmente não funcionam *on-line*. Por exemplo, o laboratório de Pentland fez experiências com grupos conectados apenas por tecnologia e descobriu que os membros continuavam a usar a linguagem corporal, embora ninguém pudesse vê-los e, certamente, todos nós fazemos a mesma coisa. O problema é que estamos jogando fora uma de nossas ferramentas mais fortes e mais profundamente enraizadas para nos conectar uns com os outros: a **imitação**. Conforme vimos no Capítulo 3, muitas vezes imitamos as posturas e os gestos dos outros, principalmente de forma inconsciente, e este processo é extremamente poderoso na construção da empatia e confiança entre as pessoas, embora nenhuma das partes perceba que está ocorrendo. Mesmo quando não conseguimos ver uns aos outros, mal podemos nos impedir de tentar fazê-lo. Mas se não conseguirmos ver uns aos outros em tempo real, não vai funcionar.

    As evidências são claras no sentido de que a interação frente a frente é muito mais rica e eficaz do que a frágil e precária versão digital na construção de confiança, cooperação e padrões de comportamento que tornam os grupos eficazes. Alguém está surpreso? Nós, seres humanos, interagimos frente a frente desde muito antes de desenvolvermos a linguagem e hoje, mesmo quando falamos, não é o que dizemos que tem mais importância. Após colocar crachás em centenas de grupos em interações frente a frente e coletar bilhões de dados, Pentland e seus colegas perceberam que os sinais sociais tácitos – quem está falando, quanto, em que tom, interrompendo ou não, voltado para que pessoa e afastado de que pessoa, gesticulando como – lhes diziam tudo o que precisavam saber sobre o desempenho de um grupo. Eles não precisavam ouvir todas as palavras. A descoberta surpreendente de Pentland é que: "Geralmente podemos ignorar completamente o conteúdo das discussões e usar apenas os sinais sociais visíveis para prever o resultado de uma negociação ou de uma venda, a qualidade da tomada de decisão do grupo e os papéis que as pessoas assumem no grupo." Mas a maioria desses sinais sociais visíveis não está disponível na comunicação digital.

Quando a interação digital é eficaz, sua ocorrência é mais provável entre pessoas que já têm um relacionamento frente a frente. Cerca de 61 milhões de usuários do Facebook nos EUA receberam uma mensagem "vá votar" no dia da eleição em 2010, como parte de um experimento feito pelo professor de ciência política James Fowler e por pesquisadores do Facebook. Uma simples mensagem informativa sobre a votação não teve nenhum efeito; as pessoas que a receberam não ficaram mais propensas a votar do que aqueles que não receberam a mensagem. Porém, outros usuários receberam a mesma mensagem mais fotos de perfis aleatoriamente selecionados de até seis de seus amigos no Facebook que haviam clicado em um botão "eu votei" no Facebook. Esses usuários ficaram mais propensos a votar; uma mensagem simplesmente informando as pessoas de que alguns amigos votaram levou mais 60.000 usuários às urnas. Mas o efeito real estava no que aconteceu depois: quando esses usuários clicaram no botão "eu votei", acionando uma mensagem deles para o *feed* de notícias de seus amigos, diferente da mensagem gerada aleatoriamente dizendo-lhes que alguns amigos haviam votado, outros 280.000 de seus amigos foram votar.

Isto parecia ser uma forte evidência do poder do relacionamento *on-line*, mas, na verdade, era exatamente o oposto. Quando os pesquisadores aprofundaram a análise, descobriram que esses amigos influentes não eram apenas amigos. "Apenas os amigos íntimos é que influenciaram os usuários a votar no mundo real", descobriram os pesquisadores. "Os usuários do Facebook têm uma média de aproximadamente 150 amigos, mas provavelmente só possuem relações estreitas com apenas dez", eles relataram, e essas poucas amizades, com base na interação frente a frente, fizeram toda a diferença. "Os dez amigos mais próximos no Facebook se importaram; os outros 140 não se importaram", disse Fowler. "As redes *on-line* são poderosas... mas são esses laços do mundo real, que sempre tivemos, que fazem a diferença", salientou James Fowler.

Ou seja, existem os amigos do Facebook, e existem os amigos reais. Outras pesquisas ressaltam a diferença, mas a sua própria experiência com relacionamentos apenas *on-line* em comparação com os seus fortes relacionamentos pessoais é toda a evidência que você precisa. As equipes eficazes são construídas com base em interações pessoais, geralmente dentro de um pequeno número de pessoas. A mídia digital pode ajudar a manter fortes relacionamentos que foram estabelecidos frente a frente no mundo real, mas não consegue criar esses fortes relacionamentos. É assim que fomos historicamente programados.

Pode parecer irônico que poucas pessoas tivessem entendido esse fato melhor do que um dos maiores gênios digitais, Steve Jobs. "Apesar de ser um cidadão do mundo digital, ou talvez por conhecer muito bem seu potencial isolamento, Jobs acreditava fortemente nos encontros frente a frente", relatou Walter Isaacson em sua biografia de Jobs. Ele cita Jobs: "Há uma tentação em nossa época de conexão em redes eletrônicas de achar que as ideias podem ser desenvolvidas por *e-mail* e *iChat*. Isto é loucura. A criatividade surge de reuniões espontâneas, a partir de discussões aleatórias. Você topa com alguém, você pergunta o que ele ou ela está fazendo, você diz 'Uau' e logo começa a pensar em todo o tipo de ideias."

Tudo tem que acontecer **pessoalmente**. É por isso que Jobs projetou a famosa sede da Pixar da forma que fez. A Pixar é o estúdio de animação que Jobs inicialmente financiou e que acabou dirigindo nos anos antes de retornar para a Apple e durante vários anos depois. Trata-se, sem dúvida, do estúdio de cinema mais bem-sucedido da história, pois nunca produziu um fracasso. Os filmes como *Toy Story, Procurando Nemo, Carros* – dos 14 lançamentos que produziu até 2013, cada um foi um grande sucesso financeiro. Jobs quis mantê-lo assim, então insistiu que a nova sede da Pixar fosse concebida em torno de um átrio central; ele então colocou o café, caixas de correio, salas de reunião e outros elementos de modo a obrigar que as pessoas o **cruzassem**. "Nós projetamos o edifício para fazer as pessoas saírem de seus escritórios e se misturarem no átrio central", disse para Isaacson. Ele se sentiu tão firme a este respeito que ordenou a execução de apenas dois banheiros gigantes para todo o edifício, ambos fora do átrio. Isto foi exagerado. Uma revolta de funcionários matou a ideia, mas todos os banheiros acrescentados ficavam – adivinha onde – perto do átrio. Jobs sabia o que fazia as equipes funcionarem, e não era o *e-mail*.

MAIS PODEROSO QUE A ECONOMIA

Talvez você tenha sido atingido pela aparente irracionalidade dessas descobertas. As pessoas ficam enormemente mais propensas a votar se souberem que um amigo íntimo fez isso – mas por que deveria fazer alguma diferença? As equipes são mais eficazes se seus membros se revezam igualmente nas conversas e exibem sensibilidade social, e vimos que fazem isso por motivos profundamente enraizados em nosso passado evolutivo; mas em um ambiente de negócios, onde supostamente os dólares é que fazem a diferença, será que isso faz algum sentido? Sim, esses comportamentos fazem com que uma equipe tenha maior sucesso, o que é bom para uma empresa, mas no mundo real nós sabemos que é ingênuo presumir que todos os membros de uma equipe bem-sucedida vão compartilhar as recompensas; em todo caso, é difícil imaginar que as pessoas estejam se revezando igualmente na conversa só porque acham que vão ganhar mais dinheiro. Mas então, por que fazem isso? Em uma empresa, onde as pessoas trabalham para o próprio sustento e o de suas famílias, por que diabos elas se comportariam de uma forma que não se sentem confiantes de que será compensador – e que, de fato, podem não ter bons motivos para achar que será compensador – a curto ou longo prazo?

Então, vamos apenas dizer que: sim, esse comportamento é irracional. Ele não se enquadra no modelo *homo economicus* – a pessoa racional, experiente, que maximiza a riqueza, que forma a base da economia neoclássica. Esse conceito tem sido consideravelmente demolido por 40 anos de pesquisa em economia comportamental que mostra de uma centena de maneiras diferentes como as nossas decisões muitas vezes são malucas. Ao explicar grupos eficazes, porém, estamos analisando um tipo ligeiramente diferente de comportamento irracional. A economia comportamental centra-se em nosso comportamento cognitivo previsivelmente defeituoso (exemplo: um bloco e um lápis juntos custam US$ 1,10. O bloco custa um dólar a mais que o lápis. Quanto custa o lápis? Quase todo mundo imediatamente diz dez centavos, o que obviamente está errado). É por isso que Daniel Kahneman chamou o seu livro monumental sobre o assunto *Rápido e Devagar – Duas Formas de Pensar* – é sobre o pensar. Aqui, entretanto, estamos analisando o comportamento social. Ele é irracional por ser uma clara afronta ao homem econômico. Mas diferentemente das deficiências reveladas pela economia comportamental, ele não nos leva ao erro. Pelo contrário, nosso comportamento social irracional nos leva a um excelente desempenho, produzindo filmes de muito sucesso, ganhando torneios internacionais de golfe e alcançando eficiências inimagináveis. Tão perfeitamente e essencialmente humano: comportamento irracional que de algum modo faz sentido.

A contradição aparece mais claramente no trabalho pioneiro de Adam Grant sobre doadores e tomadores. Em uma empresa com uma cultura doadora, diz Grant: "Os empregados ajudam os outros, compartilhando conhecimento, oferecendo orientação e fazendo conexões sem esperar nada em troca." Um economista diria que eles são birutas. Em uma cultura tomadora, por sua vez, "a regra é obter o máximo possível dos outros, enquanto contribui menos em troca. Os empregados ajudam apenas quando esperam que os benefícios pessoais superem os custos." E isto não é a própria definição de racionalidade econômica?

No entanto, qual a cultura que você acha que produz resultados melhores?

Todos nós sabemos a resposta. Uma extensa pesquisa mostra que a resposta é ainda mais impressionante do que suspeitamos. Uma meta-análise gigante de estudos envolvendo 51.000 pessoas em empresas descobriu que os comportamentos doadores estavam associados com produtividade, eficiência e lucros maiores; custos, rotatividade de empregados e absenteísmo menores; e maior satisfação do cliente.

A cultura doadora funciona até mesmo em ambientes onde os empregados não precisam interagir muito, como descoberto nesta cobaia de pesquisa organizacional, o *call-center*. Grant relata como uma empresa chamada Appletree Answers foi assolada por uma taxa de rotatividade de empregados de 97%, um problema comum nesse setor. Desesperados por uma solução, os gestores conceberam um programa chamado *Dream On* (*Sonho Meu*, em tradução livre) que convidava os funcionários a solicitar a coisa que mais queriam em suas vidas pessoais, mas que acreditavam nunca poder obter. Então um comitê secreto começou a atender esses sonhos – "desde enviar o marido gravemente doente de uma funcionária para encontrar seus jogadores favoritos em um jogo de futebol norte-americano do Philadelphia Eagles até ajudar um funcionário a preparar uma festa especial de aniversário para sua filha." Com uma velocidade surpreendente, a cultura se transformou. Os funcionários passaram a enviar solicitações *Dream On* em nome dos colegas e de forma mais ampla começaram a buscar maneiras de ajudar uns aos outros. Em seis meses a taxa de rotatividade caiu de 97% para 33%. Uma rotatividade menor significa que os funcionários permanecem por mais tempo na empresa e podem construir laços mais estreitos. A empresa imediatamente teve os dois trimestres mais lucrativos de sua história.

O poder do vínculo social economicamente irracional na melhoria do desempenho da equipe aparece mesmo quando os pesquisadores não estão procurando isso. Na sequência dos ataques terroristas de 11 de setembro de 2001, o Intelligence Science Board (Conselho de Ciência em Inteligência, em tradução livre) pediu que o psicólogo de Harvard, J. Richard Hackman, e Michael O'Connor da Mitre Corp. descobrissem por que algumas das equipes de análise de inteligência do governo eram tão mais eficazes que outras. Os pesquisadores descobriram que a diferença mais importante era a base fundamental sobre a qual a equipe estava organizada – **cognitiva** ou **social**. "A perspectiva cognitiva coloca o analista individual no centro do palco", escreveram eles. "A perspectiva social, por sua vez, centra-se mais na importância das interações colegiadas...." O relatório, portanto, comparou principalmente esses dois tipos de equipes – "uma comparação que, devemos notar, não era o propósito original da pesquisa."

Eles não estavam buscando categorizar as equipes desta maneira, mas a distinção foi inevitável, e as diferenças de desempenho foram gritantes. As equipes de **base social** eram **30% mais eficazes** que as de **base cognitiva**. O principal motivo, também não buscado pelos pesquisadores, era igualmente muito claro: a cultura aparentemente irracional das equipes de base social e a resultante interação maior e mais profunda. Os membros passavam o tempo ensinando e ajudando uns aos outros sem serem exortados a fazê-lo e sem ter nenhum sistema de recompensas. A conduta de ajuda "inesperadamente acabou sendo mais fortemente associada com a eficácia da equipe do que qualquer outro fator avaliado na pesquisa." Assim como outros pesquisadores descobriram que a sensibilidade social era o elemento mais importante na eficácia da equipe, esses pesquisadores constataram que os fatores sociais, neste caso os comportamentos de ajuda, eram o aspecto fundamental.

Por um lado, isso tudo faz sentido. Podemos facilmente compreender por que um grupo que incentiva ideias de todos e provoca a resposta de todos é mais eficaz do que um grupo dominado por alguns **falastrões**, e por que um grupo de pessoas que ajudam umas às outras conquistam muito mais do que um grupo de pessoas que não faz isso. Mas por outro lado, não faz sentido algum. Por que um indivíduo qualquer deveria se comportar como os membros dessas equipes altamente eficazes? Afinal, esses comportamentos só funcionam quando todos agem assim. Agir assim sozinho pode não lhe trazer nada em troca e pode até prejudicá-lo; caso seja o único doador em um escritório de tomadores, você pode simplesmente ser passado para trás. Parece um milagre que equipes eficazes cheguem a existir.

POR QUE O MILAGRE ÀS VEZES ACONTECE

Nós somos fortemente movidos a fazer aquilo que vemos um grupo de colegas fazendo, de modo que se os comportamentos corretos se estabelecem dentro de um grupo, isto pode virar uma bola de neve. De toda a programação em nossos cérebros, este comportamento de conformidade é um dos mais fortes. Para um dos primeiros seres humanos na savana, pertencer a um grupo era uma questão de vida ou morte, pois o grupo ajudava a protegê-lo dos predadores, caçava presas e guardava recursos de forma muito mais eficaz do que qualquer indivíduo isoladamente. Encaixar-se no grupo significava sobrevivência; rejeitar isso significava uma possível sentença de morte. O nosso imperativo de aderir a um grupo é ainda mais antigo do que isso. Os primatas que vivem em grupos fazem sons e movimentos distintos para indicar o que eles acham que a tropa deve fazer em seguida, em um processo que leva a um consenso; quando este consenso se torna claro, um membro da tropa seria muito tolo em não acompanhá-lo. Este processo vive hoje por meio de sinalização semelhante que acontece em salas de reunião – os **"uh-huh"**, **"certo"**, **"o quê?"** e a linguagem corporal que a equipe de Pentland documentou – através da qual um grupo humano alcança o consenso. Seguir a decisão consensual raramente é uma questão de vida ou morte, mas os membros do grupo agem quase como se fosse, tendendo a entrar na linha e se comportar como o restante do grupo.

Aumentando a probabilidade de que comportamentos de ajuda possam realmente estabelecer-se em um grupo está o fato de que participar do comportamento cooperativo de um grupo – trabalhar para o sucesso do grupo sem levar em conta possíveis recompensas pessoais – faz com que sintamos um bem-estar. Considere uma equipe de remadores. Nós sabemos que a simples atividade física do exercício faz com que o organismo produza endorfinas, opióides naturais; isto é a sensação de "bem-estar do corredor." Os remadores sentem isso quando treinam individualmente em máquinas de remo. Mas coloque oito remadores em um barco e faça com que eles exerçam exatamente a mesma quantidade de esforço de quando treinavam individualmente nas máquinas, e seus corpos produzirão mais endorfinas. Os pesquisadores que descobriram este fenômeno observaram que o aumento aparentemente "se devia, de alguma forma, ao efeito de trabalhar em conjunto como uma equipe altamente coordenada." Esta conclusão é especialmente significativa, pois o remo é um esporte eminentemente de equipe. Qualquer tentativa por parte de um membro da tripulação de se distinguir individualmente simplesmente desequilibra o barco e piora o desempenho. Ou seja, as endorfinas adicionais parecem resultar da submissão do próprio esforço aos esforços do grupo. Os membros das equipes mais eficazes de análise de inteligência, e das melhores equipes em geral, efetivamente estão se comportando loucamente. Eles recebem uma excitação altamente gratificadora por rejeitar o objetivo de ganho pessoal em prol do sucesso do grupo.

Muitas outras evidências mostram que trabalhar em conjunto em estreita coordenação torna as pessoas felizes e até mesmo eufóricas. Uma atividade tão simples quanto **cantar junto** desencadeia a liberação de opioides. De forma mais ampla, e mais significativa para a compreensão das equipes altamente eficazes, tais atividades também promovem exatamente as tendências sociais que contribuem mais para o desempenho de uma equipe – "cooperação e generosidade" e "maior disposição para se comportar de forma altruísta para com aqueles com quem realizamos tais atividades", dizem os pesquisadores da Universidade de Oxford. "A liberação de endorfina gerada por atividade em grupo pode assim desempenhar um... papel na vinculação de grupos sociais humanos", complementaram os pesquisadores.

O aparente mistério das equipes eficazes é que os membros individuais se comportam de forma a não parecer servir aos seus interesses pessoais – ajudar um ao outro sem esperar recompensa, não dominar as atividades do grupo – e por que eles fazem isso? Não é racional. No entanto, o mistério tem uma solução. Nós somos claramente governados por forças mais poderosas, nem sempre para o pior. Em algumas situações, os comportamentos não racionais podem nos causar um sofrimento considerável, mas quando uma equipe desempenha em níveis elevados, isto ocorre em grande parte porque os instintos antigos e a poderosa química do cérebro estão assegurando sua arrebatadora dominância sobre a débil racionalidade.

POR QUE AS EQUIPES PRECISAM DE TEMPO

Conforme já observado anteriormente, os seres humanos não são máquinas. Nós não somos inteiramente coerentes e esta peculiaridade por vezes desconcertante é, na verdade, compreensível e fundamental para a nossa eficácia e maior valor na nova economia que vem chegando. No contexto das equipes, isso significa que os indivíduos não são peças intercambiáveis. Nós não trazemos as mesmas habilidades sociais, e a eficácia do grupo depende do desenvolvimento de capital social entre os membros do grupo através de ganhar a confiança e ajudar um ao outro. Tudo isso leva tempo. Uma implicação importante dessas descobertas é que, considerando que as equipes altamente eficazes são raras e valiosas, não facilmente ou rapidamente passíveis de replicação, mantê-las juntas depois de formadas vale muito a pena.

Exhibit A era uma equipe de alto nível da Apple durante a gestão de Steve Jobs. A visão convencional do sucesso da Apple é que ele surgiu da gestão ditatorial e da genialidade de Jobs, mas Jobs sabia que isso não era o suficiente. Ele trabalhou arduamente para montar e manter uma equipe altamente eficaz, o que em si mesmo é um feito extremamente difícil em uma empresa de sucesso. Na medida em que a companhia prospera, outras empresas tentam atrair seus executivos, geralmente os mais graduados, mais bem remunerados e com funções mais visíveis, e a tentação pode ser avassaladora. No entanto, na época em que Jobs deixou o cargo de CEO em agosto de 2011, o círculo mais íntimo de seis executivos que ele havia agrupado vinha trabalhando como equipe fazia treze anos, reunindo-se durante horas por semana. Isto é praticamente inédito e parece ser um caso único entre empresas do tamanho e sucesso da Apple. O capital social que este grupo desenvolveu estava além da imaginação, e ninguém, muito menos Jobs, duvida de que este foi um dos principais motivos para a empresa ter se tornado a **mais valiosa do mundo**.

Para ver como as coisas podem não dar certo quando as equipes não têm a oportunidade de desenvolver capital social, analise as estatísticas de acidentes aéreos, que são quase inacreditáveis. "O Conselho Nacional de Segurança de Transporte dos EUA constatou que **73%** **dos incidentes** em seu banco de dados ocorreram no **primeiro dia** em que a **tripulação viajava junto**, antes de as pessoas terem a chance de aprender com a experiência a melhor forma de atuar como equipe", relatou J. Richard Hackman, de Harvard, que também estudou as equipes de analistas de inteligência após a tragédia de 11 de setembro de 2001 e é um dos principais pesquisadores sobre grupos. Programar individualmente os membros da tripulação, em vez de por equipes, é mais eficiente para as companhias aéreas, mas os resultados podem lhe dar o que pensar da próxima vez em que entrar em um avião. "Certa vez pedi para um investigador de operações de uma companhia aérea para estimar quanto tempo passaria se nós dois fôssemos designados para trabalhar juntos em uma viagem, antes que pudéssemos esperar trabalhar juntos novamente", disse Hackman para a *Harvard Business Review*. "Ele calculou que seriam necessários 5,6 anos. Isto claramente não é bom do ponto de vista do passageiro", destacou Hackman.

A título de comparação, Hackman observa a prática do Comando Aéreo Estratégico, que supervisionou os aviões que carregariam bombas nucleares durante a Guerra Fria. Essas tripulações treinavam juntas e ficavam juntas, e tinham um desempenho muito melhor do que quaisquer outras tripulações que ele estudou. Sua conclusão: "Quando você trabalha em conjunto em tempo real e não pode haver nenhum erro, então você mantém suas equipes agrupadas por anos e anos em vez de constantemente alterar a sua composição."

A história é semelhante em outra área de alto risco: cirurgia. O dr. John Noseworthy, CEO da Clínica Mayo, contou-me sobre seus consideráveis esforços para manter agrupada uma equipe cirúrgica altamente eficaz. O valor da equipe pode parecer surpreendente no caso de cirurgias, pois somente um dos membros usa o bisturi no paciente, mas a equipe pode realmente fazer muita diferença para a probabilidade de um paciente sobreviver. Os pacientes têm uma probabilidade muito menor de morrer quando são operados por cirurgiões que realizam muitas operações – **o que não é surpresa**. Mas quando o cirurgião realiza a mesma operação em outro hospital que não o seu usual, com uma equipe diferente, a vantagem do grande volume de operações evapora. Esta constatação um pouco perturbadora vem de pesquisadores da Harvard Business School que estudaram cirurgiões cardíacos que atuam em vários hospitais. Se eles realizam muitos procedimentos no hospital A, as taxas de mortalidade de seus pacientes ali são admiravelmente baixas. Mas seus desafortunados pacientes no hospital B não recebem nenhum desses benefícios porque ali, os cirurgiões não têm o seu melhor desempenho, ou seja, comportam-se como se nunca tivessem feito todas essas operações no hospital A. A probabilidade de um paciente morrer é tão grande quanto se o cirurgião não tivesse acumulado toda essa prática. A explicação, dizem os pesquisadores, é "a familiaridade do cirurgião com os recursos críticos da organização hospitalar... que podem ser funcionários específicos, estruturas de equipe ou rotinas operacionais."

As atividades de cirurgia e de pilotagem são conduzidas por protocolos rígidos e elaborados e as pessoas que as executam devem passar por anos de treinamento e por rigorosas certificações. Portanto, as cabinas de aviões e as salas de operações parecem ser os ambientes em que as pessoas estariam o mais próximo do que poderíamos chamar de peças intercambiáveis. No entanto, mesmo ali, os fatores sociais, que são totalmente ignorados por todos esses regulamentos e protocolos, acabam sendo extremamente importantes. A diferença entre equipes cujos membros aprenderam ao longo do tempo como trabalhar bem em conjunto – que desenvolveram capital social entre si – e as equipes cujos membros não aprenderam, podem representar literalmente a diferença entre vida ou morte, exatamente como era na savana 100.000 anos atrás.

O mundo está fazendo cada vez mais de seu trabalho em equipes, e nós, seres humanos, temos sido primorosamente aperfeiçoados ao longo de milênios para trabalhar juntos desta maneira. Por este motivo, não estamos bem adaptados para fazer este tipo valioso de trabalho em grupo com computadores. Não é que os computadores não pudessem trazer pelo menos o mesmo conhecimento que as pessoas para uma equipe. O problema, conforme vimos quando examinamos a **empatia, não são eles; somos nós**. Nós formamos, trocamos, melhoramos, aceitamos e rejeitamos ideias, e aperfeiçoamos nosso desempenho coletivo por meio de processos profundamente humanos que podem acontecer mesmo sem que saibamos. Esses processos, por vezes, parecem irracionais, mas não são misteriosos. Cada vez mais entendemos como e por que eles funcionam.

Um padrão está surgindo: as atividades que estão se tornando mais importantes na economia são aquelas em que estamos altamente evoluídos para fazer com outros seres humanos e que podem parecer irracionais, mas que estamos compreendendo melhor. O padrão continuará a aparecer. Conforme veremos a seguir, ele se aplica à forma como alcançamos as pessoas com mais eficácia – como nos comunicamos, persuadimos, motivamos e influenciamos seu comportamento.

CAPÍTULO OITO
O PODER EXTRAORDINÁRIO DA HISTÓRIA

Por que o tipo certo de narrativa, contada por uma pessoa,
é mais forte do que a lógica.

Stephen Denning é um advogado calmo e reservado que dedicou a maior parte de sua carreira ao Banco Mundial, a organização financeira que visa reduzir a pobreza nas nações mais pobres do mundo. Ao longo de décadas ele subiu na hierarquia para se tornar diretor da região da África, que responde por cerca de um terço das operações do banco – um emprego importante. Então, um dia, a carreira metódica de Denning começou a desmoronar. O presidente do banco morreu inesperadamente. O próprio chefe de Denning de repente se aposentou. Os novos líderes o empurraram para fora de seu posto graduado e o colocaram em uma Sibéria organizacional, ainda empregado, mas sem uma função clara em uma empresa dispersa e famosa como uma das mais burocráticas do planeta. "As coisas não pareciam muito brilhantes para mim", recordou mais tarde.

Ele pressionou seus superiores por algum tipo de tarefa e finalmente lhe foi dito para "cuidar das informações", significando tomar conta dos enormes tesouros de dados do banco e da forma como eles eram tratados – uma área de operações, observou Denning, "que tinha aproximadamente o mesmo *status* na organização que a garagem ou a cafeteria." Assim, as coisas estavam parecendo ainda mais sombrias para ele. Denning fez como lhe foi dito e descobriu que o banco manuseava seus dados de forma extremamente ineficiente, gastando enormes somas de dinheiro para obter pouco benefício. Mas ninguém realmente se importava.

Ponderando sobre sua situação deprimente, Denning percebeu que estava diante de uma oportunidade. O Banco Mundial existe para um propósito nobre, ajudar os pobres do mundo, e ao longo dos últimos cinquenta anos acumulou um enorme conhecimento sobre como fazer isso – construindo escolas, dinamizando a agricultura, melhorando a saúde e muito mais. Mas quase ninguém conseguia chegar a esse valioso conhecimento. Mesmo dentro do banco, você precisava conhecer alguém que eventualmente soubesse algo sobre o assunto que você estava interessado, e caso estivesse fora do banco, você poderia esquecer sobre aprender qualquer coisa com ele. Isto era uma loucura. Denning ficou empolgado por uma ideia simples: **por que não compartilhamos o nosso conhecimento?**

Quanto mais pensava sobre isso, mais animado ficava. Esta ideia poderia reacender o velho e pesado Banco Mundial, que cada vez mais era considerado uma instituição cansada sendo superada por financiadores mais inovadores, incluindo bancos comerciais. "Nós realmente poderíamos nos tornar uma organização bastante estimulante, com um futuro brilhante", ele percebeu. Denning tentou vender sua ideia inspiradora para os colegas, e adivinhem? **Ninguém ligou!!!**

Ele achou que não estava vendendo sua ideia da maneira certa, então tentou fazer da maneira que os consultores fazem - "tabelas e slides com caixinhas e setas." **Todo mundo bocejou!!!**

E então, contou Denning: "Eu tropecei em algo mais." Ele começou a contar uma pequena história. Não era bem uma história – apenas um relato curto sobre como um agente de saúde em uma aldeia da Zâmbia entrou no *site* do Centro de Controle e Prevenção de Doenças em Atlanta para obter informações sobre o tratamento da malária. Isto foi em meados dos anos 1990, quando ficar *on-line* a partir de uma aldeia remota em um dos países mais pobres do mundo era novo e incrível. À luz do efeito que a história acabaria por ter, vale a pena prestar atenção exatamente no jeito com que Denning a contou. A história continha duas frases fundamentais. A primeira: "Mas a parte mais importante deste quadro para nós no Banco Mundial é que o Banco Mundial não está no quadro." O banco detinha um conhecimento imenso sobre a malária, mas Denning assinalou que este conhecimento não estava organizado ou acessível, de modo que o agente de saúde da Zâmbia não poderia chegar a ele, exatamente como milhões de outras pessoas que lutavam contra a pobreza no mundo não poderiam aprender nada do vasto e útil conhecimento do banco. Ou seja, o banco não estava cumprindo a sua missão. A segunda frase fundamental, que fechava a história, seguia um modelo que Denning depois percebeu que detinha um poder especial: "Imaginem se nós fôssemos organizados para compartilhar nosso conhecimento dessa forma; pensem no tipo de organização que poderíamos nos tornar!."

Denning contou muito essa história, e as pessoas que a ouviam começaram a repeti-la. Os líderes do banco finalmente começaram a compreender o que Denning estava falando e a perceber o poder disso. O efeito foi notável. Em poucos meses, o presidente do banco disse em uma reunião de ministros das Finanças de todo o mundo que o compartilhamento de conhecimento era agora uma parte fundamental da estratégia do banco. O Banco Mundial se tornaria **"o banco do conhecimento"**. A partir de uma história, um pária organizacional passou a mover uma burocracia imutável e, como evidências posteriores viriam a mostrar, ajudou milhões de pessoas pobres em todo o mundo.

Surgiram complicações, naturalmente, como sempre acontece em uma grande organização. A criação do "banco do conhecimento" foi um esforço de vários anos, e ao longo de todo o caminho Denning utilizou histórias para ajudar as pessoas a entenderem o que estavam fazendo e por quê. Em sua maior parte funcionou e as pessoas de fora começaram a citar o Banco Mundial como uma organização de boas práticas para compartilhar conhecimento. O problema era que os principais líderes do banco não estavam ouvindo as histórias e no caldeirão da política organizacional começou a surgir um movimento para matar o programa inteiro. Não vale a pena o custo, alguns diziam. Eles montaram seu argumento com *slides* e tópicos em destaque. Denning recebeu um *e-mail* durante as férias dizendo que seu programa estava com sérios problemas. Ele voltou para Washington e descobriu que o movimento contrário vinha ganhando força.

Denning conseguiu uma oportunidade para mudar as coisas antes que a situação atingisse um ponto sem retorno: uma reunião na hora do almoço de vice-presidentes e seus adjuntos. Ele sabia o que fazer: **contar uma história.**

Era uma história muito melhor que a da Zâmbia. Esta dizia respeito a um líder de equipe do Banco Mundial em Madagascar ajudando o governo a reformar sua política fiscal – não muito empolgante até você considerar o polêmico conflito em questão: se o governo deveria isentar a medicina de um novo imposto sobre o valor agregado. O debate ameaçou destruir todo o esforço de reforma, de modo que o líder da equipe enviou um *e-mail* para a comunidade mundial de especialistas em política fiscal dentro e fora do banco, reunidos ao longo do tempo como parte do programa de compartilhamento de conhecimento, para obter a sua experiência sobre exatamente este problema. O líder rapidamente recebeu de volta a informação de que os dados internacionais claramente favoreciam a concessão de isenção. Ele voltou para o debate armado não apenas com sua opinião, mas com uma riqueza de experiências vindas de todo o mundo. A isenção foi concedida e as reformas seguiram adiante.

Denning contou essa história sobre o poder da partilha de conhecimentos e, em seguida, acrescentou o ingrediente secreto: pensem no que mais poderíamos fazer. O que foi aprendido por este líder de equipe e uma centena de outros iguais a ele pode agora ser colocado em nossa base de conhecimento e ficar disponível a todos, de modo que "qualquer pessoa pode obter respostas para questões sobre as quais o Banco Mundial tem algum *know-how* explícito e sobre diversos outros assuntos sobre os quais o banco acumulou alguma experiência." Foi uma visão inspiradora, enraizada na experiência concreta, de como o banco poderia cumprir sua missão.

Como Denning lembrou mais tarde: "O resultado da reunião não foi, como alguns esperavam, minha corte marcial." Em vez disso, o documento da estratégia oficial do banco reafirmou o compartilhamento de conhecimento "como um pilar estratégico fundamental para o futuro." As histórias tiveram sucesso onde os destaques de tópicos em *slides* fracassaram; o compartilhamento de conhecimento sobreviveu e os pobres do mundo começaram a receber uma ajuda que nunca antes estivera disponível para eles.

Quanto a Denning, ele acabou saindo do Banco Mundial para se tornar **consultor em gestão de conhecimento**, no que foi amplamente considerado como uma autoridade. Mas ele descobriu que muitos de seus clientes realmente queriam aprender sobre contar histórias. Escreveu quatro livros sobre isso e acabou assessorando milhares de líderes ao redor do mundo sobre como e por que as histórias são tão eficazes na mudança de organizações.

PRECISAMOS OUVIR AS HISTÓRIAS DAS PESSOAS

A ideia de que as histórias são **poderosas** não é exatamente uma notícia nova. Pessoas sábias sempre souberam que as histórias são mais determinantes e persuasivas do que os fatos. É incrível que embora todos saibam disso, praticamente esquecemos quando nos tornamos parte de uma organização. Em nosso trabalho nós principalmente entendemos daquilo que Stephen Denning acreditou durante a maior parte de sua carreira. Que contar histórias é "nebuloso, efêmero, subjetivo e não científico", qualidades que são "muito ruins." Nos últimos anos passou a ser **aceitável** em muitas organizações reconhecer o **poder das histórias**, e uma pequena indústria tem se desenvolvido explicando isso para clientes corporativos. Esta é uma excelente evolução. Conforme veremos adiante, pesquisas mostram que as histórias são ainda mais poderosas do que pensávamos, afetando nossas tendências mais profundamente humanas. Toda sociedade existente no mundo utiliza a narrativa; trata-se de um dos universais humanos de Donald Brown. Veremos também por que isso ocorre – as reações químicas que uma história induz em nossos cérebros e que não podemos resistir – e quais os elementos narrativos que tornam algumas histórias mais poderosas do que outras.

Mas mesmo aceitando que as histórias representam uma parte central de nossa humanidade essencial, será que elas realmente podem nos ajudar a ter sucesso em uma época de tecnologia com capacidade cada vez maior? Parece que nos depararíamos com um problema lógico se tentássemos argumentar que as histórias ajudarão os seres humanos a criar um valor elevado e duradouro neste mundo, pois afinal de contas, já não vimos que os computadores podem escrever histórias? Não são histórias especialmente emocionantes até agora. Em sua maior parte, são apenas dados – por exemplo, sobre um jogo de beisebol da Liga de Juniores ou os resultados financeiros de uma empresa – colocados em forma narrativa. Mas todas as inovações tecnológicas são precárias quando novas. Os desenvolvedores de *software* e os pesquisadores trabalham arduamente para ensinar aos computadores como escrever histórias melhores, a olhar para os dados e encontrar os conflitos que fazem uma história emocionar, a escrever em diferentes estilos. Se estivermos sendo realistas, temos de admitir que chegará o dia, mais cedo do que esperamos, em que um computador escreverá histórias verdadeiramente convincentes e fará isso mais rápido do que os humanos. Portanto, não será esta mais uma área em que os computadores terão desempenho melhor do que nós?

Como resposta, considere que a história pessoal de Denning no Banco Mundial inclui um epílogo significativo. Tendo testemunhado o impacto das histórias, ele e sua equipe escreveram 25 histórias inspiradoras que tinham se mostrado eficazes em reuniões e as publicaram em um encarte e em boletins informativos distribuídos para toda a organização. "Elas não tiveram nenhum impacto", constatou Denning. "Nenhum entusiasmo. Nenhum interesse. Nenhum sinal de qualquer nova atividade", disse tristemente.

Imaginando que a forma escrita de algum modo perdia impacto, o grupo de Denning produziu vídeos contando essas mesmas histórias. Resultado: "**Nenhum impacto perceptível na organização.**"

Qual era o problema? "Se estou lhe contando uma história, frente a frente, olho no olho, sou eu e você interagindo", explicou ele. "Os ouvintes podem me ver e me sentir e me ouvir e podem dizer se eu realmente quis dizer aquilo que estou dizendo. Eles podem ou não acabar acreditando em mim, mas pelo menos podem dizer se é autêntico. Assim, descobrimos que era a narrativa oral que de fato tinha grande impacto." Denning revelou algo fundamental: "Nós descobrimos que não era a história que tinha o impacto, e sim o **ato de contar histórias.**"

Acontece que boas histórias na forma escrita ou visual podem efetivamente ter um grande impacto, como Denning descobriu mais tarde, mas ele identificou uma questão mais profunda que explicava o que ocorria – e que não prenunciava nada de bom para narrativas geradas por computador. É a **autenticidade.** Quem está contando a história? Nós, humanos, não nos emocionamos com uma história a menos que possamos avaliar quem está contando, decidir se ele ou ela é confiável e medir a verdadeira paixão que ele ou ela traz ao relato. Um grande problema com histórias escritas em empresas – o problema que Denning encontrou – é que muitas vezes elas **não parecem autênticas**. Às vezes nem sequer sabemos quem as escreveu, e quando sabemos, ainda suspeitamos que a pessoa que conta a história está apenas tentando agradar Wall Street ou está buscando algum outro motivo não revelado.

Imagine como nós avaliaríamos uma história escrita por computador. Se ele coloca dados complexos em forma narrativa interessante, nós poderíamos gostar muito, e se também for divertido de ler, nós acharíamos que o texto é ótimo. Mas se o objetivo for usar o poder da história em seu máximo – para impulsionar as pessoas a mudar – então ele fracassará, não importa o quanto seja bom. Nós lhe daremos uma pontuação zero para autenticidade.

Assim, as histórias em qualquer forma que têm a melhor possibilidade de nos influenciar são aquelas de contadores que já conhecemos e confiamos com base em um relacionamento pessoal preexistente. Na falta disso, seremos mais influenciados por contadores de histórias que julgamos autênticos com base em tudo aquilo que pudermos discernir sobre eles. Por isso que as histórias contadas pessoalmente são melhores: elas nos permitem trazer nossos cérebros inteiros para a experiência – nossos cérebros pensantes que ponderam as evidências e nossos cérebros antigos que julgam em um piscar de olhos. Pesquisas constatam que julgamos a credibilidade e simpatia de uma pessoa em cerca de um décimo de segundo, e "nossas primeiras impressões sobre os outros são geralmente precisas e confiáveis", diz a pesquisadora Francesca Gino da Harvard Business School.

As histórias contadas pessoalmente são mais poderosas de outra forma também. Elas criam uma relação humana de duas vias. "Você recebe todos os tipos de sinais em termos de expressões e linguagem corporal da plateia sobre como estão reagindo à história e você ajusta a história para levar isso em conta", diz Denning. O poder resultante não pode ser equiparado. Suas considerações finais: "Se você está tentando fazer algo difícil como pegar uma organização resistente à mudança pelo pescoço e arremessá-la para o futuro, então eu tenho um pequeno conselho muito simples em três palavras: esteja lá pessoalmente!."

As histórias não precisam ser humanas. Os computadores podem escrevê-las. Mas realmente não nos importamos com as histórias. Nós nos importamos com o **ato de contar histórias de forma eficaz**, e isso é inteiramente humano – uma troca inata e profundamente humana. Independentemente do tipo de trabalho executado por nós, à medida que a tecnologia fica mais capacitada, ficaremos imensamente mais valiosos se pudermos influenciar as pessoas desta maneira singularmente poderosa.

POR QUE SOMOS TRANSFIXADOS POR HISTÓRIAS

Quando as forças norte-americanas capturaram Saddam Hussein em 13 de dezembro de 2003, os preços dos bônus norte-americanos subiram, ou seja, os investidores buscaram segurança nos títulos extremamente seguros do Tesouro dos EUA. A manchete na *Bloomberg* refletiu a aparente aversão dos investidores ao risco: "Títulos do Tesouro dos EUA Sobem; A Captura de Hussein Pode Não Frear Terrorismo." Depois de uma hora, porém, os preços caíram de volta. Então a *Bloomberg* reescreveu a sua manchete: "Títulos do Tesouro dos EUA Caem; A Captura de Hussein Aumenta a Atração por Ativos de Risco."

Este comportamento disparatado foi notado por Nassim Nicholas Taleb em seu livro *A Lógica do Cisne Negro*, que apresenta um pequeno vislumbre de como o poder da história está profundamente incorporado em nós. Neste caso o editor da manchete da *Bloomberg* não pôde se impedir de ver uma história – uma sequência de causa e efeito de eventos – nas notícias daquele dia, e aparentemente não se preocupou com o fato de ter contado duas histórias totalmente contraditórias, com uma única causa levando a efeitos exatamente opostos. Se quisermos extrair o máximo do poder extraordinário de contar histórias, precisamos entender como funciona. Isso atua profundamente dentro de nós.

Este editor da manchete não precisa se envergonhar. Parece que somos programados para ver histórias quando observamos acontecimentos, mesmo quando nada em nossa experiência nos diz que esses acontecimentos estejam relacionados. Filósofos e cientistas nem sempre acreditaram que atuamos desta forma. Pelo contrário, durante séculos a visão convencional sustentava que somos estritamente racionais a esse respeito, e somente ao observar repetidas vezes que, digamos, as plantas crescem onde as sementes caem, é que acabamos descobrindo a causa e o efeito. Mas pesquisas mais recentes mostram que vemos histórias de forma automática e instantânea, antes mesmo de percebermos. O psicólogo belga Albert Michotte mostrou isso de forma simples na década de 1940 com a criação de uma animação grosseira em que um quadrado desenhado em um papel parece mover-se e chocar-se com outro quadrado, que imediatamente dispara na mesma direção. Qualquer um vendo isso sabe o que aconteceu: o primeiro quadrado empurrou o segundo. Exceto que, obviamente, nada realmente aconteceu; os quadrados eram apenas desenhos – nada real efetivamente tocou em nada, e qualquer adulto sabe como a animação foi feita. Todos nós insistimos em ver a causalidade, uma pequena história, assim como o editor da manchete insistiu que a captura de Saddam afetou o mercado de títulos não importando a maneira como ele se moveu.

Daniel Kahneman, o ganhador do prêmio Nobel que popularizou a ideia de dois modos separados e distintos de pensamento em nossas mentes, chamados de Sistema 1 e 2, resumiu bem essa tendência. O Sistema 2 "aloca a atenção para as atividades mentais elaboradas que demandam isso", explica ele, mas "o Sistema 1 atua automaticamente e rapidamente, com pouco ou nenhum esforço e nenhum senso de controle voluntário." Por isso o Sistema 1 governa nossos cérebros e nosso comportamento. O Sistema 1 simplesmente acontece. Nós só podemos anulá-lo através do trabalho lento e árduo de envolver o Sistema 2, e é tão mais fácil não se preocupar. Conforme diz Kahneman: "O Sistema 1 é perito em encontrar uma história causal coerente que liga os fragmentos de conhecimento à sua disposição." Ver histórias em eventos aleatórios é efetivamente mais fácil para nós do que não ver histórias.

Não apenas insistimos em ver histórias, como também insistimos em ver histórias sobre pessoas, independentemente do que aparece diante de nós. Por isso que rotineiramente atribuímos motivações humanas a cães, gatos, periquitos, peixes e outros animais de estimação ao criar histórias para explicar seu comportamento. Ou pense novamente na animação grosseira criada por Michotte. Imagine que em vez do primeiro quadrado bater no segundo quadrado, o segundo quadrado começasse a se mover um pouco antes do primeiro quadrado bater nele. Conforme escreveu o psicólogo Jason Goldman, será que alguém deixaria de ver uma história em que o primeiro quadrado "quer" pegar o segundo e o segundo "quer" fugir? Nós os transformamos em pessoas, com desejos e mentes.

Você pode se divertir observando esse fenômeno por si mesmo. Procure no Google "Heider and Simmel." Fritz Heider e Marianne Simmel, psicólogos da Smith College, criaram um filme de **um minuto e treze segundos** em 1944, e milhares de estudantes e participantes de pesquisas o assistiram desde então. Assim como a sequência de Michotte, esta também é uma animação do tipo mais simples e caseiro. Vemos um grande triângulo, um pequeno triângulo e um círculo – sem sombreamento, profundidade ou cor, apenas formas pretas sólidas sobre um fundo branco. Há também o contorno de um retângulo preto, com parte de um lado capaz de balançar para frente e para trás, abrindo o acesso ao seu interior. O que acontece em seguida é quase impossível de descrever – para a maioria de nós – sem usar termos humanos. Os triângulos entram em luta, com o grande sendo o agressor, enquanto o círculo tenta se esconder e vai para dentro do retângulo, encolhido de medo, perseguido pelo triângulo grande. Posso acabar estragando o final: o círculo e o triângulo pequeno iludem o triângulo grande e escapam juntos, deixando o triângulo grande tão furioso que, frustrado, destrói o retângulo.

Mas é claro que nada disso realmente "acontece." Algumas formas geométricas parecem, por meio de animação, se mover. É isso aí. No entanto, quase instantaneamente, nós as transformamos em pessoas com personalidades e motivações, e criamos uma história que explica seu comportamento em termos das ações de uma pessoa causando as ações de outra pessoa (a única exceção é que os espectadores com autismo tendem a não ver as formas como pessoas). É possível que nem todas as pessoas vejam a mesma história; Heider e Simmel pediram a seus alunos que escrevessem descrições sobre o que viram e receberam de volta muitas variações da narrativa básica esboçada acima. Por exemplo, algumas pessoas descreveram o triângulo pequeno como corajoso e heroico, enquanto outras disseram que "ele" – a maioria usou essa palavra – era esperto ou inteligente. Mas quase todos criaram a mesma história básica sobre os movimentos das pequenas formas em uma tela. Como diz Kahneman: "Sua mente está pronta e até mesmo ansiosa para identificar os agentes, atribuir-lhes traços de personalidade e intenções específicas, e ver suas ações como expressando propensões individuais."

O ponto extremamente importante para nossos propósitos é que nós nascemos assim. Na maior parte do século XX, esta afirmação seria polêmica; muitas pessoas teriam argumentado que vemos motivações e atribuímos causalidade somente porque aprendemos a fazer isso, com base talvez na cultura em que fomos criados. Mas não parece ser assim. A leitura que Kahneman faz das evidências é: "Nós nascemos preparados para fazer atribuições intencionais: bebês com menos de um ano de idade identificam agressores e vítimas...." Parece que somos inerentemente transfixados por histórias sobre pessoas e insistimos em ver nosso mundo como uma coleção de tais histórias – mesmo que tenhamos que criá-las!!!

AS HISTÓRIAS CAUSAM "ACOPLAMENTO NEURAL"

O fato de criarmos histórias a partir de grupos de fatos aleatórios ou de movimentos de formas aleatórias é um sinal do extraordinário poder da narrativa – mas então o que acontece? Nós vimos o que, de fato, fazemos às histórias, mas então o que as histórias fazem a nós? A resposta mostra como elas são poderosas e como alcançam o seu máximo poder quando fazem parte mais diretamente da interação humana.

Quando ouvimos ou vemos uma história, começamos a vivenciá-la – não apenas percebemos o que está acontecendo, mas, na verdade, vivenciamos participar da história como se realmente estivéssemos lá. Vemos nós mesmos atuando, razão pela qual as histórias são tão poderosas para motivar a ação. Todos nós sabemos disso e é um dos principais motivos para amarmos histórias. Uma boa história nos leva para fora de nós mesmos, para o espaço sideral ou para o Japão do século XV ou sabe-se lá para onde e nos revigora com uma experiência emocional, embora nunca saiamos de nossas cadeiras. É incrível quando você pensa nisso – que possamos suar, respirar mais rápido, rir, chorar ou gritar: "Não abra essa porta!", estando apenas sentado ali. Podemos obter esse tipo de experiência de um filme, peça, livro ou em outras formas.

Quando ouvimos uma história de uma forma determinada, diretamente de um ser humano, algo ainda mais incrível acontece. Os cérebros daquele que conta a história e daquele que ouve se alinham. Além de vivenciar a história, nós e a pessoa que conta a história vivenciamos a mesma experiência. Pesquisadores em Princeton escanearam os cérebros de um contador de histórias e dos ouvintes e constataram **"um acoplamento neural surpreendentemente generalizado."** As mesmas partes do cérebro se energizavam naquele que contava a história e no ouvinte, e os pesquisadores conseguem identificar as funções dessas regiões cerebrais muito concretamente. Os cérebros do contador de histórias e do ouvinte acendem não apenas em áreas que controlam a fala e a linguagem, mas também, de forma significativa, em "áreas conhecidas por estarem envolvidas no processamento de informações sociais cruciais para o sucesso da comunicação, incluindo, entre outras, a capacidade de discernir crenças, desejos e objetivos dos outros." Estamos novamente falando sobre empatia. O contador de histórias e o ouvinte se conectam de uma maneira profunda.

 O fenômeno fica muito mais forte quando um contador de histórias fala para vários ouvintes ao mesmo tempo. O efeito então, dizem os pesquisadores, é "induzir atividades cerebrais semelhantes nos diferentes indivíduos." Isto é, o contador de histórias e um grupo de ouvintes têm a mesma experiência emocional ao mesmo tempo. Considere como isso é muito mais poderoso do que quando todo mundo apenas possui os mesmos fatos. Podemos agora analisar sob um novo ângulo a eficácia inigualável e o poder motivador da oratória emocional baseada em uma história, seja com William Wallace chamando os antigos escoceses às armas em Stirling Bridge ou Lincoln em Gettysburg fazendo seu discurso como uma narrativa que começou 87 anos antes com a fundação dos EUA. Também podemos menear nossas cabeças com pesar pelo contínuo desaparecimento dessas experiências transformadoras em nossas vidas cada vez mais virtuais.

COMO ESPREMER A HIPÓFISE

Nós nos referimos algumas vezes às "boas histórias" e ao que elas fazem, uma maneira abreviada de reconhecer que nem todas as histórias são igualmente eficazes. O minidrama de Heider e Simmel sobre dois triângulos e um círculo atinge nossas emoções, mas não visita nossos sonhos, nem nos inspira a agir. No entanto, algumas histórias o fazem. **Por quê?** Os seres humanos são os melhores contadores de histórias, mas para ser mais eficazes precisamos entender do que são constituídas as melhores histórias.

 Em certo sentido, a resposta é simples. Trata-se da **oxitocina**. As histórias que consideramos eficazes fazem com que nossos cérebros liberem esta substância química que possui um amplo leque de efeitos intensamente emocionais. Ela nos torna "mais confiáveis, generosos, caridosos e compassivos", diz Paul J. Zak, da Universidade Claremont Graduate, que foi pioneiro na pesquisa sobre como as histórias nos afetam. Essa substância desempenha um papel importante no romance e no sexo – alguns a chamam de "**hormônio do amor**", outros de "**hormônio dos laços**". Zak a chama de "**a molécula moral**", pois nos torna "mais sensíveis aos sinais sociais ao nosso redor", muitas vezes nos tornando mais inclinados a "ajudar os outros, principalmente se a outra pessoa parece precisar de nossa ajuda." Ela é, portanto, "a responsável neuroquímica pela empatia", diz ele. A oxitocina é o suco potente que uma boa história faz nossa glândula pituitária liberar.

Daí surge uma questão óbvia: **como construir uma história que provoque isto?** A pesquisa de Zak produziu uma resposta que demonstra e explica aquilo que os dramaturgos sabem há milênios. A questão toda está na estrutura da história, e a estrutura clássica tornou-se clássica por ser insuperável em **espremer a hipófise**. Todos nós conhecemos a estrutura clássica. John Doe tem uma vida monótona até que algo o abala. John então entra em conflito – consigo mesmo, com outra pessoa, com uma organização, com a sociedade ou com algo. As coisas ficam ruins e, em seguida, piores. No final, John enfrenta a fonte de seu conflito e precisa encontrar algum recurso dentro de si mesmo que lhe permita prevalecer em um confronto culminante, o que ele faz. A ordem retorna à vida de John, mas ele mudou para sempre.

Este é o tipo de história que emociona as pessoas, ensopando seus cérebros de oxitocina. Zak demonstrou isso de uma forma intrigante. Ele fez um filme curto contando uma história real sobre Ben, uma criança de dois anos de idade com câncer cerebral terminal e seu pai. O pai é o nosso John Doe. Sua vida é bastante comum até que ele descobre que Ben tem câncer. Ben não sabe que tem câncer terminal e, de fato, vemos o menino brincando alegremente ao fundo enquanto o pai fala conosco.

O conflito do pai é consigo mesmo; sabendo que Ben vai morrer dentro de alguns meses, ele acha difícil demonstrar alegria perto do menino, embora ele saiba que sua tristeza simplesmente priva Ben da alegria que ele poderia e deveria ter. O pai de Ben conta sobre sua luta e como no final encontra dentro de si mesmo a coragem para ser feliz perto de Ben, verdadeiramente grato pela dádiva da breve vida da criança. O conflito é resolvido e o pai de Ben muda para sempre.

Zak mostrou esse filme para centenas de pessoas. Antes e depois da exibição, ele mediu os níveis de oxitocina no sangue. O filme fez esses níveis subirem. Os participantes da pesquisa foram pagos por seu tempo e por serem picados duas vezes por agulhas para extrair seu sangue, embora todos eles tivessem se mostrado bastante dispostos a doar todo o dinheiro para uma instituição de caridade de câncer infantil, dependendo de quanta oxitocina seus cérebros haviam liberado.

Em seguida, Zak mostrou a outras pessoas um filme diferente, retratando Ben e seu pai em visita a um zoológico. Ben não tem cabelo e seu pai se refere a ele como "menino milagroso"; está claro que estamos assistindo a um pai e filho e que o filho tem câncer. Mas embora exista uma narrativa – primeiro eles fizeram isso, depois fizeram aquilo – não há história. Estamos apenas assistindo a um pai e filho desfrutando de um dia no zoológico. A química do cérebro dos espectadores praticamente não se alterou e eles não ficaram especialmente generosos para com a instituição de caridade. A narrativa errante e sem estrutura – como os relatórios ou outras apresentações de dados que a maioria das pessoas gasta grande parte de seu tempo criando ou consumindo – perdeu todo o poder.

"CONTAR É LEMBRAR"

A história clássica realiza outros feitos também. Pesquisas mostram que nos lembramos de uma informação muito melhor quando ela está incluída em uma história estruturada de forma clássica – um dia comum, algo de errado acontece, uma solução em um clímax, desenlace –

do que quando a mesma informação é apresentada simplesmente como uma coleção de fatos. O grande biólogo Edward O. Wilson escreveu que "os fatos apresentados em histórias, ao contrário de listas, são muito mais fáceis de lembrar." Todos nós percebemos como isto é verdade para nós mesmos, mas geralmente não conseguimos avaliar como esta tendência é poderosa em geral. Conforme observaram os psicólogos pesquisadores Roger Schank e Robert Abelson: "Contar histórias não é algo que simplesmente acontece de fazermos. É algo que praticamente temos que fazer se quisermos nos lembrar de alguma coisa."

Analise cuidadosamente o que eles disseram, porque revela mais sobre a incrível dependência dos seres humanos em relação às histórias. Vimos que só o fato de ouvir uma história real faz com que os fatos sejam muito mais fáceis de lembrar. Mas Schank e Abelson não disseram que ouvir histórias é fundamental para a memória; eles disseram que o **fundamental é contar histórias**. Se realmente quisermos nos lembrar de algo por um longo tempo, devemos contar a história depois de vivenciá-lo ou ouvi-lo. Isto é o que o cimenta na memória, e quanto mais contarmos, melhor nos lembraremos dos detalhes que o compõem. Como eles mesmos disseram: "**Contar é lembrar.**"

Além disso, eles descobriram que inerentemente compreendemos a estrutura da história de uma forma tão profunda que quando contamos uma história, fazemos com que ela se encaixe na estrutura clássica de história, mesmo quando os eventos reais não estavam tão convenientemente organizados (como geralmente não estão). Isto é, nós transformamos **fatos em narrativas** e, em seguida, nós os transformamos em histórias estruturadas, omitindo ou até mesmo adicionando fatos, conforme necessário. Isto não é o que alguém chamaria de racional, mas nós, literalmente, não conseguimos evitar.

Nossa relação com histórias é **irracional**, mas ainda é mais forte de outra maneira. Nós simplesmente adoramos finais felizes. Embora pareça razoável, não necessariamente faz sentido. Considere a história de Jen, uma mulher que nunca se casou e não tinha filhos, e que morreu instantaneamente e sem dor em um acidente de carro. Ela teve uma vida extremamente feliz – muito tempo com os amigos, trabalho gratificante, passatempos divertidos, férias excelentes. Com base nesta descrição, como você classificaria a vida de Jen? Agora suponha que a vida de Jen tivesse sido exatamente a mesma, exceto que viveu um período adicional de cinco anos que foram perfeitamente agradáveis, mas não tão fantásticos como sua vida até esses últimos cinco anos. **Como você classificaria a vida de Jen nesse caso?**

Como você já deve ter adivinhado, Jen é fictícia e foi criada para um estudo de pesquisa. Os participantes foram convidados a avaliar a vida de Jen conforme descrito em cada um dos dois cenários. A maioria esmagadora deu uma classificação inferior para a vida de Jen – menos desejável e menos feliz – no segundo cenário. Como observou Kahneman, isto parece absolutamente desconcertante. No segundo cenário, Jen vive cinco anos agradáveis adicionais. Como isso não poderia ser melhor do que o primeiro cenário? No entanto, em nosso julgamento humano, a vida de Jen é pior em geral porque sua felicidade diminui no final. Você pode suspeitar que pessoas mais velhas não fizessem esse julgamento, mas fazem; velhos e jovens participantes no estudo seguiram o mesmo padrão. Muitas outras pesquisas confirmaram essa tendência: aconteça o que acontecer ao longo do caminho, nossa resposta a uma história depende fortemente do que ocorre no final. É verdadeiramente maluco, mas é como nós somos.

POR QUE A DARPA ESTÁ ESTUDANDO HISTÓRIAS

Contar histórias de forma eficaz tornou-se até mesmo um fator significativo na segurança do mundo. Isto parece lógico, pois a guerra está cada vez mais sendo conduzida no **"domínio humano"**. Na era pós-superpotências, grande parte das guerras e da violência no mundo envolve terroristas e insurgentes, o que os analistas de segurança chamam de atores violentos sem Estado estabelecido – Estado Islâmico, al Qaeda, Boko Haram, e muitos outros grupos menos conhecidos no mundo inteiro. Em grande parte são compostos por voluntários, são relativamente poucos, mas apoiados por grandes populações, incrivelmente empenhados, engenhosos e eficazes. O que explica o seu sucesso em atrair a atenção do mundo e obrigar os EUA e as outras grandes potências a redefinir suas agendas de segurança? O que motiva esses combatentes e os milhões que os apoiam? A resposta, muitos acreditam, são as histórias – sobre injustiças, desmandos, ancestrais, correligionários, descrentes, histórias do passado e do presente. O departamento de Defesa dos EUA está tão convencido de que as histórias estão na base do ambiente de segurança de hoje que estabeleceu um programa chamado **Redes Narrativas** na Agência de Projetos de Pesquisa Avançada em Defesa (DARPA, na sigla em inglês), a agência que foi pioneira na Internet, GPS e outros desenvolvimentos inovadores. "**Por que alguns temas narrativos têm sucesso na obtenção de apoio ao terrorismo?**", pergunta o programa e pretende responder, diz sua descrição oficial. Os formuladores de políticas de defesa norte-americanos decidiram que a segurança nacional dos EUA exige a compreensão de como as histórias funcionam.

A ambição do programa Redes Narrativas é considerável. O seu objetivo é compreender os efeitos das histórias da maneira mais ampla – como elas "contribuem para a radicalização, a mobilização social violenta, a insurgência e o terrorismo entre as populações estrangeiras" – e ao mesmo tempo entender como as histórias funcionam nos cérebros humanos no âmbito molecular. Os objetivos do programa incluem a compreensão "do impacto neurobiológico das narrativas sobre hormônios e neurotransmissores, processamento de recompensa e interação emoção-cognição." Esta parece ser a pesquisa mais avançada e intensiva sobre histórias que está sendo conduzida no mundo. Outro objetivo é ainda "desenvolver sensores para determinar o impacto (das narrativas) sobre indivíduos e grupos." **Sensores**? Para medir a eficácia das histórias? Espere só até Hollywood colocar suas mãos nisso.

A questão séria é que, conforme disse o antigo gerente do programa Redes Narrativas, William Casebeer: "Precisamos de uma compreensão mais abrangente de como o fracasso em contar boas histórias pode levar a um maior risco de insurgências, movimentos sociais violentos e ação terrorista." Quando um país atinge esse entendimento, ele pode desenvolver o que Casebeer chamou de "estratégia de contranarrativa" para "minar a eficácia das narrativas (dos inimigos)" e pode desenvolver suas próprias narrativas. A pesquisa de Casebeer o persuadiu de que as histórias mais eficazes, para antiterrorismo como para qualquer outra finalidade, seguem a estrutura clássica. As histórias estão se tornando um campo de batalha, e travar a guerra é cada vez mais uma luta para liberar oxitocina nos cérebros das pessoas.

As nações em conflito sempre souberam que as histórias são poderosas, mas nunca antes uma nação considerou-as tão importantes ou aplicou tantos recursos para entendê-las em uma profundidade sem precedentes. Contar histórias de forma eficaz tornou-se um imperativo estratégico para qualquer nação, empresa, pessoa ou outra entidade com a esperança de **exercer influência!!!**

MAIS PODEROSO DO QUE PODEM SEQUER SABER

O poder de contar histórias por humanos é evidente em mais uma situação, um cenário inesperado porque os contadores de histórias não percebem o efeito considerável de suas histórias contadas pessoalmente, frente a frente, e nunca saberão. Country Meadows é uma comunidade de assistência aos deficientes em Hershey, no Estado da Pensilvânia, que inclui uma unidade de apoio à memória para pacientes com doença de Alzheimer e demências relacionadas. Esses pacientes estão além de qualquer capacidade para funcionar no mundo exterior e devem viver em um ambiente trancado. Os médicos consideram um desafio trabalhar com eles. Não há medicamentos eficazes disponíveis e obter informações confiáveis deles sobre sua história ou mesmo sua condição atual é praticamente impossível. Os estudantes de medicina muitas vezes se sentem desesperançados ou deprimidos em torno de tais pacientes, mostram as pesquisas; eles podem até vir a considerar os pacientes idosos de forma mais negativa e depois levar essa atitude para a prática futura.

O corpo docente da Faculdade de Medicina da Penn State University decidiu envolver os alunos em uma nova intervenção na Country Meadows. O trabalho dos estudantes era fazer os pacientes contarem histórias. Não que os pacientes pudessem contar uma história convencional, pois eles não tinham quase nenhum senso de cronologia. O procedimento era mostrar-lhes uma foto; ela podia ser surrealista – um elefante sentado em um banco do parque, um homem em um secador de roupas – ou algo simples como um menino e um cachorro. Em seguida, os estudantes incentivavam os pacientes a contar o que estava acontecendo na foto. Um dos estudantes registrava os comentários – nenhum era excluído – e os reunia em uma história. No final da sessão, o aluno responsável por escrever lia toda a história e perguntava aos pacientes como ela deveria ser chamada.

As histórias resultantes eram geralmente um pouco estranhas, muitas vezes engraçadas e surpreendentemente envolventes. Uma história sobre um homem parado no meio de uma rua segurando uma grande bandeira norte-americana encerra da seguinte forma: "Quando chega a sua casa, ele não vai resolver nenhum problema de matemática. Ele simplesmente vai esperar que algo bom aconteça. Todas as pessoas do desfile convidadas por ele virão a sua casa para ver, mas o máximo que conseguirão é um pedaço de pão e um pouco de água." Os pacientes denominaram essa história de "Dia da Bandeira em Washington D.C." (nada na foto sugeria que era Dia da Bandeira ou Washington).

Os pesquisadores tinham medido as atitudes dos estudantes em relação aos pacientes com demência antes do início das sessões de contar histórias. Depois de quatro sessões eles mediram novamente suas atitudes. A melhoria foi impressionante. Mais impressionante ainda foi a enorme inversão das atitudes dos estudantes em relação ao trabalho com esses pacientes – notadamente, uma nova crença forte de que trabalhar com pacientes com demência é **gratificante**.

Como sabe qualquer pessoa experiente no trabalho com pacientes com demência avançada, a maioria desses pacientes provavelmente esqueceu dentro de 60 segundos que uma sessão de contar histórias havia acontecido. No entanto, ao criar suas histórias, eles atingiram profundamente algumas das pessoas mais cognitivamente afiadas do mundo. Eles também tinham muito possivelmente afetado a forma como pelo menos alguns pacientes idosos serão tratados no futuro, quando a medicina estará mais avançada tecnologicamente e os médicos se sentirão financeiramente pressionados a gastar ainda menos tempo com pacientes. Tal é o poder humano das histórias frente a frente, até mesmo quando os contadores de histórias não sabem disso.

Contar histórias é um ato criativo. Ao fazê-lo, produzimos algo que não existia antes. Contar histórias é, portanto, um exemplo do fenômeno maior da criatividade e inovação. Considerando o enorme valor da inovação na economia de hoje, e o importante papel das nossas tendências instintivas em criar e contar histórias eficazes, é melhor descobrirmos se a criatividade e a inovação em geral são atividades tão profundamente humanas, tão imunes à substituição pela tecnologia, como o ato de contar histórias. Então é sobre isso que trataremos a seguir.

CAPÍTULO NOVE
A ESSÊNCIA HUMANA DE INOVAÇÃO E CRIATIVIDADE

Os computadores podem criar, mas pessoas habilmente interagindo resolvem os problemas humanos mais importantes.

"As pessoas podem dizer que um computador nunca será criativo", disse Matthias Kaiserwerth, diretor de pesquisa da IBM em Zurique, em uma sala de conferências cheia de executivos de empresas da área de TI. "Sinto muito em desapontá-las, mas estamos ensinando Watson a ser criativo – na culinária", completou o diretor.

Ele está absolutamente certo ao afirmar que muitas pessoas acreditam que os computadores não podem ser criativos. Trata-se da sabedoria convencional. Verifique qualquer lista de empregos que os computadores nunca substituirão – você sempre pode encontrar muitas dessas listas *on-line* refletindo a ansiedade generalizada das pessoas quanto à tecnologia substituindo o trabalho mais braçal – e com classificação mais elevada estarão ocupações como **artista, poeta, compositor**. O argumento usual é que os computadores só fazem aquilo que lhes é dito para fazer, e que só conseguem lidar com a lógica rigorosa; eles simplesmente lançam trilhões de uns e zeros de acordo com regras que lhes damos. Por definição, eles não têm capacidade para o voo inefável da fantasia, o toque mágico da genialidade, o salto inexplicável da imaginação que um artista humano cria e que nos tira o fôlego.

Kaiserwerth está correto também ao dizer que Watson está aprendendo a ser um cozinheiro criativo. Desconfio que todos concordam que um *chef* genial é alguém que pode, entre outras habilidades, combinar sabores e texturas de forma a nos surpreender totalmente e ao mesmo tempo apelar fortemente às nossas noções existentes sobre o que é saboroso. Assim, os cientistas de computação da IBM decidiram começar a ensinar criatividade a Watson, ensinando-o a encontrar essas combinações melhor do que qualquer ser humano poderia fazer. Eles começaram fazendo Watson ler dezenas de milhares de receitas existentes como guia para combinações de alimentos já estabelecidas e adoradas – tomates e orégano, por exemplo, ou frango, cogumelos e creme. Eles também contaram para Watson a composição química e os perfis nutricionais de milhares de ingredientes e lhe disseram como as pessoas avaliaram os sabores de milhares de compostos alimentares em décadas de testes. Com todo esse conhecimento, Watson estava pronto para criar combinações que as pessoas muito provavelmente adorariam. Então os cientistas perceberam que seria melhor dizer para Watson mais uma coisa: **não invente aquilo que já conhecemos**. Misturar café com chocolate é de fato uma excelente combinação, mas alguém pensou nisso há alguns séculos. Apenas nos dê as combinações que, até onde você saiba, **ninguém nunca pensou**.

Foi o que Watson passou a fazer. Alguns dos pratos resultantes foram servidos em um caminhão de comida no festival South by Southwest de 2014 em Austin, no Estado do Texas. Os visitantes adoraram. Dentre os pratos favoritos estavam uma versão de chili que usa toucinho de porco assado, feijão verde em conserva, fraldinha, citronela e pimenta preta, um ingrediente obscuro que transmite aroma, mas não ardor. Outro favorito foi o burrito de chocolate austríaco, com carne moída, chocolate escuro, purê de edamame, purê de damasco, queijo Edam ralado, e outros ingredientes, envoltos em uma *tortilla* de farinha. Estas eram, com certeza, combinações extremamente improváveis de *chefs* humanos criarem, e as pessoas acharam delicioso. **Mas eram criativas?**

A princípio, Watson só oferecia combinações de ingredientes; ele não conseguia sugerir como prepará-los, de modo que a IBM pediu aos *chefs* do Institute of Culinary Education de Nova York para descobrirem como preparar os pratos. A preparação dos ingredientes é pelo menos metade da batalha na criação de uma ótima refeição; portanto, você poderia argumentar que os seres humanos ainda estavam fazendo boa parte da criatividade. Mas a IBM passou então a ensinar Watson sobre preparação, começando com técnicas aprendidas com *chefs* experientes, e em pouco tempo ele conseguia oferecer várias sugestões sobre como preparar suas combinações – por exemplo, cozinhar um peito de frango com pasta de *curry* amarelo e favas de baunilha (entre outras coisas) com a técnica *sous vide*, ou uma coxa de frango com pasta de *curry* vermelho e leite de coco (entre outras coisas) na grelha; estes eram dois possíveis inícios de uma receita mais complexa chamada frango *thai-judaico*. Watson está gradualmente assumindo mais elementos da criatividade humana neste processo. Claro que, no final das contas, os resultados são para os seres humanos julgarem. Este humano que vos escreve acha que os pratos são fantásticos. Além de mim, muitos outros seres humanos também pensam assim, e se a IBM decide perseverar neste caminho, Watson continuará a aprender o que os seres humanos gostam, e os resultados melhorarão continuamente.

Neste momento, Watson está sendo criativo? **Claramente está!** Se as inovações de sucesso são novidades, não são óbvias e são úteis – critérios do senso comum que também são os requisitos de patentes em muitos países – então Watson as está produzindo. Essas receitas têm o certificado de novidade, pois Watson examinou-as em termos de originalidade comparando-as com milhares de receitas existentes.

Pelo mesmo argumento, obviamente não são óbvias. E certamente são úteis; elas fazem as pessoas felizes.

OS COMPUTADORES CRIAM E ESTÃO FICANDO MELHORES

Em termos mais gerais, a ideia de que computadores não podem ser criativos é visivelmente falsa. Os computadores já estão sendo criativos em domínios muito além da culinária. David Cope da Universidade da Califórnia, em Santa Cruz, vem programando computadores para **escrever música** desde o início da década de 1980 e os resultados – falso Bach, falso Mozart, falso Chopin, e mais – podem facilmente enganar a grande maioria dos ouvintes. O boquiaberto escritor de um artigo para a revista britânica *New Scientist* chegou a considerar essas composições da máquina tão boas que poderiam colocar em questão a suposta magia da criatividade humana; ele as chamou de "um réquiem para a alma." Mais recentemente, o Computer Science Lab da Sony em Paris concentrou-se na mesma tarefa, criando um *software* que improvisa de forma bastante convincente no sax (gerado por computador) como Coltrane e no piano como Bill Evans.

Os quadros totalmente gerados por computador estão por toda parte. Os computadores escrevem poemas, e um *software* está até mesmo produzindo romances. Você poderia objetar com razão que nenhum desses trabalhos criados por máquinas é verdadeiramente excelente, mas esta não é a questão. Criticar a música escrita por *software* por ela não ser tão magnífica quanto a de Bach, é compará-la com um padrão que não se espera que nenhum compositor humano contemporâneo venha a alcançar. A questão relevante é se este trabalho é criativo, e não há como escapar da conclusão de que é. Na verdade, parece seguro supor que a maioria das pessoas avaliaria essa produção como pelo menos tão boa quanto grande parte da criatividade gerada hoje por seres humanos na mesma área de atividade.

Podemos prever com segurança que a criatividade produzida por computadores ficará muito melhor. É fácil imaginar um futuro próximo em que os computadores saberão muito mais sobre que tipos de experiências visuais, auditivas ou outras, fazem as pessoas se encantarem, se envolverem ou se entediarem. Imagine milhões de pessoas usando os crachás sociométricos de Alex Pentland, registrando o que estão fazendo, vendo, ouvindo; este é um cenário plausível se relógios e outros computadores vestíveis assumirem as funções do crachá sociométrico. Ao mesmo tempo, milhões de pessoas já usam biossensores básicos em seus pulsos como monitores de ginástica que coletam alguns dos dados necessários sobre como você responde às suas atividades; relógios também estão começando a fazer as mesmas coisas, só que melhor, registrando continuamente a frequência cardíaca, temperatura, resposta galvânica da pele e outras medições. Todos esses dados combinados – incluindo o que você está vendo, lendo, ouvindo e como está reagindo a isso – despido de informações sobre a identidade da pessoa, permitirão que os computadores produzam música, histórias e outros trabalhos que, além de criativos, serão extremamente populares, e até mesmo direcionados para determinados grupos.

POR QUE A CRIATIVIDADE DE ALTO VALOR CONTINUARÁ SENDO HUMANA

Está parecendo como se fosse melhor que nós, seres humanos, escrevêssemos logo nossos romances, pintássemos nossos quadros e compuséssemos nossas canções, porque em pouco tempo nossos serviços não serão mais necessários nessas áreas de atividade. Não é bem assim. Como vimos em outros domínios, os computadores estão aprendendo habilidades em um ritmo acelerado e assumindo trabalhos anteriormente realizados por pessoas, mas esse fato não necessariamente nos diz respeito. Nosso foco são as habilidades de alto valor, aquelas que trarão a nós e a nossos filhos uma melhoria no padrão de vida. E nos muitos domínios da criatividade, como em outros lugares, essas habilidades de alto valor permanecerão em grande parte humanas por causa da humanidade daqueles que consomem o produto dessas habilidades. Pode muito bem ser que os computadores venham a assumir a composição da música que ouvimos nos supermercados. Talvez já o façam agora – quem sabe e quem se importa? A criatividade de mais alto valor, por sua vez, continuará a nosso encargo, por dois motivos.

Em **primeiro lugar**, existe algo mais na criatividade de alto valor do que apenas criar. Quando Robert Galbraith escreveu um romance policial intitulado *O Chamado do Cuco*, pelo menos uma editora (Orion Books) o rejeitou, e quando finalmente foi publicado em 2013, o livro recebeu boas críticas, mas não vendeu tão bem – porém os leitores compraram todos os 1.500 exemplares nos primeiros três meses. Aí, o *Sunday Times* de Londres revelou que Robert Galbraith era na verdade J. K. Rowling, autora dos livros de *Harry Potter*. *O Chamado do Cuco* imediatamente disparou para o primeiro lugar em vendas na Amazon. Publicações que não tinham se preocupado em criticá-lo agora prestaram atenção e de repente viram virtudes criativas que ninguém havia percebido antes. "O dom literário (de Rowling) está exposto nesta obra", disse o crítico da Associated Press, por exemplo.

Em um mundo racional, não no mundo humano, isto não deveria ter acontecido. A obra é a obra, a ser julgada pelos seus méritos. Mas nós humanos gostamos de ter pessoas associadas aos trabalhos criativos. Se elas são pessoas sobre as quais ouvimos rumores, mas nunca vemos - J. D. Salinger, Banksy – tanto melhor; o mistério apenas alimenta o nosso interesse. Elas nem sequer precisam estar vivas, como grandes criadores com histórias tocantes, como Mozart e Van Gogh, nos lembram. Sempre nos sentimos mais atraídos quando existe uma pessoa real envolvida. Você já comeu algum prato inventado por

Watson recentemente? Está ansioso por experimentar? Posso lhe dizer que realmente é bom. Ainda assim, aposto que você não está ansiando muito por essa refeição. No entanto, se Jean-Georges Vongerichten ou Mario Batali, e não um computador, tivesse inventado a **moussaka de toucinho de porco tcheco**, você pode ter certeza que os *gourmets* estariam loucos atrás desse prato para experimentar.

Em muitas áreas criativas, a criatividade de alto valor está associada a uma pessoa, que é parte do que a torna de alto valor. Este é um motivo para a criatividade de alto valor continuar sendo um empreendimento humano. Mas não é o motivo mais importante.

O **segundo** e mais importante motivo é que os atos de criatividade mais valiosos são diferentes daqueles que consideramos até agora, pois visam resolver os problemas do mundo real, e a natureza desses problemas é tal que os humanos devem inovar nas soluções. Será que existe uma maneira mais eficiente de estampar os painéis da porta para o novo modelo do caminhão picape? Será que existe uma maneira mais rápida de levar suprimentos médicos para Burkina Faso? Em teoria, os computadores poderiam resolver esses problemas muito melhor do que as pessoas, examinando mais dados e ponderando mais opções de forma enormemente mais rápida do que qualquer ser humano. Mas na prática, o problema inevitavelmente se altera enquanto tentamos resolvê-lo. Percebemos que o nosso objetivo não é o que pensávamos ser, ou nossos esforços revelam uma oportunidade que não tínhamos considerado. Faça a estamparia dos painéis da porta da mesma forma antiga, mas use o alumínio, deixando o veículo mais leve e diminuindo o consumo de combustível. Em vez de levar aqueles medicamentos para Burkina Faso, seria muito mais eficaz e eficiente levar os pacientes para tratamento em outro lugar. São as pessoas que devem resolver esses problemas, pois na vida real, raramente temos certeza sobre qual é realmente o problema, e como os seres humanos é que são, em última análise, os responsáveis por dar forma aos objetivos de uma organização, ou aos seus próprios objetivos, cabe a eles continuamente redirecionar os esforços mais criativos para resolver os problemas.

Vamos analisar mais de perto esse segundo tipo de criatividade, que os pesquisadores têm chamado de **"criatividade na produção de ideias e soluções relevantes para problemas de negócios."** Este tipo de criatividade não é apenas inerentemente o domínio dos seres humanos. Quanto mais de perto olharmos para ela, mais intensamente humana ela se torna.

"SE VOCÊ QUER INOVAÇÃO, VOCÊ PRECISA DE INTERAÇÃO"

Marissa Mayer enfrentou um desafio desesperadamente difícil ao se tornar CEO do Yahoo! em 2012. Uma das empresas novas mais glamorosas dos primeiros dias da Internet, a companhia havia entrado em contínuo declínio, e a história tem mostrado que quando uma empresa da Internet entra em declínio, é quase impossível de resgatá-la! Mesmo assim, Mayer deixou uma carreira promissora e bem reconhecida no Google para assumir o desafio, e imediatamente começou um ousado programa de aquisições, desinvestimentos e novas estratégias. Porém, a atitude que chamou mais a atenção não foi nenhuma dessas coisas; foi, sim, uma mensagem transmitida em um curto *e-mail* do chefe de Recursos Humanos do Yahoo! para todos os funcionários. Intitulado "Informações Proprietárias e Confidenciais – Não Reencaminhar", claro que imediatamente vazou para a mídia em todo o mundo. A mensagem: "Estamos pedindo a todos os funcionários com acordos para trabalhar em casa, que venham trabalhar nos escritórios do Yahoo!." **Por quê?** "Algumas das melhores decisões e ideias surgem em discussões de corredor e cafeteria, de conhecer pessoas novas e de reuniões de equipe de improviso", dizia. "Ser um Yahoo! não se refere apenas ao seu trabalho do dia a dia; são as interações e experiências somente possíveis em nossos escritórios", estava destacado na mensagem. E enquanto o *e-mail* "pedia" aos funcionários que trabalhavam em casa para que passassem a trabalhar no escritório, esses mesmos funcionários eram informados separadamente de que, caso não quisessem fazê-lo, deveriam encontrar outro empregador.

Essa medida provocou uma tempestade de críticas – muitos analistas destacaram que os trabalhadores de hoje querem e até mesmo esperam acordos de trabalho flexíveis – mas Mayer não recuou. Independentemente do destino do Yahoo! ou de Mayer (longe de já estar determinado quando isso foi escrito), a pesquisa acadêmica e a experiência no mundo real mostram que ela estava certa. O Yahoo! estava em uma luta de vida ou morte e necessitava do máximo possível de ideias novas criativas em resposta aos problemas vagos, vitais e sempre em transformação que você não pode pedir para um computador resolver. A melhor maneira para encontrar tais soluções é trazer as pessoas para uma maior proximidade física.

Mayer compreendeu muito bem isso da época em que trabalhou no Google. A empresa é fanática em forçar sua gente a se conectar pessoalmente. A sua famosa política de oferecer refeições excelentes no refeitório não é uma ferramenta para atrair ótimos funcionários; pessoas excelentes querem trabalhar no Google independente de qualquer coisa. O objetivo real é fazer com que os funcionários frequentem a cafeteria e tenham que esperar na fila para poder conversar entre si. A empresa até mede o tamanho das filas; uma espera de **três a quatro minutos é o ideal**. Ao pegar sua comida, os funcionários têm que se sentar em mesas compridas no estilo dos refeitórios escolares em vez de pequenas mesas individuais, aumentando a possibilidade de que se sentem ao lado ou em frente de alguém que não conhecem. O Google coloca essas mesas um pouco perto demais para que os funcionários possam eventualmente bater em alguém ao empurrar suas cadeiras para trás e assim conhecer uma pessoa nova – a trombada Google, como apelidaram seus funcionários. Nada disso acontece por acaso. John Sullivan da Universidade Estadual de São Francisco, que estudou o Google e a inovação em geral, chama isso de **"interação fortuita"**. Ele concluiu que essa interação é essencial para a inovação. As pessoas que trabalham em casa são muitas vezes mais produtivas do que os trabalhadores de escritório, mas são menos inovadoras, constatou a pesquisa. "Se você quer inovação, então você precisa de interação", diz Sullivan.

Isto não é necessariamente automático. Juntar as pessoas pode por vezes destruir o pensamento criativo ao estimular o pensamento grupal, fenômeno no qual os membros do grupo simplesmente reforçam entre si a crença em uma ideia que está em conformidade com o que todos já sabiam. O resultado é o excesso de confiança e, muitas vezes, o desastre. A expressão foi cunhada por William H. Whyte na revista *Fortune* em 1952: os pesquisadores utilizaram mais tarde o conceito para explicar vários fiascos políticos dos EUA, como a invasão da baía dos Porcos e a conduta na guerra do Vietnã. As autoridades políticas estavam interagindo para resolver problemas, mas este não é o tipo de criatividade que se quer.

A solução é seguir o exemplo do Google, juntando pessoas que normalmente não falariam entre si. Na verdade, outras empresas têm agido exatamente como o Google. Alex Pentland do MIT relata que uma empresa jovem onde ele implantou seus crachás sociométricos estava tentando aumentar a comunicação entre os funcionários. Promover festas da cerveja e outros eventos não melhorou em nada, mostraram os crachás. Porém, escreveu ele: "Colocar mesas mais longas no refeitório da empresa, para que estranhos se sentassem juntos, teve um impacto enorme."

De forma mais ampla, como vimos no Capítulo 7 sobre equipes e grupos, as organizações em que as pessoas se agrupam de forma a aumentar o fluxo de ideias, se tornam bem mais produtivas. Mas será que elas se tornam mais criativas? A resposta é um sonoro **sim**. Especificamente, os membros dos grupos mais criativos dividem seu tempo social entre dois tipos de atividades: **exploração**, que significa interagir com pessoas de fora do grupo, e **envolvimento** com membros do grupo. Pentland observou este efeito em várias configurações. Ele relata, por exemplo, que um estudante de Ph.D. no MIT coletou dados sociométricos de equipes em dois laboratórios de P&D[10] nos EUA e também utilizou um procedimento altamente respeitado para medir a criatividade. Os resultados mostraram que a criatividade estava totalmente vinculada a essas duas atividades de exploração e envolvimento. Não era sequer complicado, diz ele: "A simples combinação das medições sobre envolvimento e exploração conseguia inferir quais os dias que seriam mais criativos com precisão de 87,5%."

Esses resultados fazem sentido. A exploração expõe os membros a novas ideias fora do grupo, que podem trazer de volta para a equipe, evitando o pensamento grupal; o envolvimento elevado dentro do grupo permite praticar muitos pontos de vista sobre ideias e possibilita que o grupo as aceite, melhore ou rejeite.

A CRIATIVIDADE NÃO PODE ACONTECER SEM A CONFIANÇA

Um olhar mais atento sobre o envolvimento entre membros do grupo ressalta a importância da interação pessoal – diferentemente da interação digital – para grupos altamente criativos, e mostra como Mayer estava certa ao ordenar que **todos voltassem ao escritório**. Um grupo de pesquisadores de duas universidades dos EUA e de três universidades europeias utilizaram dispositivos sociométricos para registrar as interações dentro de várias equipes diferentes, e também avaliar a criatividade e a qualidade das ideias; as equipes eram compostas por pessoas altamente instruídas trabalhando em projetos nas áreas de ciência da computação, economia, psicologia e outras. Os resultados mostram contundentemente como a criatividade em um grupo é uma experiên-

---

10 – NT - Pesquisa & Desenvolvimento.

cia profundamente humana. Quanto mais os membros do grupo ficavam próximos entre si, mais criativa era a sua produção. Quanto mais eles olhavam nos olhos um no outro, mais criativos eles eram. Quanto mais dispostos a confiar uns nos outros, mais criativos eles eram.

Esses comportamentos podem não ter imediatamente sinalizado a criatividade para você, mas com certeza sugeriram outra coisa: **confiança**. Proximidade, olhar nos olhos, confiar – todos esses comportamentos refletem e desenvolvem a confiança. Acontece que os pesquisadores mediram a confiança dentro dos grupos e constataram que ela foi essencial para todo o processo; mais confiança levou a ideias mais criativas e de maior qualidade. Conclusão: **"Nada substitui a interação frente a frente para o desenvolvimento desta confiança."**

A constatação de que os grupos são mais criativos quando seus membros confiam uns nos outros ajuda a explicar um fenômeno frequentemente observado: que os grupos mais criativos de todos são geralmente os **grupos de dois**. O autor Joshua Wolf Shenk apontou o número verdadeiramente espantoso de pares que produziram muitos dos maiores sucessos criativos do mundo. Pense em John Lennon e Paul McCartney, Steve Jobs e Steve Wozniak, James Watson e Francis Crick, Jean-Paul Sartre e Simone de Beauvoir – uma vez tendo iniciado, você não pode pensar neles o dia todo sem sequer mencionar equipes menos conhecidas de dois membros como C. S. Lewis e J. R. R. Tolkien. Shenk argumenta que todos eles desenvolveram uma confiança mútua tão profunda que virou fé um no outro. "O que eu vi... nos pares criativos era a confiança se desenvolvendo em conjunto na medida em que os pares assumiam riscos juntos", observou ele, "como quando Neal Brennan e Dave Chappelle tentaram vender uma ideia de programa cômico para a HBO – e foram rejeitados – ou quando Warren Buffett e Charlie Munger compraram a See's Candy e a transformaram em lucro sólido." Duas pessoas podem confiar uma na outra de uma forma que nenhum grupo maior consegue fazer.

Embora duas pessoas representem um grupo muito pequeno, ainda assim formam um grupo. Shenk constatou que nas dezenas de pares criativos investigados por ele, todos os membros concordaram que nunca teriam alcançado seu sucesso criativo isoladamente. E embora fossem apenas dois no grupo, todos seguiam o padrão **exploração-envolvimento** que Pentland observou. Eles não passavam o tempo todo juntos – às vezes muito longe disso. Até mesmo Sartre e de Beauvoir, companheiros e amantes por toda a vida, "acumularam experiências diferentes, escreveram histórias e palestras separadamente, alimentaram interesses individuais", escreve Shenk. Às vezes, eles podiam ser encontrados no mesmo café, mas trabalhando em mesas separadas. E depois, como todos os pares que Shenk estudou e como todas as equipes criativas de sucesso, se envolviam mais de perto.

A REGRA DO QUADRADO DA DISTÂNCIA

Exploração e envolvimento – nas duas partes essenciais do processo de grupo criativo, o valor da proximidade física é impressionante. Esse fato contradiz explicitamente muitas previsões abalizadas sobre como a Internet e o celular mudariam fundamentalmente a maneira como atuamos. Com a tecnologia de hoje, pense em como podemos explorar novas ideias de forma mais ampla e como podemos nos envolver mais facilmente com membros de nosso grupo do que poderiam os Neandertais da década de 1980 ou antes. Um livro aclamado do alvorecer da era da Internet, *O Fim das Distâncias*, argumentava que "novas tecnologias de comunicação estão rapidamente obliterando a distância como fator relevante em como conduzimos nossas vidas profissionais e pessoais." Deus é testemunha de como essas tecnologias já mudaram as nossas vidas, mas quando se trata de **exploração, envolvimento e criação**, a distância continua a ser uma limitação pelo menos tão grande quanto sempre foi.

Em termos de exploração, considere as cidades. Há muito tempo tem ficado evidente que as cidades produzem muito mais inovação do que quaisquer outras áreas, mas por que, exatamente? Não é apenas uma explicação simples de que uma quantidade maior de pessoas produz mais ideias; as cidades produzem mais inovação *per capita*, tal como medido pelas patentes, do que quaisquer outras áreas, além de se mostrarem mais produtivas em geral. Então, novamente, por quê? Alguns pesquisadores têm dito que com tantas pessoas em um único lugar, faz sentido econômico que elas sejam mais especializadas em seus trabalhos – o argumento de Adam Smith de que uma maior divisão do trabalho torna a produção mais eficiente. Outros pesquisadores argumentam que como muitas pessoas vivem nas cidades, tornam-se lugares caros para morar e, portanto, atraem trabalhadores mais produtivos e inteligentes, que trazem muito mais ideias novas. Esses argumentos fazem sentido, mas acontece que existe uma maneira mais simples e eficaz para explicar por que as cidades são tão inovadoras. Basta verificar o número de laços sociais entre as pessoas. Se a exploração – obter novas ideias e informações a partir de uma grande variedade de outras pessoas – é fundamental para a inovação, então as áreas onde as pessoas desenvolvem muitos contatos com outros deveriam ser mais inovadoras. Elas são, e este fato por si só indica a ocorrência de inovação com excepcional precisão.

Os pesquisadores criaram um modelo simples em que o número de laços sociais de uma pessoa é calculado com base na densidade populacional – isto é, na proximidade física. Quanto maior a proximidade entre as pessoas, mais laços elas desenvolverão, em termos individuais. Seguindo as pesquisas anteriores sobre redes sociais, os pesquisadores utilizaram uma fórmula em que a probabilidade de um laço entre quaisquer duas pessoas diminui com o **quadrado da distância** entre elas; **se ficarem duas vezes mais distantes, elas terão uma probabilidade quatro vezes menor de formar um laço (lembre-se sempre)**. Este modelo infere com precisão todos os tipos de fenômenos que se esperaria estarem associados com a exploração por ideias: o número de conhecidos que os indivíduos têm em média, a quantidade de comunicação que fazem. Ele infere interações que você poderia pensar que não têm nada a ver com proximidade física, tal como o volume total de telefonemas. E infere também os resultados inovadores em função da exploração de ideias – ou seja, a quantidade de patentes, assim como a produtividade econômica que a acompanha.

Observe que todas essas coisas aumentam mais rápido do que a densidade populacional – dobrando a densidade obtém-se mais do que o dobro de inovação, entre outras coisas – e este modelo baseado em laços sociais prevê este fenômeno (que os matemáticos chamam de "escala superlinear"). Assim, concluem os pesquisadores, "a densidade populacional, ao invés do tamanho da população por si só, é que está na raiz da natureza extraordinária dos centros urbanos."

Extraordinária é a palavra certa. Mesmo na era da informação, a proximidade física exerce um poder especial. Você poderia esperar que as pessoas fizessem menos telefonemas, pois podem falar facilmente com mais gente pessoalmente, mas, na verdade, isso faz com que elas deem mais telefonemas. Ou você poderia supor que a conectividade global quase universal tornaria irrelevante a proximidade física, mas conforme observam esses pesquisadores, "a Tóquio metropolitana tem aproximadamente a mesma população que a Sibéria", e embora os siberianos tenham Internet e celulares, nós não vemos muita inovação sendo originada ali.

Pesquisas sobre agrupamentos industriais reforçam este ponto. Empresas do mesmo setor – especialmente em áreas de atividade que dependem mais pesadamente da criatividade e inovação – muitas vezes ficam localizadas na mesma região. Além do Vale do Silício, outros exemplos famosos incluem agrupamentos de alta tecnologia em Research Triangle, no Estado da Carolina do Norte, e em Austin, no Estado do Texas. Todos nesses setores concordam que um motivo importante para ficar sediado em agrupamentos é facilitar a troca de ideias. Mas os padrões de comunicação entre empresas dentro desses aglomerados não tinham sido investigados até que alguns pesquisadores analisaram o agrupamento de biotecnologia em Cambridge, no Estado de Massachusetts. Eles constataram que a quantidade de comunicação entre pessoas de empresas diferentes – pessoalmente, por telefone e por *e-mail* – dependia da distância física entre elas. Especificamente, variava pelo quadrado da distância, de modo que diferenças pequenas na distância geravam grandes diferenças na quantidade de interação. Consequentemente, as pessoas em empresas no centro de um agrupamento faziam a maior quantidade de comunicação de todas. Na fase de exploração da criatividade do grupo, a da caça vital e constante por ideias diversificadas, você jamais imaginaria que o endereço do escritório faria muita diferença. Mas faz.

Na fase de envolvimento da criatividade do grupo, quando os membros da equipe interagem entre si, a história é semelhante, mas com um detalhe surpreendente. A distância física ainda faz uma grande diferença; as "equipes globais" que algumas empresas organizam muitas vezes são necessárias, mas mesmo com todo o *software* de videoconferências e colaboração do mundo, ainda atuam com grande desvantagem em criatividade, pois os membros não estão perto entre si. Quando todos os membros estão no mesmo edifício, porém, poderíamos imaginar que o problema estivesse resolvido – mas não é assim tão simples. Mesmo quando os membros do grupo estão no mesmo edifício e no mesmo andar, a proximidade física é importante. Pesquisas mostraram que a comunicação entre engenheiros sobre questões técnicas, o tipo de envolvimento em que a inovação se baseia, depende da distância entre as mesas. A quantidade de comunicação varia – vejam só – pelo quadrado da distância.

Dessa maneira, a distância entre duas pessoas – **dez quilômetros ou dez quadras ou dez metros** – é um fator determinante de quanta comunicação elas fazem. Isso significa comunicação de qualquer tipo. E o efeito é enorme. Estamos em uma era em que se supõe que a distância esteja morta; então, poderíamos ficar chocados se nos dissessem, por exemplo, que a comunicação entre as pessoas diminui em proporção com a distância física entre elas. Mas o efeito real é muito maior: a comunicação diminui em proporção com o quadrado da distância. Dizendo em termos não matemáticos, nós seres humanos realmente gostamos muito de ficar perto uns dos outros. Quanto mais perto estivermos, mais nos comunicamos, e quanto mais nos comunicarmos, maior e melhor é a nossa capacidade de criação. **O avanço da tecnologia não diminuiu nem um pouco essa tendência.**

O ELEMENTO HUMANO NA CRIATIVIDADE FICA MAIOR

Vimos que a criatividade e a inovação continuam sendo atividades humanas de **alto valor**, pois não importa a capacidade alcançada pelos computadores, os seres humanos ainda estão no comando de quais os problemas que precisam ser resolvidos, e os seres humanos na vida real estão constantemente revisando suas ideias sobre quais são realmente seus problemas e objetivos. Além disso, duas outras considerações da vida real colocam a **criatividade** e a **inovação** ainda mais na área do esforço humano, independentemente de como a tecnologia avance.

Uma delas diz respeito à constatação bastante conhecida de que a **motivação intrínseca** estimula muito mais a **criatividade** do que a **motivação extrínseca**. Os pesquisadores confirmaram essa conclusão muitas vezes, mas não sempre. Em alguns estudos isso simplesmente não aparece. Adam Grant da Universidade da Pensilvânia e James Berry da Universidade da Carolina do Norte fizeram um levantamento em uma ampla literatura e encontraram uma explicação: "A motivação intrínseca tem estado mais consistentemente ligada à criatividade em tarefas artísticas e de escrita do que à criatividade em produzir ideias e soluções relevantes para problemas profissionais." Para produzir inovações que as organizações realmente valorizem, a motivação intrínseca não é suficiente. Algo mais é necessário, e Grant e Berry o identificaram. Em seus experimentos de laboratório e estudos de organizações, as pessoas que são focadas no outro, e ao mesmo tempo são intrinsecamente motivadas, produzem as ideias mais criativas e mais úteis. Ser focado no outro significa ter uma orientação pró-social, um desejo fundamental de ajudar os outros. Pode também significar um hábito de ver o mundo através dos olhos de outras pessoas. Não é uma surpresa que pessoas com essas características produzam ideias que serão úteis aos outros, e quando associado a uma motivação intrínseca, isso forma uma combinação insuperável. O ponto importante é que novamente estamos nos deparando com a empatia. Criatividade sozinha é bom. **Criatividade mais empatia é valioso.**

O outro fator do mundo real que amplia o elemento humano na criatividade é uma variação sobre a mesma ideia – que a criatividade de sucesso é mais do que apenas criar. Ela também requer burburinho, interesse, entusiasmo dentro de um público amplo. Peter Gloor do MIT e muitos outros têm destacado que nenhuma inovação eficaz surge completamente formada a partir da mente de seu criador. Ela precisa ser desenvolvida, e os inovadores mais bem-sucedidos envolvem outros no seu desenvolvimento desde o início. Os primeiros colaboradores são provavelmente uma pequena equipe, talvez de apenas duas pessoas, como vimos. Com o tempo, os inovadores convidam outras pessoas interessadas em ajudar, gradualmente expandindo o anel de colaboradores que consideram a inovação verdadeiramente interessante. No final, esse grupo maior de criadores desenvolve algo com uma boa chance de ter sucesso, e esses entusiastas colaboradores emocionalmente envolvidos desenvolvem um interesse ainda mais amplo na inovação, ajudando a lançá-la com força no mundo. A interação humana, habilmente promovida, é uma grande diferença entre **inovações** e **inovações de sucesso.**

Um argumento persuasivo defende que a criatividade não é inerentemente especial, mágica ou misteriosa. Na verdade, ela é um conjunto de habilidades. Independentemente de a pessoa tê-las ou não, ele ou ela pode desenvolvê-las; essa é a natureza das habilidades. Este argumento leva à conclusão de que, como em qualquer outra habilidade, os computadores poderiam ser tão criativos quanto, e eventualmente mais criativos, que qualquer ser humano. Portanto, é importante lembrar que a razão para a criatividade de alto valor permanecer como uma tarefa humana não tem nada a ver com sua natureza supostamente mágica e inexplicável. Os argumentos que se baseiam em mágica são geralmente suspeitos. A explicação é que a criatividade é produzida, em última instância, para os seres humanos e, por todos os motivos vistos anteriormente, está em nossa natureza profunda exigir que seja feita por e com outros seres humanos. Não é por não podermos fazê-la de outra maneira. É porque ela não resolveria nossos problemas humanos mais importantes se fosse feita de outra maneira. **Por isso que a habilidade de inovar em colaboração com os outros continuará a ter elevado valor mesmo que a tecnologia avance rapidamente!**

Ao observamos que algumas pessoas parecem possuir esta capacidade mais do que outras, muitas vezes nos perguntamos o motivo. É improvável que tenham nascido assim; na verdade, elas desenvolveram as habilidades de criatividade e inovação. Isto leva à questão maior de saber se as habilidades mais gerais da interação humana podem ser aprendidas. A resposta é que **podem ser aprendidas**, conforme já vimos e como veremos mais adiante no Capítulo 11. Mas salientamos também que essas habilidades são fundamentalmente diferentes das habilidades que tornaram as pessoas economicamente bem-sucedidas no passado. As novas habilidades de alto valor têm mais a ver com o que somos do que com o que sabemos. E quando se trata dessas habilidades – em uma categoria diferente das habilidades que historicamente têm sido valiosas economicamente – um grupo parece possuir uma vantagem natural inata.

CAPÍTULO DEZ
SERIA ESTE UM MUNDO DAS MULHERES?

Nas habilidades mais valiosas para a economia do futuro, as mulheres detêm uma forte vantagem sobre os homens.

Você notou um fato que foi mencionado de relance no Capítulo 7 sobre por que algumas equipes são mais inteligentes do que outras? Você deve recordar que as equipes têm uma inteligência própria, c, muito parecida com o QI de um indivíduo, que é responsável pelo sucesso da equipe na realização de uma ampla variedade de tarefas. Vimos que a explicação geral da inteligência da equipe não é a que a maioria de nós teria imaginado; não é o QI dos membros da equipe e nem mesmo o quanto a equipe está motivada, coesa ou satisfeita. O fator principal é, na verdade, a sensibilidade social dos membros – o quanto conseguem discernir os pensamentos e sentimentos das outras pessoas, e o quanto compartilham seus papéis nas conversas, sem ninguém dominando. O fato mencionado de relance foi que as mulheres em geral têm pontuações mais elevadas do que os homens em medições de sensibilidade social, de modo que as equipes com **melhor desempenho** nas pesquisas tendem a ser aquelas com **maior quantidade de mulheres**. Agora é hora de nos concentrarmos neste fato e em tudo aquilo que isto implica para a questão das habilidades de alto valor na economia do futuro, que é muito.

A flagrante conclusão que surge do trabalho sobre inteligência de grupo é que as mulheres tornam os grupos mais inteligentes. Os pesquisadores não estavam buscando provar ou refutar qualquer coisa a respeito de gênero, mas não puderam deixar de notar o que os dados revelavam. Note que este não é o argumento convencional sobre **diversidade**. Tornou-se um clichê dizer que trazer mulheres para uma equipe corporativa, por exemplo, aumenta a capacidade de pensar do grupo porque introduz uma maior variedade de pensamentos e experiências. Isto assume que a equipe era constituída em sua maioria por homens, e que uma maior diversidade melhora o desempenho. Mas a constatação desta pesquisa é exatamente o oposto. Ela mostrou que quanto mais mulheres em um grupo, mais **inteligente ele é**, pura e simplesmente. Os grupos mais inteligentes na pesquisa não tinham nenhuma diversidade de gênero; eram constituídos apenas por mulheres. Se o argumento da diversidade fosse verdadeiro, então a substituição de uma mulher por um homem tornaria o grupo mais inteligente. Mas isso não aconteceu. Em média, isso tornou o grupo mais burro.

O resultado inesperado surpreendeu os pesquisadores, mas foi mais tarde confirmado por outro estudo. Os pesquisadores nunca suspeitaram que a maior sensibilidade social das mulheres pudesse ser tão importante quanto se mostrou. Isto os levou a fazer outra pergunta. Como você deve recordar, eles mediram a sensibilidade social de todas as pessoas nos experimentos passando-lhes um teste bastante conhecido chamado "Leitura da Mente nos Olhos" (o teste RME, na sigla original em inglês). Você olha para 36 fotos em preto e branco apenas da região dos olhos de várias pessoas e tenta escolher dentre um grupo de respostas ("triste", "irritado", "frustrado", "com medo", por exemplo) o que eles ou elas estão sentindo ou pensando. O uso desse teste fazia sentido, pois todos os grupos na pesquisa de inteligência de grupo se reuniam frente a frente, significando que todos podiam ver os olhos de todos os demais. Então, os pesquisadores se perguntaram: **o que aconteceria se os membros do grupo não pudessem ver uns aos outros?**

Nos novos experimentos os membros do grupo foram separados e se comunicavam apenas *on-line* por meio de mensagens digitadas. E adivinhem: o resultado foi o mesmo. Os grupos com a maior sensibilidade social, medida exclusivamente por meio do teste RME baseado no visual, apresentaram a maior inteligência coletiva mesmo quando não podiam ver uns aos outros. O efeito foi tão forte quanto nos grupos originais frente a frente. Como são as mulheres que apresentam maior pontuação no teste RME, isto significou que, mais uma vez, os grupos compostos só por mulheres foram os mais inteligentes.

Em outros lugares, temos enfatizado que a interação frente a frente é muito mais eficaz e, portanto, valiosa, que qualquer outro tipo, de modo que você pode naturalmente estar se perguntando se este resultado da pesquisa nega esta afirmação. Não, o resultado não nega. Isso mostra apenas que o teste RME é um excelente indicador da inteligência coletiva de um grupo – na verdade, o melhor indicador de qualquer fator medido pelos pesquisadores – e foi tão bom indicador com os grupos *on-line* quanto com os grupos frente a frente. Mas ele não mostrou que os grupos *on-line* são tão inteligentes quanto os grupos frente a frente; na verdade, sua pontuação média de inteligência coletiva foi um pouco menor. Portanto, o contato frente a frente ainda é uma maneira mais eficaz de interagir, mas se um grupo tiver de interagir *on-line*, então os membros do grupo com pontuações elevadas no teste RME produzirão os melhores resultados.

Fica imediatamente claro que o teste RME mede muito mais do que a leitura dos olhos. Ele capta um tipo de sensibilidade interpessoal que atua não apenas frente a frente como também nos ambientes bem mais afastados do texto digitado. Esses dois grupos de experimentos, considerados conjuntamente, demonstram que a sensibilidade social das mulheres tem muito maior alcance do que as pessoas imaginavam. As mulheres podem fazer aquele ar de enfado ao ler isso, pensando que evidentemente toda mulher já sabe que é verdade. Mas talvez não; seria plausível pensar que muitas mulheres, ao serem informadas sobre concepção desses experimentos, imaginariam que os grupos com diversidade seriam os mais inteligentes. À luz de tudo o que vimos até agora sobre os tipos de habilidades humanas que estão se tornando mais valiosas, é óbvio que o papel da mulher na economia do futuro requer um olhar muito mais atento.

AS DIFERENÇAS INATAS SÃO REAIS – E FAVORECEM AS MULHERES

Na medida em que o valor se desloca para habilidades sociais, você não precisa de experimentos de ciências sociais rigorosamente concebidos para lhe dizer que as mulheres provavelmente irão executar melhor essas habilidades. Tanto os homens quanto as mulheres sabem disso por experiência própria. A disputa ao longo de séculos tem se concentrado em quais os pontos fortes de cada sexo que são mais valiosos economicamente falando. Por muito tempo o poder da tecnologia parecia favorecer os engenheiros e empreendedores do sexo masculino, mas agora, ironicamente, a tendência está se invertendo quando a tecnologia cada vez mais assume todas as funções, exceto as mais profunda e essencialmente humanas. O que gostaríamos de saber mais a respeito é de onde vêm essas diferenças de habilidade entre os sexos, se elas tendem a desaparecer, o que significam para as organizações (mais do que pensamos) e se os homens estão condenados à irrelevância.

O primeiro passo é confrontar a questão polêmica sobre se as diferenças entre os sexos são inatas ou aprendidas, programadas ou impostas pela sociedade. Esta é fácil – claramente -, o que significa que pelo menos algumas dessas diferenças estão em nós no nascimento. Conforme observado no Capítulo 3, a visão de que os seres humanos estariam inatamente inclinados na direção de qualquer coisa esteve fora de questão durante grande parte do século XX, mas agora as evidências parecem convincentes no sentido de que realmente existe algo assim como natureza humana, e que difere por sexo.

Para pegar um exemplo altamente relevante ao nosso assunto, por que os meninos parecem se interessar mais por coisas mecânicas, enquanto as meninas parecem mais interessadas nas relações humanas? Ao estudar crianças de um ano de idade, os pesquisadores constataram que os meninos preferiam assistir a vídeos de carros passando do que a um vídeo de um rosto humano, mas as meninas preferiam ver o rosto. Esta conclusão não satisfez algumas pessoas, que argumentavam que mesmo na tenra idade de um ano, a aculturação poderia explicar a diferença. Mas, na verdade, os pesquisadores tinham estudado anteriormente bebês com um dia de vida. Os meninos olhavam mais demoradamente para um móbile mecânico do que para um rosto, enquanto as meninas olhavam mais demoradamente para o rosto. É difícil argumentar que a aculturação fez isso. A esse respeito, é possível medir a testosterona no sistema de um bebê antes mesmo dele nascer e prever quanto de contato visual ele fará com um ano de idade; menos testosterona pré-natal significa mais contato visual. Tais evidências e outras mais sugerem fortemente que as diferenças de gênero com as quais estamos preocupados são, de fato, parcialmente programadas internamente.

OS QUE BUSCAM A EMPATIA TRIUNFAM SOBRE OS QUE BUSCAM SISTEMATIZAR

A distinção profunda entre os cérebros das mulheres e dos homens, argumenta o psicólogo e pesquisador Simon Baron-Cohen, da Universidade de Cambridge, é que os cérebros dos homens "**buscam sistematizar**" e o das mulheres "**buscam a empatia.**" Sistematizar significa descobrir as regras que governam qualquer tipo de sistema – um motor de cortador de grama, o clima, o *software*, uma tacada de golfe. Buscar a empatia significa descobrir o estado mental de outra pessoa e uma resposta "afetiva" ou emocional apropriada. Sistematizar e buscar a empatia são em muitos aspectos "quase o oposto entre si", diz Baron-

Cohen. Sistematizar é a melhor maneira de "compreender e prever o universo inanimado regido por leis." Buscar a empatia é a melhor maneira de compreender e prever o mundo social.

É óbvio determinar qual o tipo de cérebro que é mais adequado para um mundo que valoriza habilidades interpessoais, e os homens ficarão aflitos ao saber que são muito grandes as evidências de Baron-Cohen para seu modelo. Alguns destaques:

- A partir de um ano de idade, as meninas são mais propensas a responder com empatia (através de olhares tristes, sons simpáticos, confortando) à tristeza dos outros. Aos três anos de idade, elas são melhores do que os meninos para descobrir os pensamentos e intenções dos outros, e nunca perdem sua vantagem.
- Além da leitura dos olhos, as mulheres também são melhores do que os homens nas comunicações não verbais em geral, como na leitura do tom de voz e das expressões faciais.
- As mulheres valorizam mais as relações recíprocas do que os homens. Os homens valorizam mais o poder e a competição do que as mulheres.
- Os transtornos de empatia, como o transtorno de personalidade psicopática, são bem mais comuns entre os homens. O assassinato, que Baron-Cohen bem secamente chama de "o maior exemplo de falta de empatia" é, sem dúvida, predominantemente provocado por homens.
- A forma como as meninas falam é muito mais cooperativa e colaborativa do que a forma como os meninos falam, e as meninas conseguem manter uma conversa fluindo por mais tempo do que os meninos.
- As meninas demonstram mais preocupação com a justiça do que os meninos. Os meninos compartilham menos do que as meninas.

Há mais, mas os homens lendo isso já estão provavelmente começando a suar. Eu odeio acrescentar isso, mas além das vantagens consideráveis das mulheres em uma economia que cada vez mais valoriza a empatia, a colaboração e os relacionamentos, os homens têm mais um motivo para se preocupar. Além de perder na competição com as mulheres, eles tendem a perder de forma desproporcional na competição com a tecnologia.

Isso parece estranho, considerando que os homens, em média, são atraídos pela tecnologia e têm sido, em média, o sexo mais responsável pela revolução da tecnologia. Naturalmente, um certo número de pioneiros da computação foram do sexo feminino (pouco conhecidas) – Ada Lovelace, Grace Hopper, Jean Jennings, para citar algumas – e que estão apenas começando a receber o reconhecimento que merecem. Mas é inegável que o setor tem sido e continua a ser dominado pelos homens, situação que muitas empresas, escolas e governos no mundo todo estão tentando corrigir. No entanto, a nova tendência surpreendente é que para os homens em geral, o avanço da tecnologia está se tornando um problema.

Isto porque no modelo "busca por sistematização" *versus* "busca por empatia", a sistematização é exatamente o que a tecnologia está assumindo. Entender como funciona um motor, o clima ou uma tacada de golfe? Os homens podem estar programados para focar nessas questões, mas em um mundo cada vez mais repleto de sensores e com crescente poder de processamento, os computadores analisarão esses sistemas e praticamente todos os outros sistemas de forma muito mais rápida e melhor do que as pessoas jamais sonharam. Sim, até mesmo a sua tacada de golfe; sensores presos em seu taco que enviam dados analíticos sobre o seu *swing* para o computador já existem há anos e estão sendo melhorando o tempo todo. Quanto aos sistemas mais importantes em nossas vidas – os sistemas de informática –, estão cada vez mais sendo criados pelos próprios computadores.

Obviamente o mundo precisará de muitos engenheiros de computação enquanto a TI prolifera, mas, como vimos anteriormente, a questão importante não é o número de empregos e sim a quantidade de empregos de alto valor. A codificação de programas de computador está se tornando uma *commodity*, com as escolas oferecendo aulas até para crianças de cinco anos de idade. A habilidade está se tornando análoga a escrever – todos em uma economia moderna devem ser capazes de fazer isso em algum nível básico, mas o mundo precisa de poucas pessoas que têm isso como meio de vida. Na verdade, codificar programas, ou pelo menos um conhecimento sobre como ele funciona, passa a ser uma habilidade que todos devem trazer para seu trabalho em outras áreas de atividade. O ponto mais importante é que, no momento em que a tecnologia transforma o nosso mundo de novas maneiras, a tendência inata dos homens de sistematizar, que lhes tem sido útil desde o surgimento dos seres humanos como espécie, torna-se cada vez menos uma vantagem para eles na economia.

A VARREDURA *(SCANNING)* TRIUNFA SOBRE O FOCO

Como a desgraça nunca vem só, outro problema está surgindo para os homens. Enquanto múltiplas forças estão desafiando a capacidade dos homens de fazer trabalho de alto valor na economia em mudança, algumas tendências femininas – ou pelo menos tendências que as mulheres têm manifestado mais fortemente que os homens – estão aumentando de valor por motivos que vão até mesmo além dos que já analisamos.

Um problema importante foi exposto por Sally Helgesen em seu profético livro de 1990, *The Female Advantage (A Vantagem Feminina)*: com base em seu estudo sobre mulheres CEOs e em outros estudos anteriores sobre homens CEOs, ela diz que a visão das mulheres líderes sobre seu trabalho difere da dos homens por "englobar uma visão da sociedade – elas relacionam suas decisões com seu efeito maior sobre o papel da família, o sistema educacional norte-americano, o meio ambiente e até mesmo a paz mundial." Isto foi em 1990, e o que ela descreve é exatamente o que as sociedades ao redor do mundo passaram desde então a esperar de empresas líderes. Muitas das empresas que agora consideram que a sua finalidade deve incluir benefícios para a sociedade ou o planeta são lideradas por homens, mas parece que as líderes mulheres podem ser um pouco mais rápidas e ficar mais à vontade para levar suas organizações por este caminho, e isso é uma vantagem.

O fenômeno é uma manifestação de uma diferença mais geral entre homens e mulheres, ou seja, a de que, em média, as mulheres assumem uma visão mais abrangente. Isto é verdade, literalmente: a visão periférica das mulheres é mais ampla que a dos homens, enquanto os homens focalizam de forma mais estreita e a distâncias maiores. Esta pode ser uma adaptação evolutiva dos dias em que os homens caçavam e as mulheres varriam a paisagem em busca de plantas comestíveis, enquanto mantinham o controle sobre a prole. De qualquer modo, a diferença também existe de forma metafórica: imagens cerebrais mostram que, em geral, a atenção das mulheres se envolve com muitas coisas diferentes ao mesmo tempo, enquanto os homens tendem a manter o foco em um conjunto mais restrito de itens.

O ser humano perfeito teria ambas as habilidades, mas no ambiente empresarial de hoje em rápida mudança é extremamente fácil ver as vantagens de uma visão abrangente: perceber coisas que o observador focado, preso ao que importava anteontem, pode deixar de notar. Certamente chega a surpreender que duas das vozes mais iconoclastas de alerta antes da crise financeira tivessem vindo de mulheres. Meredith Whitney, uma analista financeira, previu graves problemas para Lehman Brothers, Merrill Lynch, Citigroup e Bank of America quando os analistas convencionais, voltados para medidas convencionais, permaneciam otimistas. Ela teve uma visão mais abrangente e percebeu sinais que os outros não notaram. Sheila Bair, que presidia a Federal Deposit Insurance Corporation, tentou publicamente alertar os reguladores quanto a um possível desastre nos empréstimos *subprime*[11] enquanto o festival de empréstimos nos EUA ainda estava forte, mas foi ignorada. Ela também teve uma visão mais abrangente e viu como o problema poderia explodir de novas formas.

Esta maneira de analisar as situações é o que toda empresa quer em uma época em que qualquer negócio pode ser superado, e aquele que supera quase nunca é um de seus concorrentes convencionais – aqueles em que a maioria dos gestores permanece focada quando é pega de surpresa por uma nova empresa *start-up*[12]. Mesmo quando uma empresa superada modifica seu modelo de negócios e sobrevive, o novo modelo provavelmente não deve durar tanto quanto o antigo. Por isso que as empresas necessitam cada vez mais de líderes que se sintam mais à vontade com um modo de operar permanentemente temporário – um ambiente profundamente desconfortável na maioria das organizações. No entanto, as mulheres parecem lidar com isso facilmente, conforme observou Helgesen em um contexto diferente. Ela destacou que Margaret Thatcher afirmou nunca ter estabelecido metas de longo prazo para si, "mas que aproveitou as oportunidades na medida em que foram surgindo e fez o melhor que pôde com elas." Várias das mulheres no estudo de Helgesen apresentaram o mesmo padrão. Ela citou uma delas dizendo: "Eu não elaboro planos de cinco anos – apenas faço o melhor trabalho que posso e confio que isto me levará para onde eu deveria estar em seguida. Sei que soa um pouco piegas, mas funciona." Elas estão falando de suas carreiras muito exitosas, mas o argumento pode ser aplicado de forma mais abrangente. Fazer uma varredura em busca de oportunidades e tirar o máximo delas, em vez de estabelecer e perseguir um plano plurianual, é uma estratégia vencedora quando a tecnologia pode transformar as indústrias num piscar de olhos.

---

11 – NT - Empréstimo hipotecário concedido a tomadores de maior risco, sem garantias suficientes, feito em grande escala nos EUA, que foi uma das causas da crise financeira de 2008-2009 no mundo todo.
12 – NT - Empresa nova, embrionária, que atua em projetos inovadores.

DUAS MANEIRAS DE ELIMINAR OS PONTOS FORTES DAS MULHERES

A vantagem das mulheres em termos de sensibilidade social lhes dá, em média, uma grande dianteira na competição para o trabalho de alto valor na economia em mudança, e essa vantagem está profundamente enraizada. Aparentemente, ela é verdadeiramente inata. No entanto, pode ser inteiramente eliminada de, pelo menos, duas maneiras, e as causas revelam mais sobre como a vantagem é nitidamente feminina.

Uma maneira rápida e fácil de acabar com os poderes das mulheres em termos de sensibilidade social, pelo menos para algumas mulheres, é simplesmente dar-lhes uma pequena dose de testosterona. Isso faz com que algumas mulheres diminuam a capacidade de reconhecer expressões faciais emocionais, e reduz sua imitação de outros em interações sociais – a sinalização inconsciente da linguagem corporal que desenvolve a conexão e fortalece os relacionamentos. Em um experimento, um pouco de testosterona praticamente destruiu a empatia das mulheres na medição pelo teste RME – e os pesquisadores descobriram outra constatação importante no processo.

Já se sabe há muito tempo que a testosterona afeta o cérebro de duas maneiras. Antes do nascimento, afeta a forma como o cérebro é organizado, dependendo de quanto hormônio o feto recebe; e após o nascimento, principalmente começando na adolescência, a quantidade de testosterona produzida dentro do corpo afeta o funcionamento do cérebro de momento a momento. Tanto meninos quanto meninas recebem testosterona durante o desenvolvimento pré-natal – os meninos muito mais que as meninas, obviamente, embora a quantidade exata varie dentro do mesmo sexo – e todos nós produzimos o hormônio ao longo de nossas vidas, com os homens produzindo mais que as mulheres. Muitas pesquisas anteriores já haviam mostrado que a testosterona afeta muito o comportamento social. Em crianças de ambos os sexos, níveis mais elevados de testosterona fetal significam menos contato visual na idade de um ano, pior compreensão social em geral na idade de quatro anos e pior inteligência social, conforme medido pelo RME e outros testes, nas idades de seis a oito anos. Ou seja, nesta primeira maneira de como a testosterona afeta o cérebro, organizando-o antes do nascimento, ela parece pré-programar o cérebro para habilidades sociais mais fracas.

Os pesquisadores que deram às mulheres pequenas doses de testosterona – cujo efeito é apenas temporário – investigavam a segunda maneira como ela afeta o cérebro, ativando vários processos de momento a momento. Além disso, esses mesmos pesquisadores mediram a quantidade de testosterona pré-natal nos indivíduos pesquisados (eles fizeram isso medindo o dedo indicador e o dedo anelar da mão direita de cada pessoa; quanto maior o comprimento do dedo anelar em relação ao indicador, maior a quantidade de testosterona pré-natal a qual uma pessoa ficou exposta). Acontece que embora uma dose de testosterona pareça eliminar a capacidade das mulheres para detectar motivações, intenções, pensamentos e emoções dos outros, ela apenas provoca isso naquelas que tenham recebido uma grande quantidade de testosterona antes do nascimento. O efeito é tão forte que influencia os dados para todo o grupo. Mas nas mulheres em que os níveis antes do nascimento foram baixos, receber uma dose de testosterona não produz efeito algum; a testosterona não conseguiu atrapalhar suas habilidades de empatia.

Assim, um grande déficit em empatia é aparentemente um processo em duas etapas. Ele requer um cérebro que foi impregnado por uma grande quantidade de testosterona antes do nascimento, mais doses adicionais do hormônio na vida diária. Em geral, fora dos experimentos de laboratório, somente os homens têm ambos. Esses dados ressaltam a desvantagem aparentemente permanente dos homens.

No entanto, as habilidades sociais superiores das mulheres também podem ser anuladas de uma maneira diferente, que é altamente relevante para condições do mundo real. Você deve se lembrar da pesquisa impressionante mostrando que quanto mais mulheres em um grupo, maior a inteligência coletiva. Após a publicação desses resultados, alguns pesquisadores pensaram em uma variação inteligente para o experimento. Eles novamente testaram a inteligência coletiva de muitos grupos, mas disseram para alguns grupos elegerem um líder que permaneceria o mesmo, enquanto os membros trabalhassem em suas muitas tarefas; ou seja, um líder seria definido e permaneceria imutável. Para outros grupos, eles disseram que deveriam escolher um líder e que depois teriam outra chance de votar; assim, nesses grupos, os membros poderiam competir pela posição enquanto executavam seu trabalho.

Os resultados foram completamente diferentes. Nos primeiros grupos, com hierarquias estáveis, a quantidade maior de mulheres novamente correspondeu aos grupos mais inteligentes. Mas nos outros grupos, com a competição pela posição, o efeito foi eliminado – completamente. Um grupo podia ser só de mulheres, só de homens ou misturado; isso não importava. Todos tiveram a mesma inteligência coletiva, que foi muito abaixo da inteligência de um grupo totalmente feminino com hierarquia estável. A competição pela posição envenenou a eficácia do grupo, independentemente da composição de gênero. Ela destruiu as vantagens no desempenho que as mulheres trazem para um grupo.

O motivo parece claro. A sensibilidade social das mulheres ajuda os membros do grupo a colaborar mais efetivamente de duas maneiras fundamentais. Em primeiro lugar, coloca mais ideias em cima da mesa. Como as mulheres são mais propensas do que os homens a alternar a participação em conversas de forma igual, e são melhores em sentir quando alguém quer falar, os grupos femininos obtêm mais contribuições de todos. Em segundo lugar, quando os membros do grupo discutem as ideias, as mulheres são mais capazes de perceber como os outros se sentem sobre cada ideia. Assim, os grupos femininos conseguem avaliar com mais precisão o julgamento coletivo do grupo sobre todas as opções propostas.

Uma quantidade maior de ideias e julgamentos melhores – são as características que tornam os grupos eficazes. Mas quando os membros do grupo podem competir pela posição de líder, a vantagem feminina, pelo menos na criação de inteligência coletiva, desaparece. A alternância na conversa, a linguagem corporal para desenvolver a conexão, os sinais vocais sutis para indicar aprovação ou discordância – tudo isso pode se tornar desvantagens quando alguém está tentando estabelecer o domínio. Em contextos do mundo real, os incentivos do grupo tornam-se, assim, fundamentalmente importantes. Parece enfaticamente claro que as mulheres podem tornar os grupos muito mais eficazes. Mas para isso realmente acontecer, depende de os membros do grupo receberem ou não incentivos para tentar superar um ao outro. Nem mesmo os pontos fortes inerentes e antigos conseguem sobreviver a uma má gestão.

COMO A EXPERIÊNCIA PODE ESTABELECER CONDIÇÕES DE IGUALDADE

Os efeitos nocivos da competição pela posição de líder são um indício de que as tendências inatas, por mais fortes que possam ser, não constituem a história toda. As experiências sociais também podem alterar as habilidades sociais e o comportamento colaborativo em homens e mulheres, para melhor ou pior. Por exemplo, as experiências no início da vida podem levar as pessoas de ambos os sexos a ser mais colaborativas ou menos. As pessoas que crescem em famílias maiores tendem a ser mais "sociáveis" quando adultos; as pessoas sociáveis tentam maximizar os resultados para si e para os outros, em busca de maior igualdade em suas interações. Elas cooperam mais. Estes são os colaboradores efetivos do mundo, as pessoas cujo valor está aumentando na economia em mudança, e é significativo que, independentemente de genes, nossa probabilidade de ser tal pessoa é afetada por algo tão básico como o tamanho da família.

As experiências e as tendências inerentes interagem. Os mesmos pesquisadores que descobriram que o tamanho da família afeta o comportamento sociável também constataram que a quantidade de irmãs, em especial, é importante: quanto mais irmãs um homem ou uma mulher possui, maior a probabilidade de que ele ou ela seja sociável. **Por quê?** Ninguém estabeleceu uma explicação conclusiva, mas parece estar vinculado a algo na própria natureza das irmãs. De modo semelhante, esses mesmos pesquisadores constataram que o comportamento sociável aumenta com a idade, por motivos que podem misturar a experiência com os genes. Um trabalho muito antigo havia mostrado que as pessoas ficam mais cooperativas ao longo da infância e no início da vida adulta, e esses pesquisadores constaram que o padrão continua por toda a vida até 80 anos de idade. Talvez seja porque as pessoas aprendam com o tempo que o comportamento sociável geralmente funciona melhor para elas. Ou talvez porque os níveis de testosterona em homens e mulheres diminuam com a idade. Ou talvez por causa de ambos os fatores e eventualmente outros.

O fato de que nossas habilidades sociais possam ser afetadas pelas experiências não chega a ser uma surpresa, mas os efeitos do quadro geral podem surpreender. No Capítulo 4 vimos que a empatia em geral parece estar diminuindo, pelo menos nos EUA. As constatações sobre tendência de sociabilidade, obviamente uma qualidade relacionada com a empatia, acrescentam evidências em escala mais ampla. Vemos que famílias maiores geram uma prole que é mais sociável, em média – e o tamanho das famílias está diminuindo no mundo todo. Da mesma forma, muitas pesquisas têm mostrado que as crianças que crescem em ambientes com "níveis elevados de coletivismo, proximidade pessoal e interdependência", como afirma um estudo, tendem a ser mais cooperativas e colaborativas. Esses ambientes são principalmente rurais e em pequenas cidades; à medida que as pessoas no mundo vivem cada vez mais em cidades, menos gente está crescendo nesses ambientes.

Justamente quando as organizações buscam mais trabalho de equipe, forças em grande escala podem estar diminuindo a quantidade de pessoas com maior potencial para trabalhar em grupo. Crescente demanda e escassez de oferta – esta é a fórmula para elevar o valor.

Não devemos presumir que as mulheres, com seus característicos pontos fortes naturais, tenham o controle sobre a captura deste valor. As variações causadas pela vida podem igualar as condições entre os sexos, possivelmente diminuindo algumas habilidades das mulheres e aumentando algumas dos homens. Além disso, até mesmo as tendências inatas dos dois sexos não estão divididas por uma linha claramente definida. Baron-Cohen, que propôs a distinção entre o cérebro masculino que busca a sistematização e o cérebro feminino que busca a empatia, enfatizou que todos os cérebros normais atuam muito de ambas as formas. A diferença é que mais homens do que mulheres se inclinam na direção da sistematização, e mais mulheres do que homens se inclinam na direção da empatia. Isso significa, como ele mesmo diz, que "algumas mulheres têm o tipo de cérebro masculino, e alguns homens têm o tipo de cérebro feminino, ou aspectos deste."

Assim, na medida em que a tecnologia avança, aumentando o valor da interação social e suas muitas habilidades relacionadas, é quase, mas não completamente, certo dizer que se trata de **um mundo das mulheres**. A conclusão mais precisa é que está se tornando um mundo mais feminino. As características, tendências e habilidades para as quais as mulheres têm demonstrado uma tendência mais forte do que os homens serão altamente valiosas para as pessoas de ambos os sexos que as possuírem. Ou seja, em termos gerais, uma excelente situação para as mulheres e talvez não tão excelente para os homens. Ao mesmo tempo, a economia em mudança apresenta grandes oportunidades para ambos. Isto representa um equilíbrio de um mundo econômico que há muito tempo tem favorecido as habilidades masculinas. Agora os membros de ambos os sexos têm muito a ganhar com a aquisição das habilidades que não possuem. Homens que buscam a empatia, mulheres que buscam sistematizar – essas pessoas são vencedoras em um **mundo que crescentemente favorece uma combinação de elevado conhecimento tecnológico e profunda sensibilidade social.**

Mas espere. Embora realmente possa ter muito a ganhar com a aquisição das habilidades de interação humana que a pessoa ainda não possua, qual é a dificuldade de se adquirir tais habilidades? Ouvimos tanto sobre programação do cérebro, sobre como essas tendências estão profundamente enraizadas em nosso passado evolutivo, que não se pode deixar de perguntar se nós temos algum controle sobre isso. À medida que a tecnologia assume mais funções do trabalho que as pessoas executam agora, e faz isso mais rápido do que nunca na história, podemos realmente nos transformar nos tipos de pessoas que irão se sobressair no trabalho de alto valor do futuro? Esta é a grande questão deixada para trás, para a qual nos voltamos agora.

CAPÍTULO ONZE
GANHANDO NO DOMÍNIO HUMANO

Alguns vão adorar um mundo que valoriza a interação profundamente humana. Outros não. Mas todos precisarão disso para melhorar de vida – e podem consegui-lo.

A Southwest Airlines contratou em uma ocasião um funcionário de alto nível para suas operações de TI e rapidamente começou a desconfiar que cometeu um erro. Após apenas uma semana no emprego, o chefe de RH da empresa perguntou-lhe como as coisas estavam indo.

"As pessoas aqui são estranhas", respondeu ele. "Elas querem falar comigo nos corredores! Elas perguntam como foi o meu dia, e realmente querem saber! E eu só quero voltar para o meu cubículo e executar o meu trabalho", desabafou o especialista em TI

Um sujeito de TI que quer ser deixado sozinho em seu cubículo não é exatamente uma surpresa. É praticamente um estereótipo. Mas isso era um grande problema para a Southwest.

Esta empresa tem tido sucesso em um dos setores mais difíceis do mundo. Todas as suas três maiores concorrentes nos EUA - American, Delta e United – pediram concordata em um momento ou outro, em alguns casos mais de uma vez. No entanto, a Southwest obteve lucro em cada um de seus mais de quarenta anos de existência. Ela prosperou porque, como seus gerentes sempre compreenderam, conhece o valor da interação humana externa e internamente. A capacidade dos funcionários de se envolver com os clientes com humor, energia e generosidade é fundamental para criar valor em uma experiência que não é, a primeira vista, assim tão atraente. Esta é uma companhia aérea que não lhe oferecerá um assento marcado, não lhe servirá uma refeição e que não transferirá sua bagagem de/ou para outras companhias aéreas. Mas quando você lida com pessoas agradáveis e de bom humor, de alguma forma, tudo fica bem. Para os funcionários que trabalham seguindo regras rigorosas uns com os outros nos bastidores, o negócio é tão opressivamente competitivo quanto para qualquer outra companhia aérea, e executar o trabalho não é um passeio no parque. Colegas de trabalho que perguntam uns sobre os outros e que gostam de contar piadas são fundamentais para manter todos unidos.

Portanto, um funcionário que não está interessado na interação humana é um problema. Seu efeito depressivo imediato sobre os que estão ao seu redor, ruim o suficiente por si só, poderia começar a se espalhar. Mesmo que isso não aconteça, é um problema. A cultura da empresa é um grande motivo, talvez o principal motivo, para tantas pessoas quererem trabalhar lá. É por isso que quando a empresa tem **3.000 vagas** para **preencher**, aparecem **100.000 candidatos**. Se um jovem recém-contratado vem trabalhar em seu primeiro dia e encontra esse sujeito, concluirá que a cultura da Southwest não é nada daquilo que ele pensava. Ele ficará infeliz, possivelmente ressentido, e vai espalhar a notícia.

Assim, os gestores da Southwest decidiram que o novo sujeito de TI, apesar de suas excelentes credenciais, precisava partir. Ele foi rapidamente demitido.

Esta história, contada para mim pelo chefe de RH envolvido, mostrou duas realidades importantes sobre o mundo em que estamos adentrando. Em primeiro lugar, indicou que em uma empresa cujo sucesso é construído sobre uma base de habilidades de interação humana, essas competências são pelo menos tão valiosas quanto patentes, economias de escala, ou outros recursos que formam a base de outras estratégias. Mesmo empresas que dizem valorizar as habilidades interpessoais, geralmente não as valorizam tanto quanto os ativos mais tradicionais; elas acham bom tê-las, mas não são essenciais. Mas, na verdade, elas são **essenciais**. Quando estão no centro da estratégia, como é cada vez mais o caso em empresas de todos os tipos, então até mesmo uma única pessoa que ameace esta estratégia é demais e não pode ser tolerada.

Em segundo lugar, a história nos exibiu algo importante sobre a natureza humana em um mundo onde as habilidades de interação humana estão se tornando fundamentais para a criação de valor. É isso aí: só porque todo mundo é humano não significa que todos serão bons nessas habilidades.

NÃO DESPERDICEM TEMPO JUNTOS

Para a maioria das pessoas, ser bom ou não nessas habilidades é em grande parte uma questão de sorte. Para começar, há aquilo com o que você já nasce; um cromossomo Y em um homem e, em ambos os sexos, os níveis de testosterona antes do nascimento afetam as habilidades sociais, como já vimos. Em seguida, no domínio daquilo que podemos controlar, também tem sido em grande parte uma questão de sorte. O tamanho de sua família, o número de irmãs e como você foi criado podem influenciar o grau de sucesso com que você se envolve com outras pessoas mais tarde na vida, mas esses aspectos de sua criação são parcial ou inteiramente aleatórios, e não intencionais. As crianças cujos "pais são muito atentos às suas necessidades elementares são propensas a desenvolver confiança e segurança, o que pode promover uma orientação a favor da sociabilidade", observam pesquisadores da área de psicologia, mas aqueles pais provavelmente não estavam conscientemente tentando criar adultos cooperativos e colaborativos; eles estavam apenas sendo pais bons e carinhosos. Após a infância, normalmente não encontramos ninguém que deliberadamente tente melhorar nossas habilidades sociais, e geralmente não tentamos desenvolver isso por nós mesmos. Consequentemente, a questão de saber quem possui ou não essas habilidades extremamente importantes é respondida quase que totalmente na sorte.

Esta situação começou a mudar, como deveria. À medida que constatam como o mundo está se transformando, os indivíduos e as instituições encontram maneiras de desenvolver de forma deliberada e eficaz as habilidades sociais das pessoas. A instituição que tem avançado mais nesse sentido até agora são as Forças Armadas dos EUA, e nós já analisamos grande parte deste trabalho. Além disso, as empresas que percebem onde buscar a sua prosperidade estão utilizando métodos inovadores para desenvolver as habilidades sociais dos empregados. Os esforços das empresas são principalmente nos estágios iniciais, e os militares permitem apenas que parte de seu trabalho se torne público. No entanto, já está claro que as oportunidades para melhorar as habilidades sociais das pessoas estão por toda a parte.

É revelador que as principais faculdades de Administração dos EUA estejam à frente dessa tendência e tenham começado a reformular radicalmente seus currículos em resposta. Elas estão fortemente motivadas a produzir os tipos de profissionais que terão sucesso no novo ambiente, e cada vez mais **afastam da sala de aula** o ensino de assuntos como **finanças, economia** e **contabilidade** – conhecimento que vem se tornando uma *commodity* – e, em vez disso, colocam os alunos em experiências de **interação pessoal**. "Estamos alterando a forma como os alunos interagem", disse-me o reitor da escola de administração de Stanford, Garth Saloner, "e isto começa no primeiro trimestre." Desde o início os estudantes são convidados a trabalhar em pequenas equipes em exercícios e simulações realistas de situações de negócios de alta pressão e, em seguida, analisam o seu próprio comportamento por meio de avaliações após a ação no estilo do Exército. Esse primeiro trimestre culmina em um evento de dia inteiro onde as equipes se envolvem em interações desafiadoras com grupos de ex-alunos experientes que assumem o papel de Conselhos de Diretoria; as equipes recebem suas atribuições com antecedência, "mas sempre há espaço para algum tipo de surpresa", disse Saloner. Em seguida, os alunos recebem dos ex--alunos e professores avaliações detalhadas sobre seu comportamento – capacidade de escuta, sua fala, atenção à linguagem corporal.

De modo semelhante, a Harvard Business School coloca todos os alunos do primeiro ano em uma série de simulações e exercícios baseados em equipes. Em seguida, eles são compelidos a enfrentar o mundo real. Cada equipe trabalha com uma empresa real em um mercado emergente – Lenovo na China, por exemplo, ou Viet Capital Bank no Vietnã – em um projeto real proposto pela empresa, tal como o desenvolvimento de um novo serviço financeiro para atrair pessoas que nunca tiveram uma conta bancária, por exemplo, ou a criação de uma nova linha de ventiladores domésticos. Depois de desenvolver uma ideia no câmpus, as equipes viajam para seus mercados em janeiro e passam oito dias fazendo pesquisa de mercado e, em seguida, apresentando a sua proposta para os principais líderes da empresa.

Quando retornam à escola, o trabalho fica mais intenso e pessoal. Cada equipe é instruída a começar o seu próprio negócio, real, em dez semanas, utilizando US$ 3.000 de capital inicial fornecido pela instituição. A cada ano são 150 equipes, 150 empresas que são criadas, 150 ideias de negócios como, por exemplo, roupa de baixo de primeira linha para homens, um serviço para conectar monitores de idioma com estudantes de todo o mundo, um serviço de aluguel de roupa indiana, e outros amplamente variados. Todos os alunos compram e vendem "ações" de todas as empresas por meio de mercados simulados, dando a todos uma visão de como as pessoas de fora avaliam cada ideia. O aspecto mais importante, conforme observou o reitor Nitin Nohria, é que os alunos se deparam com realidades humanas: "Membros da equipe com diferentes habilidades e motivações, vendedores que podem ser mais confiáveis, ou menos, e clientes com os seus próprios pontos de vista sobre aquilo que desejam comprar, em oposição ao que querem que eles comprem." É bem diferente de aprender o modelo de precificação de bens patrimoniais em uma sala de aula.

Não são muitas as pessoas que vão para as faculdades de Administração de Harvard ou Stanford, mas todas podem aprender lições sobre a maneira como essas instituições estão realocando o tempo dos alunos. A verdade é que o modelo de precificação de bens patrimoniais ainda é importante para ser ensinado aos alunos de administração de empresas, mas não faz mais sentido para eles aprender em salas de aula, reunidos em proximidade física, mas raramente interagindo entre si.

Aprender os conceitos básicos *on-line* é extremamente mais rápido e mais eficaz do que fazê-lo em sala de aula. Por exemplo, a DARPA desenvolveu um *software* para a Marinha dos EUA usar no ensino sobre como consertar sistemas de TI em navios, uma clássica tarefa de conhecimento sem componentes humanos. O curso em sala de aula dura dezesseis semanas, mas os alunos usando apenas o *software* dominam o material em duas semanas e, em seguida, passam para outros temas. Eles superam os alunos de sala de aula por uma ampla margem e alcançam níveis de habilidade comparáveis aos dos estudantes treinados em sala de aula com doze anos de experiência.

Ou considere o que aconteceu após o professor Sebastian Thrun de Stanford dar início à era dos cursos *on-line* abertos e massivos (MOOC, na sigla em inglês) em 2011, quando colocou seu curso de pós-graduação sobre **inteligência artificial** aberto e *on-line* a qualquer pessoa. Este também era um material eminentemente técnico sem elementos humanos, e os testes poderiam ser corrigidos por computador. Para espanto de Thrun, 160.000 alunos de 190 países se inscreveram. Ainda mais surpreendente, quando o exame final foi corrigido, os 400 primeiros colocados foram alunos *on-line*; esses 400 tiveram desempenho melhor do que até mesmo o melhor dos alunos de elite de Stanford que frequentaram o curso em sala de aula.

Então por que desperdiçar um tempo precioso em sala de aula – por que deveríamos passar nosso tempo com outros seres humanos – executando tarefas que além de não exigir que os alunos se reúnam pessoalmente, podem, na verdade, ser feitas de forma mais rápida e melhor sem isso? Trata-se de oportunidades perdidas, razão pela qual as escolas estão transferindo o ensino de conhecimentos básicos para sistemas *on-line*. Nesses sistemas, os alunos podem aprender a matéria de forma mais eficiente e ainda obter ajuda dos professores, se necessário. Seu tempo livre pode então ser gasto com outros colegas desenvolvendo habilidades pessoais que estão substituindo os conhecimentos básicos como a base do sucesso.

A lição das faculdades de Administração para todos nós poderia ser pensada como: não desperdice tempo com os outros se ele é aproveitado melhor sozinho. Mas existe uma maneira melhor de dizer isso: se você for gastar tempo com os outros, aproveite o máximo disso. Reunir-se em sala de aula para aprender conceitos básicos de finanças de empresas não é mais aproveitar ao máximo o tempo de todos. Nas empresas, fazer reuniões em que os funcionários não escutam ou não incentivam os outros a falar, não tentam captar os pensamentos e sentimentos não expressos dos outros, e não falam o que pensam ou não se comunicam de forma a atingir profundamente os outros, não chega nem perto de aproveitar ao máximo a oportunidade. Quando a família ou os amigos se reúnem a situação é a mesma, ou muitas vezes pior, pois nos deixamos distrair por aparelhos digitais. Não estamos plenamente ali e, assim, não estamos totalmente juntos. Como escreveu Sherry Turkle: "É fácil as pessoas acabarem não tendo certeza se estão mais próximas juntas ou mais distantes." Ao não aproveitar ao máximo nosso tempo juntos, estamos, no contexto da empresa, desperdiçando tempo e ficando menos competitivos. No âmbito pessoal, estamos perdendo nossos laços com as pessoas que são mais importantes para nós. Em ambos os contextos, nossas habilidades interpessoais enfraquecem exatamente no momento em que necessitamos fortalecê-las. E em termos profundamente não científicos, estamos matando de fome as nossas almas.

TECNOLOGIA DA INFORMAÇÃO (TI) PARA O RESGATE, ACREDITE OU NÃO

Você provavelmente notou uma ironia na discussão sobre como devemos repensar a nossa forma de alocar o tempo. O avanço da tecnologia está na raiz de por que devemos melhorar nossas habilidades sociais, mas também é o que nos permite passar mais tempo fazendo exatamente isso, se assim o escolhermos. Se agora podemos aprender habilidades de conhecimentos básicos em semanas, ao invés de meses ou anos, utilizando a TI, então podemos nos concentrar cada vez mais no desenvolvimento de habilidades interpessoais, exatamente como estão fazendo aqueles estudantes de administração de empresas. Trata-se de um indício de que na medida em que cria um novo mundo em que os empregos de milhões de pessoas são ameaçados, a tecnologia também pode nos ajudar a ter sucesso nesse mundo. Na verdade, ela pode fazer isso de uma maneira muito mais direta do que vimos até agora.

Acontece que – por favor, soe o alarme da ironia – esta TI pode, por vezes, nos ajudar a adquirir habilidades sociais de forma mais eficaz e eficiente do que a experiência pessoal real. A maior parte das evidências vem dos militares. Uma primeira indicação do que é possível surgiu em um centro de treinamento em San Diego.

Uma tarefa importante no treinamento de determinadas equipes de soldados e fuzileiros é "limpar uma sala" – entrar em um aposento e torná-lo seguro, atirando nos caras maus, mas não nos caras bons – e fazê-lo o mais rápido possível. A **velocidade** é o **objetivo**, mas os erros são obviamente muito caros. Raramente o trabalho de equipe bem coordenado é o mais importante. O método estabelecido de treinamento é enviar repetidamente equipes de quatro homens para um ambiente altamente realista, chamado de "casa de tiro", disparando armas reais com munição simulada – balas de sabão que não matam, mas doem. Era assim que os soldados e fuzileiros vinham treinando em San Diego, quando, no início da década de 2000, os instrutores tentaram algo novo.

Eles recriaram digitalmente a área de treinamento para que pudesse ser explorada em um computador. Antes até de ter visto a sala real, o soldado em treinamento podia caminhar em torno dela em uma tela de um computador; não havia nenhuma ação no *software*, apenas observação. Em seguida, eram agrupados em equipes e enviados para a sala, e seus tempos de limpeza do aposento foram comparados com os das equipes que não tinham visto a sala virtual e seus arredores. Tempos mais rápidos – o objetivo – significa que os membros da equipe estão trabalhando melhor em conjunto.

As equipes que não viram a sala virtual foram mais rápidas em todas as rodadas na casa de tiro, como você poderia esperar. Mas as equipes que viram a casa virtual com antecedência de apenas 10 minutos foram mais rápidas em sua primeira rodada – isto é, os membros da equipe interagiram melhor – do que foram as outras equipes após quatro rodadas. Aquelas que viram a sala virtual projetada em um grande monitor de vídeo, em vez de uma tela de computador, foram mais rápidas ainda. Passar 10 min com um *software* simples melhorou a interação da equipe mais do que passar horas praticando na vida real. Como benefício adicional, quando os soldados em treinamento que utilizaram o *software* entraram na sala pela primeira vez, seus batimentos cardíacos eram tão baixos quanto os batimentos cardíacos dos outros *trainees* que estavam em sua quarta rodada.

Esses resultados surpreenderam a todos. Outros esforços iniciais mostraram resultados igualmente impressionantes. Um *software* criado para o Exército como um projeto de demonstração chamado **Pense como um Comandante** levou os oficiais através de uma série de sete vinhetas de batalhas ambíguas e complexas, solicitando que eles, por exemplo, libertassem uma unidade cercada e, em seguida, pedindo para eles identificarem as informações mais críticas à luz do que o pensamento de um comandante inimigo poderia fazer, entre outros fatores. Eles estavam desenvolvendo **empatia** – discernir o que estava na mente do comandante inimigo. Mais uma vez, os resultados foram impressionantes. Capitães que usavam o *software*, mas que nunca haviam lutado no Iraque, foram quase duas vezes melhores em identificar informações críticas, incluindo as relacionadas com o pensamento do inimigo, do que aqueles que já tinham sido enviados ao Iraque, mas nunca usaram o *software*.

O passo seguinte foi um *software* que permitiu que os membros da equipe treinem juntos em um ambiente virtual realista. Isto apareceu em um programa chamado *Darwars Ambush* (Emboscada Darwar - um nome lembrando que o programa foi criado pela DARPA) para ajudar os esquadrões a caminho do Iraque a lidar com o número crescente de emboscadas mortais que as forças dos EUA estavam enfrentando ali. O *software* era um ambiente com múltiplos jogadores que fazia os *trainees* imaginarem o que o inimigo poderia ter feito e, então, trabalhar em conjunto para evitar danos e completar a sua missão. O *software* foi amplamente adotado pelo Exército e pelos fuzileiros navais.

Nada nesse *software* fazia os soldados em treinamento ficarem frente a frente com o povo nativo que poderiam encontrar no Iraque ou no Afeganistão, onde interagir com eles com sucesso poderia literalmente ser uma questão de vida ou morte. Os soldados podiam fazer uma simulação pessoal excelente e altamente eficaz no NTC, mas era impossível que todos os soldados enviados para esses países passassem pelo NTC. Uma resposta foi o *software* chamado *Tactical Iraqi Language and Culture Trainer* (Treinamento Tático de Idioma e Cultura

Iraquianos, em tradução livre), e outra versão para o Afeganistão. Os soldados aprendiam o árabe elementar falado (ou afegão) e encontravam, em cenários realistas, avatares de anciões da aldeia, soldados, crianças, pais e pessoas cujos papéis não estavam claros.

Alguns jogos de computador são chamados de "**tiro em primeira pessoa**", mas este foi o primeiro do tipo "**conversa em primeira pessoa**"; os soldados dos EUA não podiam atirar. O *software* os colocava em situações difíceis como, por exemplo, reprimir uma multidão indisciplinada, em que falar – dizer a coisa certa para a pessoa certa no momento certo – era a única saída. Os *trainees* aferiam como estavam se saindo por meio de um "medidor de confiança" na parte inferior da tela. Qual a eficácia do *software*? Um soldado que testou o *software* disse ao desenvolvedor após voltar do Iraque: "Aprendi mais em um dia com isso do que aprendi durante toda a minha missão no Iraque."

Este tipo de *software* foi melhorando na medida em que os designers ganhavam experiência e a tecnologia avançava. Logo o *software* conseguia entender os soldados falando em seu árabe ou afegão de iniciante, por exemplo. Os cenários ficaram mais realistas. O *Darwar Ambush* permitia até que os soldados no campo criassem seus próprios cenários com base em situações novas que encontravam.

É impossível testar rigorosamente quanta diferença tais *softwares* representaram para os soldados nas zonas de conflito porque "não queremos ir para a guerra novamente, desta vez sem o treinamento", disse Ralph Chatham, que conhecemos no Capítulo 5, um gerente de programa da DARPA que desenvolveu o Darwars Ambush e o treinamento tático de idioma e cultura. Sua conclusão: "Tenho certeza que o *Darwars Ambush* e os tutores táticos de idioma salvaram vidas, mas eu não sei quais vidas eles salvaram."

Então, em 2011, a DARPA quis ir mais além. Sua ambição era muito maior do que simplesmente ensinar culturas e idiomas específicos. Desta feita, ela pretendia descobrir as chaves-mestras para relações interpessoais em qualquer tempo ou lugar, em qualquer cultura ou idioma, estudando "a ciência das interações sociais e da dinâmica humana", nas palavras da descrição oficial da DARPA. O programa foi chamado de Strategic Social Interaction Modules (Módulos de Interação Social Estratégica, em tradução livre), que rapidamente ficou conhecido informalmente como Good Stranger (Bom Estrangeiro, em tradução livre). Ele treinaria os membros das Forças Armadas "a se aproximar e se envolver com estrangeiros em ambientes sociais pouco conhecidos", onde quer que estivessem, para "se recuperar de erros sociais, reverter a escalada de conflitos, integrar tato e táticas", e assim gerenciar esses envolvimentos de modo a fazer avançar a missão. A DARPA viu apenas uma maneira de atingir esses objetivos, ou seja, ir ao âmago das relações interpessoais e alcançar uma compreensão completa deles. O grande objetivo era nada menos que "identificar e codificar os elementos constitutivos das habilidades de interação social que obtêm sucesso."

Isso é obviamente uma tarefa difícil, talvez difícil demais. A DARPA recusou todas as minhas tentativas de saber mais sobre o programa, que continuava em andamento em 2015. Mas dê crédito à agência por mais uma vez identificar uma questão de importância central. O objetivo do Good Stranger é o objetivo certo não apenas para os militares dos EUA, mas para todos na economia moderna. O que a DARPA quer saber é o que todos nós precisamos saber.

COMO AS EMPRESAS ESTÃO DESENVOLVENDO HABILIDADES DE ALTO VALOR

Será que as empresas necessitam ser tão diligentes quanto os militares em assegurar que os empregados sejam habilidosos na interação social? Deixamos muito longe no passado os dias em que milhões de trabalhadores em linhas de montagem eram pouco mais do que máquinas de baixa manutenção, fazendo os mesmos movimentos repetitivos, embora alguns ainda possam argumentar que para determinadas empresas de sucesso, a interação social simplesmente não é tão importante. Considere o Google – uma das empresas mais valiosas do mundo. Vimos que é preciso um grande esforço para fazer os funcionários falarem uns com os outros, mas se são habilidosos socialmente é outra questão. A empresa é famosa por valorizar a inteligência pura acima de tudo. Houve uma época em que contratou apenas diplomados de escolas de elite com pontuação no teste SAT[13] quase perfeita – ou absolutamente perfeita. Em entrevistas de emprego, os candidatos tinham que responder perguntas como: "quanto deveriam cobrar para lavar todas as janelas em Seattle?", ou "quantas bolas de golfe caberiam em um ônibus escolar?". Não havia uma resposta certa; o entrevistador queria apenas ver como o candidato pensava.

Mas, na verdade, as habilidades de interação humana são fundamentais até mesmo no Google. A empresa não contrata mais pessoas apenas das principais escolas ou com pontuações espantosas no teste. Ela efetivamente pergunta, porém, a cada candidato para qualquer emprego, como ele ou ela "tem se esforçado em várias situações para mobilizar uma equipe", relatou o seu presidente-executivo Eric Schmidt. A empresa também está interessada na "natureza colaborativa" de cada candidato. Tanto melhor que seja muito inteligente, mas você não terá a oportunidade de trabalhar ali se não for também excepcionalmente bom em interagir com os outros.

E então, se de alguma forma você estiver nessa fração de 1% dos candidatos que são contratados, o Google procura garantir que você e seus colegas interajam, por meio de táticas como filas de almoço cuidadosamente calibradas e mesas no estilo de refeitório conforme descrito no Capítulo 9. A empresa também pode muito bem tentar

---

13 – NT - Teste aplicado a estudantes do ensino médio nos EUA, semelhante ao ENEM no Brasil.

tornar você ainda melhor em habilidades interpessoais, usando ferramentas muito parecidas com as dos militares. O Google desenvolveu um jogo de celular sediado na nuvem para ajudar os membros da equipe a trabalhar melhor em conjunto, começando com exercícios para compreender a si mesmo e aos companheiros de equipe ("Você tem fortes habilidades interpessoais e uma natureza compassiva. As pessoas gravitam em direção a você como professor..."). Os currículos embutidos no jogo podem durar de um mês a um ano. O jogo foi criado no Instituto de Simulação e Treinamento da Universidade da Flórida Central, que desenvolveu grande parte da tecnologia de simulação militar, tal como um aplicativo chamado *Combat Hunter* utilizado no treinamento dos fuzileiros navais. Como você já deve imaginar, até mesmo este aplicativo inclui treinamento em habilidades de interação humana. Um fuzileiro relatou que o treinamento "ajudou-me a entender como pensar e planejar do mesmo modo que o inimigo faria." Discernir os pensamentos de outra pessoa e responder adequadamente – trata-se novamente da empatia.

Um número crescente de empresas tem descoberto o que os militares aprenderam há muito tempo: que as supostamente inefáveis e intratáveis habilidades de interação profundamente humana são, de fato, passíveis de treinamento. As mentalidades dos gestores representam o maior obstáculo para a percepção dos benefícios. As empresas não podem sequer começar a ficar melhor se os líderes não reconhecerem que essas habilidades são fundamentais para a vantagem competitiva, que podem não estar familiarizados com os métodos para desenvolvê-las e que a medição dos resultados nunca será tão fácil quanto aferir as eficiências operacionais. Se as empresas conseguirem superar esses obstáculos, que na maioria das organizações são mais do que suficientes para imobilizar totalmente as inovações gerenciais, então elas têm uma chance. Aqui estão alguns exemplos do que as empresas de vanguarda têm feito até agora:

- Diversas empresas, como a Avon e a Lowe's, têm utilizado simulações básicas de computador para treinar funcionários que lidam com clientes. O valor das simulações é a alta repetição e o *feedback*; os aprendizes vivenciam rapidamente vários cenários diferentes, de modo a cometer seus erros com cinquenta clientes virtuais antes de encontrar um real.
- As simulações e exercícios ao vivo, mais sofisticadas e avançadas, têm sido menos utilizadas. Por exemplo, os gerentes na Uniqlo do Japão, do grupo Salinas no México e do grupo Charoen Pokphand na Tailândia – empresas de bilhões de dólares – têm utilizado uma técnica que os obriga a compreender os relacionamentos dentro de equipes específicas. Os membros da equipe passam por uma série de atividades deliberadamente artificiais, como guiar colegas de olhos vendados por uma pista de obstáculos sob regras muito restritivas e, em seguida, são avaliados sobre como se comunicaram, manejaram conflitos, mostraram sensibilidade em relação aos outros e suscitaram ideias, e devem descobrir como corrigir os comportamentos que necessitam de correção. A técnica, desenvolvida por Noel Tichy da Universidade de Michigan (EUA), é eficaz no desenvolvimento de habilidades interpessoais quando as equipes seguem o protocolo de várias etapas, que é muito mais detalhado e pedagogicamente sólido do que os antigos exercícios de "feche os olhos e caia para trás" que alguns veteranos de empresas se recordam sem saudade.
- Algumas empresas têm até feito simulações realistas ao vivo. Por exemplo, uma empresa de biotecnologia enfrentou um grave problema de pedidos em atraso e entregas adiadas. Essas eram falhas que podiam acabar com a empresa, pois ela produzia proteínas e outros materiais que precisavam ser cultivados em laboratório e, em seguida, enviados para pesqui-

sadores em tempo para seus experimentos. Pedidos atrasados corriam o risco de cancelamento e a empresa vinha perdendo clientes. Assim, em um prédio vazio, ela criou uma versão em miniatura de si mesma, com estações de simulação de produção, áreas de embalagem, um departamento de expedição e quatro equipes de trabalhadores dessas funções. As equipes receberam metas – pedidos atendidos, custos, receita, entrega no prazo e outras – mas nenhuma instrução sobre como alcançá-las. As equipes simularam um trimestre de quatro semanas em cinco horas. Um painel em tempo real projetado sobre uma parede mostrava a cada equipe como suas decisões afetavam o desempenho financeiro da empresa.

Na primeira rodada nenhuma equipe conseguiu cumprir as metas. Na verdade, elas obtiveram quase exatamente os mesmos resultados terríveis que a empresa vinha realmente registrando. Os pesquisadores que estudaram esta e outras simulações semelhantes dizem que a primeira rodada é sempre assim. Embora as equipes tivessem sido explicitamente orientadas a alcançar resultados extremamente melhores, a maioria repetiu aquilo que sempre fazia, só que trabalhando mais rápido e com mais afinco.

Na segunda e última rodada, realizada uma semana depois, todas as equipes se comportaram de maneira diferente. Elas não tentaram trabalhar mais rápido ou com mais afinco, e as pessoas nas várias funções pararam de se concentrar em suas próprias metas específicas. Elas passaram a perseguir metas financeiras mais elevadas, como receita e lucro da empresa, e imaginaram como entrosar suas próprias ações com as dos outros a fim de cumprir esses objetivos. Todas as equipes redesenharam o chão de fábrica para encurtar a circulação de materiais e informações. Desta vez todas as equipes bateram as metas que tinham recebido. A empresa adotou a solução da equipe de maior sucesso, embora, na verdade, tivesse sido apenas um pouco melhor do que as outras, e o problema de pedidos em atraso foi praticamente eliminado. Na simulação os trabalhadores descobriram como interagir, e na vida real podem muito bem ter salvado a empresa.

- Várias organizações conceberam maneiras inteligentes de incentivar o comportamento "doador" conforme descrito por Adam Grant da Wharton. Os doadores são pessoas que fazem coisas que beneficiam os outros sem nenhuma expectativa e, algumas vezes, sem nenhuma possibilidade de recompensa. Por exemplo, a pessoa no carro à frente de você paga por sua refeição no *drive-through*; ela vai embora antes mesmo de você se dar conta disso. Ou em um ambiente de trabalho, um colega fica no escritório até tarde ajudando a preparar uma apresentação que não tem nada a ver com as atribuições dele ou dela. Tal comportamento é maravilhoso, mas como poderia ajudar a desenvolver a interação social de forma mais ampla?

Considere um *software* singelo chamado *Love Machine*, desenvolvido pela Linden Lab, a empresa de entretenimento digital que criou o enormemente popular *Second Life*. Conforme observa Grant, as empresas de tecnologia enfrentam uma variedade contagiosa de um problema comum: "Muitos empregados têm como objetivo proteger o tempo para si e guardar cuidadosamente a informação, em vez de compartilhar seu tempo e conhecimento com colegas." Com o *software Love Machine*, quando um colega quebra esse padrão e lhe faz uma gentileza, você pode enviar-lhe uma mensagem de agradecimento que é vista por todos. O reconhecimento público cria novos incentivos. Um empregado disse a Grant que o *software* é uma maneira de fazer "os aficionados por tecnologia competirem para ver quem poderia ser mais útil."

De modo mais geral, qualquer coisa que incentive as pessoas a se tornar doadores é provavelmente útil para uma organização, pois os doadores têm mais empatia. "Eles são mais atentos aos comportamentos dos outros e mais sintonizados para com seus pensamentos e sentimentos", escreveu Grant. Além de incentivar as pessoas a interagir, o *software* promove essa interação dentro de um espírito de abertura e compartilhamento – exatamente o tipo de interação que as pessoas mais valorizam e que produz os melhores resultados das equipes.

- Dezenas de escolas de medicina em todo o mundo incentivam ou até mesmo exigem a leitura de ficção, pois isto ajuda a desenvolver habilidades de interação social. "Ajuda a desenvolver e cultivar habilidades de observação, análise, empatia e autorreflexão – habilidades que são essenciais aos cuidados médicos humanos", diz um comunicado do programa de humanidade em saúde da Escola de Medicina da Universidade de Nova York. Naturalmente, não são apenas os estudantes de medicina que podem se beneficiar. Uma pesquisa mostrou que a leitura de ficção literária aumenta a empatia das pessoas em geral. Já a leitura de não ficção ou do chamado gênero ficção – o tipo produzido com muito lucro pelas Danielle Steeles e James Pattersons da vida – não faz isso. Mas a leitura de ficção em que os personagens são mais complexos e a ação é geralmente motivada por suas vidas interiores parece nos tornar mais sensíveis ao que acontece nas mentes dos outros. É uma maneira menos comum de melhorar nossas habilidades interpessoais fazendo algo totalmente por nós mesmos.

Essas constatações e outras oferecem uma nova esperança para os cursos de humanidades, que certamente poderão usá-las. Enquanto os cursos universitários de melhor remuneração são quase que inteiramente em engenharia, como já vimos, os de pior remuneração são principalmente em humanidades e ciências sociais. Entretanto, no novo mundo do trabalho, as habilidades que os cursos de humanidades cultivam são precisamente aqueles que a economia cada vez mais vai valorizar. Não é apenas porque a valorização dos cursos de humanidades irá ajudar os tecnólogos a criar tecnologia melhor, mais amigável e mais atraente, embora isso sem dúvida seja verdade. Isso era um dos temas favoritos de Steve Jobs – que seus estudos na Reed College, uma escola de artes de rigorosa tradição liberal em Portland, no Oregon, levou diretamente a uma experiência, a um visual e a um toque superior dos produtos Apple. O filho de Jobs se chama Reed.

Mas agora vemos também como as humanidades conferem outra vantagem. Muito mais do que a engenharia ou ciência da computação, os cursos de humanidades fortalecem as profundas habilidades humanas que serão fundamentais para o sucesso da maioria das pessoas, independentemente se trabalham diretamente em tecnologia. Os consultores Christian Madsbjerg e Mikkel B. Rasmussen, argumentando que "precisamos de mais cursos superiores de humanidades", observam que "ao estudar os escritos de, digamos, David Foster Wallace, você aprende a entrar e sentir empatia por um mundo diferente do seu próprio. O mundo de crítica intrincada, neurótica, detalhada e social do autor diz mais sobre a vida de um jovem nos anos 1990 do que a maioria dos gráficos de pesquisa de mercado." Os benefícios em atividades do mundo real são diretos, argumentam eles: "As mesmas habilidades envolvidas em ser um leitor sutil de um texto estão envolvidas em compreender profundamente os consumidores chineses ou argentinos de carros, sabonetes ou computadores. Trata-se de habilidades difíceis de compreender outras pessoas, suas práticas e contexto." As habilidades que os empregadores querem muito – pensamento crítico, comunicação clara, resolução de problemas complexos – "são habilidades ensinadas no mais alto nível em cursos de humanidades."

Conforme vimos anteriormente, as pessoas mais valiosas serão aquelas que misturam o conhecimento técnico com as habilidades e sensibilidades desenvolvidas pelo estudo de humanidades, como diz Jobs. Isto vem em acentuado contraste com a apoteose das disciplinas STEM[14] que se tornaram convencionais no final do século XX e início do século XXI. A educação STEM continuará sendo importante por um longo tempo. Mas os cursos de humanidades trazem esperança. O mundo não está virando as costas para você, como você tem sido levado a acreditar, mas está vindo em sua direção.

IDENTIFICAÇÃO DE VENCEDORES E PERDEDORES

Todo mundo pode ficar melhor nas habilidades que serão mais valiosas na economia em mudança e parece lógico considerar tudo isso como um último passo em uma longa progressão. Durante séculos as pessoas melhoraram seus padrões de vida dominando novas habilidades que uma nova economia recompensa. Mas as habilidades que agora estão se tornando mais valiosas, as habilidades de interação profundamente humana, não são como aquelas outras habilidades. Aprender a ser mais sensível socialmente não é como aprender álgebra ou como operar um torno mecânico ou como fazer um *blog* que funcione bem em Wordpress. Essas habilidades, e praticamente todas as habilidades que as economias em constante mudança recompensaram no passado, são sobre aquilo que sabemos. As habilidades que ficam cada vez mais valiosas na medida em que a tecnologia avança são sobre aquilo que nós somos.

Isto significa que algumas pessoas terão maior facilidade de adaptação do que outras. Vimos que, em média, as mulheres são melhores em algumas dessas habilidades do que os homens, e dentro dos gêneros existem diferenças enormes nas habilidades interpessoais que as pesso-

---

14 – NT - A educação STEM é um currículo baseado na ideia de ensinar quatro disciplinas específicas aos alunos: Ciência (*Science*), Tecnologia, (*Technology*), Engenharia (*Engineering*) e Matemática (*Mathematics*).

as trazem para a idade adulta, mesmo antes de qualquer treinamento que possam receber, o que para muitas pessoas é pouca ou nenhuma. Todo mundo pode ficar melhor, mas será difícil para algumas pessoas, e algumas simplesmente não vão querer fazê-lo. Pense no sujeito de TI da Southwest Airlines. Não se trata daquilo que elas sabem. Trata-se simplesmente da forma como elas são.

A vida será cada vez mais difícil para essas pessoas. As organizações costumavam ter um lugar para elas, em empregos sólidos de classe média nas fábricas ou escritórios. Mas esses são os empregos que a tecnologia está rapidamente assumindo. Na medida em que continua a mudança das habilidades valiosas, as organizações estão descobrindo que além de não ter empregos para os que não se adaptam ou são socialmente incapazes, essas pessoas são tóxicas para a empresa e devem ser removidas. Esta foi a conclusão da Southwest. Na Clínica Cleveland, cujos esforços para aumentar a empatia em toda a organização examinamos no Capítulo 5, eles aprenderam a mesma lição: "Tirar as pessoas que não se adaptam", concluiu o dr. James Merlino, que liderou o esforço de transformação. "Um empregado desconectado que não apoia a organização ou a missão pode trazer consequências negativas para todo um departamento. Os empregados engajados e que trabalham arduamente podem se ressentir por ter essas pessoas por perto", alertou Merlino. O conselho de Adam Grant para as organizações é semelhante: "Mantenha fora os tomadores."

Joe Liemandt tem estado à frente da tendência geral por um longo tempo. Ele abandonou Stanford no último ano de faculdade em 1989 para fundar uma empresa de *software* em Austin, no Texas, que chamou de Trilogy. Seu pai, um alto executivo da General Electric achou que ele foi um "idiota" por tomar essa decisão. Joe Liemandt contratou um pessoal que se formou em Stanford, MIT, e em outras faculdades de tecnologia de ponta para escrever um *software* que ajudasse as corporações gigantescas a manter o controle sobre os milhões de itens diferentes que fabricavam e que permitisse aos vendedores configurar esses itens corretamente para os consumidores e calcular um preço exato instantaneamente – tarefas que anteriormente levavam dias ou semanas. A Trilogy assinou contratos com Ford, IBM, AT&T e outros clientes de alto nível, e prosperou. No *boom* das empresas de Internet do final dos anos 1990, o patrimônio líquido de Joe Liemandt foi estimado em mais de US$ 1 bilhão, mas ele foi inteligente o suficiente para abrir o capital da Trilogy, de modo que quando a bolha estourou a empresa ficou ferida, mas sobreviveu.

Então, no início da década de 2000, Joe começou a me dizer que as coisas estavam mudando. Não fazia mais sentido contratar programadores das principais faculdades norte-americanas. "Em Princeton formam-se 30 estudantes em ciência da computação", ele me disse. "Em uma boa escola na China, há 700, e os 30 primeiros colocados serão melhores que os 30 de Princeton." E serão bem mais baratos. "A quantidade e a porcentagem do desenvolvimento de *software* que fazemos na China aumenta a cada ano", afirmou Joe.

As implicações parecem claras: "As competências básicas de engenharia estão ficando menos valiosas porque teremos dez vezes mais engenheiros no mundo", salientou ele. Naquela época ele não percebeu que o avanço da tecnologia, assim como a inundação de engenheiros chineses, desvalorizaria as habilidades básicas de engenharia, mas agora percebe. "Se os EUA quiserem ficar à frente da coموditização, então a pessoa que costumava ser um engenheiro terá agora de ser um líder de equipe", alertou o empreendedor.

O que requer um conjunto completamente diferente de competências. Para ser um líder de equipe, "você precisa aprender habilidades diferentes, e definitivamente elas podem ser objeto de treinamento", Joe me disse em 2014. "Essas é que são as competências de alto valor." Anos antes ele havia começado a explicar isso para seus programadores norte-americanos, dizendo-lhe que teriam de atualizar suas competências ou provavelmente perder seus empregos. Alguns se adaptaram e tiveram êxito como líderes de equipe; outros preferiram não fazê-lo e acabaram tendo que sair da empresa. Eles simplesmente eram assim e não conseguiram mudar.

Quando Joe Liemandt e sua esposa conversavam sobre a educação de suas duas filhas, seus pontos de vista eram classicamente diferentes. Joe achava que as meninas tinham que aprender programação, não porque lhes daria uma vantagem competitiva, mas porque era a alfabetização básica da economia moderna. Por sua vez, "minha esposa falava em redes sociais, trabalho em equipe e liderança", completou Joe. As habilidades de interação social. "Eu acho que há uma boa chance de minhas filhas não precisarem aprender a dirigir. Mas a minha esposa fundamentalmente acredita que as habilidades que ela menciona são habilidades adquiridas, então, ela está ensinando-as. Uma de nossas filhas não é extrovertida, e desde os quatro anos de idade minha esposa vem incentivando-a a estabelecer conexão com as pessoas", completou Joe.

A empresa de Joe e suas filhas provavelmente se darão bem na nova economia.

PARA CRIAR UMA VIDA NOVA E MELHOR

A transformação atual da maneira como as pessoas criam valor é historicamente bastante repentina. As habilidades essenciais da maioria das pessoas permaneceram em grande parte as mesmas desde o surgimento da agricultura 12.000 anos atrás até o alvorecer da Revolução Industrial em meados do século XVIII. A transição para uma economia industrial nas nações ocidentais, e a concomitante mudança nos valores das habilidades, levou bem mais de cem anos. A subsequente virada para uma economia baseada no conhecimento tomou a maior parte do século XX. Agora, quando a tecnologia avança com mais força a cada ano, a transição para as novas habilidades valiosas da empatia, colaboração, criação, liderança e construção de relacionamentos está acontecendo mais rapidamente do que as empresas, governos, sistemas de educação, ou a maioria das psiques humanas conseguem acompanhar.

Isto é desnorteante e fica ainda mais quando o caráter fundamental do valor muda daquilo que sabemos para aquilo que somos.

À medida que as economias foram evoluindo ao longo dos milênios, nós sempre olhamos para fora em busca das novas habilidades exigidas – com os mais velhos, escolas, instrutores de treinamento e empregadores que sabiam e que podiam nos ensinar aquilo que precisávamos saber. Agora, pela primeira vez, precisamos também olhar para dentro. É aqui que encontramos os elementos das habilidades que precisamos para o futuro. Desenvolver essas habilidades não será fácil ou confortável para alguns, e provavelmente ficará mais difícil para todos, pois na medida em que as habilidades ficarem mais valiosas, os padrões subirão. Mesmo aqueles que são bons neles, precisarão melhorar.

Se a perspectiva parece preocupante, não deveria. Pelo contrário, é uma notícia maravilhosa. Basta pensar no que estamos sendo solicitados a fazer – ficar **mais essencialmente humanos**, ser as criaturas que já fomos outrora e que sempre deveríamos ter sido. Por mais estranho que possa parecer, esta é uma mudança significativa em relação àquilo que estamos acostumados. Nas últimas dez gerações no mundo desenvolvido, e em períodos mais curtos, mas ainda substanciais em muitas economias emergentes, a maioria das pessoas teve sucesso aprendendo a executar um trabalho maquinal melhor do que as máquinas conseguiam fazer. Agora esta era está terminando. As máquinas estão cada vez mais executando esse trabalho melhor do que jamais poderíamos fazer. Enfrentamos pelo menos a oportunidade de criar novas e melhores vidas.

Ancorar nossos futuros em nossas características mais profundamente humanas pode parecer estranho e arriscado. Não tema. Ao mudar a perspectiva e olhar para dentro em vez de olhar para fora, você descobrirá que o necessário para o futuro estava ali o tempo todo. Tem estado ali desde sempre.

No sentido mais profundo possível, você já tem o que é preciso. Faça disso o que desejar.

AGRADECIMENTOS

Como sempre, quero agradecer as muitas pessoas que foram mais indulgentes, pacientes, generosas e amáveis do que precisavam ser enquanto eu trabalhava no processo de criação de um livro.

Na Portfolio/Penguin, Adrian Zackheim sempre me incentivou ao mesmo tempo em que aplicava o seu formidável intelecto nos conceitos que eu vinha desenvolvendo. A visão de Will Weisser como profissional de *marketing* foi inestimável. Cada sugestão de minha editora, Emily Angell, engrandeceu o livro.

Os editores da *Fortune* me apoiaram ao escrever sobre os temas deste livro na revista impressa e *on-line*. Obrigado Alan Murray, Andy Serwer, Stephanie Mehta, Cliff Leaf, Brian O'Keefe e outros colegas que contribuíram com ideias e dados.

Várias pessoas me ajudaram com ideias, informações, acesso às fontes, histórias pessoais e reações ao texto. Quero agradecer especialmente a Marc Andreessen, Tom Baptiste, Dominic Barton, Adrienne Boissy, Jim Bush, Ashton Carter, John Chambers, Ram Charan, Ralph Chatham, Tony D'Amelio, Sally Donnelly, Christopher Dowling, Bran Ferren, George Flynn, Michael Gazzaniga, Anne Greenhalgh, Peter Hancock, Rob High, Chester Kennedy, John Kelly, Rik Kirkland, Tom Kolditz, ao pessoal da Biblioteca do Congresso, Joe Liemandt, Thomas Malone, Bill McDermott, James Merlino, David Metcalf, Steve Nakagawa, Nicholas Negroponte, Nitin Noria, Charles Phillips, Garth Saloner, Marc Scibelli, Danny Stern e Noel Tichy.

Robert Barnett me representou soberbamente, como sempre tem feito.

E mais uma vez devo agradecer acima de tudo à minha tolerante família por aturar as exigências do trabalho de um autor, para as quais ela geralmente se prepara de forma muito mais cuidadosa do que eu.

NOTAS

CAPÍTULO UM

3   **Entenda que Watson...** Informações gerais sobre Watson estão disponíveis em www.ibm.com. Veja especificamente http://www.ibm.com/smarter planet/us/en/ibmwatson/what-is-watson.html; acessado em 15 de janeiro de 2015. A informação sobre o retardo interno foi relatada diretamente a mim pelos desenvolvedores do Watson durante a convenção NRF.

3   **A empresa possui toda uma frota...** http://www.nytimes.com/2010/10/10/science/10google.html?_ r= 2&.

3   **Os computadores são melhores do que os humanos na triagem de documentos...** John O. McGinnis, *Machines v. Lawyers*, em *City Journal*, primavera de 2014, publicado pelo Manhattan Institute for Policy Research (Nova York).

3   **Os computadores são melhores na detecção de alguns tipos de emoções humanas...** Marian Stewart Bartlett, Gwen C. Littlewort, Mark G. Frank, Kang Lee, *Automatic Decoding of Facial Movements Reveals Deceptive Pain Expressions*, *Current Biology*, vol. 24, no. 7, 31 de março de 2014.

3   **Enquanto escrevo, o computador havia encolhido para o tamanho...** http://www-03.ibm.com/press/us/en/presskit/27297.wss.

4   **De fato, como veremos mais adiante, evidências substanciais sugerem...** Veja citações detalhadas sobre todas essas afirmações no Capítulo 2.

5   **O avanço inexorável da capacidade do computador...** É esclarecedor ler o famoso (e surpreendentemente curto) estudo de Gordon Moore, disponível em http://www.monolithic3d.com uploads/6/0/5/5 6055488/gordon_ moore_ 1965_ article.pdf.

6   **O primeiro rádio transistorizado da Sony...** A história é relatada no próprio *site* da Sony: http://www.sony.net/SonyInfo/CorporateInfo/History/SonyHistory/1-07.html.

6   **O último *chip* da Intel...** https://software.intel.com/sites/default/files/forum/278102/327364001en.pdf.

CAPÍTULO DOIS

9   No filme Amor Eletrônico... Twentieth Century Fox Film Corp., *Amor Eletrônico*, lançado em 2 de agosto de 1957.

12   **Não pretendemos substituir os seres humanos**... http://www.cnn.com/2014/05/29/tech innovation/big-idea-swarm-robots/.

12   **A IBM sempre disse que**... Rob High, *The Era of Cognitive Systems: AnInside Look at Watson and How it Works* (IBM Corp., 2012), págs. 1-10.

12   **Ao demonstrar para**... D. Acemoglu e J. Robinson, *Por que as Nações Fracassam: as Origens do Poder, da Prosperidade e da Pobreza* (Elsevier Editora, 2012), pág. 182f.

13   **Após dar a bofetada real**... Os eventos da história de Lee estão em http://www.britannica.com/EBchecked/topic/334614/William-Lee.

13   **No entanto, os tecelões fizeram campanha**... http://www.cottontimes.co.uk/JohnKayo.htm.

14   **Durante décadas, a economia dos EUA**... Os dados sobre o tempo de duração da recuperação do emprego após as recessões do pós-guerra nos EUA estão em http:// blogs.wsj.com/economics/2014/06/06/its-taking-longer-after-each-recession-to-get-back-to-normal/.

14   **E por que os salários entraram em estagnação**... Os dados sobre a estagnação dos salários nos EUA e do mundo desenvolvido estão em http://www.economist.com/news/finance-and-economics/21615589-throughout-rich-world-wages-are-stuck-big-freeze.

14   **Em uma importante palestra**... Lawrence H. Summers, *The 2013 MartinFeldstein Lecture: Economic Possibilities for Our Children*, impresso em *NBER Reporter*, no. 4, 2013.

15   **O Projeto Internet da Pew Research**... Pew Research Center, *AI, Robotics, and the Future of Jobs*, agosto de 2014. Disponível em: http://www.pewinternet.org/2014/08/06/future-of-jobs/.

16   **A empresa produziu uma versão**... http://www.nytimes.com/2014/05/28/technology/googles-next-phase-in-driverless-cars-no-brakes-or-steering-wheel.html?_ r= 0.

16   **Em um mundo assim**... Loukas Karabarbounis e Brent Neiman, *The Global Decline of the Labor Share*, National Bureau of Economic Research, outubro de 2013. Os autores consideram que a diminuição dos preços relativos dos bens de investimento, muitas vezes atribuída aos avanços na TI e à era do computador, induziu as empresas a se afastar do trabalho e a se voltar para o capital.

16   **Os economistas não são os únicos especialistas**... As citações neste parágrafo são do Pew Research Center, obra citada.

17   **O fundador da Microsoft, Bill Gates**... Ele fez essas observações durante uma reunião no American Enterprise Institute em Washington, D.C., 13 de março de 2014. O vídeo está disponível em http://www.aei.org/events/from-poverty-to-prosperity-a-conversation-with-bill-gates/.

NOTAS

18 Daí a conclusão de Summers... Summers, obra citada.

18 Mas na fábrica de armas de Eli Whitney em Connecticut... *Arms Production at the Whitney Armory*, publicado pelo Eli Whitney Museum and Workshop em Hamden, Connecticut. Em https://www.eliwhitney.org/7/museum/eli-whitney/arms-production.

18 O segundo ponto de inflexão veio... Claudia Goldin e Lawrence F. Katz, *The Race Between Education and Technology* (Belknap Press of Harvard University Press, 2008), págs. 109-111.

19 A taxa de conclusão do ensino médio... Idem, págs. 164-165.

19 Mas então chegou o terceiro grande ponto de inflexão... Esta situação é explicada mais detalhadamente em David H. Autor e David Dorn, *The Growth of Low-Skill Service Jobs and the Polarization of the U.S. Labor Market*, American Economic Review 2013, 103(5): 1553-1597.

20 Isto pode parecer estranho... http://www.nytimes.com/2011/03/05/science/05legal.html?pagewanted=all.

20 Ele consegue identificar padrões... Idem.

21 Os computadores começaram então a subir a escada... McGinnis, obra citada (cap. 1, n. 3).

21 Os seres humanos ainda precisam identificar... Idem.

21 Avançando ainda mais no domínio da habilidade advocatícia... Theodore W. Ruger, Pauline T. Kim, Andrew D. Martin e Kevin M. Quinn, *The Supreme Court Forecasting Project: Legal and Political Science Approaches to Predicting Supreme Court Decision Making*, Columbia Law Review, vol. 104:1150, págs. 1150-1209.

21 Empresas como a Lex Machina e a Huron Legal... Consulte http://bits.blogs.nytimes.com/2014/08/01/in-legal-field-using-technology-to-stay-on-top-of-a-shifting-market/?_php=true&_type=blogs&_r=0 e os *sites* das empresas: www.lexmachina.com e http://www.huronconsultinggroup.com/Company/Organization/Huron_Legal.

22 A ascensão da inteligência da máquina ... McGinnis, obra citada (cap. 1, n. 3).

22 O grande avanço desta tecnologia... A explicação geral e os exemplos são de Rob High, *The Era of Cognitive Systems: An Inside Look at Watson and How it Works* (IBM Corp., 2012), págs. 1-10.

22 É por isso que o empresário da Internet, Terry Jones... Entrevista pessoal com Terry Jones em 8 de outubro de 2014.

22 Para o *Jeopardy!*, o Watson baixou... http://www.pbs.org/wgbh/nova/tech/smartest-machine-on-earth.html.

23 O Memorial Sloan Kettering Cancer Center em Nova York utiliza o Watson... http://www.mskcc.org/blog/msk-trains-ibm-watson-help-doctors-make-better-treatment-choices.

23 a Corporate Insight, uma empresa de pesquisa... http://public.corporateinsight.com/blog/will-ibms-watson-make-your-financial-advisor-obsolete.

23 Uma empresa chamada Narrative Science... Grande parte da descrição da empresa vem de Steven Levy, *Can an Algorithm Write a Better News Story*

Than a Human Reporter?, Wired, 24 de abril de 2012. Atualizado em: www.narrativescience.com.

24 **Em meados de 2014, a Associated Press designou...** *The A.P. Plans to Automate Quarterly Earnings Articles*, The New York Times, 1 de julho de 2014, pág. B5.

24 **As escolas, desde o nível fundamental...** *Essay-Grading Software Offers Professors a Break*, The New York Times, 4 de abril de 2013, pág. A1.

24 **Jeff Pence, um professor do ensino médio em Canton, na Geórgia...** *Essay-Grading Software Seen as Time-Saving Tool*, Education Week, 13 de março de 2014.

24 **edX, a empresa fundada por Harvard e MIT...** O *software* chama-se Discern; para uma descrição veja em http://code.edx.org/discern/.

25 **A Fundação Hewlett ofereceu dois prêmios de $100.000...** http://gettingsmart.com/2012/10/the-hewlett-foundation-announces-asap-competition-winners-automated-essay-scoring/

25 **Assim, os pesquisadores colocaram um grupo de professores...** Mark D. Shermis e Ben Hammer, Contrasting State-of-the-Art Automated Scoring of Essays: An Analysis , http://www.scoreright.org/NCME_ 2012_ Paper3_ 29_ 12.pdf.

26 **em 1997, um computador...** Isto é conhecido como paradoxo de Moravec; veja, entre as muitas discussões sobre o assunto, Hans Moravec, *Mind Children* (Harvard University Press, 1988), e Pamela McCorduck, *Machines Who Think* (A. K. Peters Ltd., 2004).

26 **Os carros autônomos do Google...** Jennifer Cheeseman Day e Jeffrey Rosenthal, *Detailed Occupations and Median Earnings: 2008*, U.S. Census Bureau, http://www.census.gov/people/io/files/acs08_ detailedoccupations.pdf.

26 **Você pode treinar um robô Baxter...** http://www.rethinkrobotics.com/baxter/.

27 **Robôs entraram na usina nuclear...** *Meet the Robots of Fukushima Daiichi*, IEEE Spectrum, 28 de fevereiro de 2014, http://spectrum.ieee.org/slideshow/robotics/industrial-robots/meet-the-robots-of-fukushima-daiichi.

27 **Em 2008, cerca de 12.000 robôs de combate...** *Pushing the Boundaries of Traditional HRI*, Science and Technology Innovations, outono de 2013, pág. 7. Publicado pelo Instituto de Simulação e Treinamento da Universidade de Central Florida.

27 **Alguns, pouco maiores do que uma caixa de sapatos...** Veja, por exemplo, o robô iRobot *FirstLook*, http://www.irobot.com/For-Defense-and-Security/Robots/110-FirstLook.aspx#Military.

27 **Outros maiores dispõem de bombas...** Veja, por exemplo, o robô iRobot *Kobra* robot, http://www.irobot.com/For-Defense-and-Security/Robots/710-Kobra.aspx#Military.

27 **Alguns robôs armados com pistolas...** *The Inside Story of the SWORDS Armed Robot 'Pullout' in Iraq: Update*, Popular Mechanics, 1 de outubro de 2009, http://www.popularmechanics.com/technology/gadgets/4258963.

27 **No entanto, o general Robert Cone...** *U.S. Army Studying Replacing Thousands of Grunts with Robots*, Defense News, 20 de janeiro de 2014.

NOTAS

http://archive.defensenews.com/article/20140120/DEFREG02/301200035/US-Army-Studying-Replacing-Thousands-Grunts-Robots.

28 **Mas o exército percebeu que este modelo era ineficiente...** A descrição do RoboLeader é baseada em um artigo escrito por Jessie Chen do Laboratório de Pesquisa do Exército dos EUA, *Multi-Robot Management*, em *Science & Technology Innovations*, outono de 2013, pág. 12. Publicado pelo Instituto de Simulação e Treinamento da Universidade de Central Florida.

28 **Considere uma mão robótica...** A descrição e as citações são de *A Better Robotic Hand, Harvard Magazine*, março/abril de 2014 (sem paginação).

30 **De fato, um pesquisador chamado Paul Ekman...** Para uma análise de seu trabalho, veja em *Paul Ekman, American Psychologist* 47 (4), abril de 1992, págs. 470-471.

30 **Mas Ekman, um dos psicólogos mais citados...** S. J. Haggbloom, e outros (2002). The 100 Most Eminent Psychologists of the 20th Century. *Review of General Psychology*, vol. 6, no. 2 (2002), págs. 139–45.

30 **Ekman montou um negócio de sucesso...** O Paul Ekman Group continuou existindo por muitos anos - consulte www.paulekman.com.

31 **As possibilidades desta tecnologia...** Para mais informações sobre os fundadores e consultores da Emotient, consulte www.emotient.com.

31 **Aponte uma câmera de vídeo para o rosto de qualquer pessoa...** *This Google Glass App Will Detect Your Emotions, Then Relay Them Back to Retailers, Fast Company*, 6 de março de 2014, http://www.fastcompany.com/3027342/fast-feed/this-google-glass-app-will-detect-your-emotions-then-relay-them-back-to-retailers.

31 **Affectiva, uma empresa criada no Media Lab do MIT...** Veja em www.affectiva.com.

31 **Um projeto distinto dentro do Media Lab...** Para uma descrição, veja em http://affect.media.mit.edu/pdfs/14.Hernandez_et_ al- DIS.pdf.

32 **Pesquisadores liderados pela dra. Marian Bartlett...** Bartlett e outros, obra citada (cap. 1 n. 4).

33 **Por exemplo, os computadores analisaram os rostos de estudantes universitários...** Jacob Whitehill, Zewelanji Serpell, Yi-Ching Lin, Aysha Foster, Javier R. Movellan, *The Faces of Engagement: Automatic Recognition of Student Engagement from Facial Expressions, IEEE Transactions on Affective Computing*, vol. 5, no. 1(2014), págs. 86-98.

33 **O carro de monitoramento de estresse do MIT...** http://affect.media.mit.edu/pdfs/14.Hernandez_et_ al- DIS.pdf.

36 **Para as observações de Cohen sobre a competição de xadrez, veja seus** *posts* no *blog* em http://marginalrevolution.com/marginalrevolution/2013/11/what-are-humans-still-good-for-the-turning-point-in-freestyle-chess-maybe-approaching.html.

CAPÍTULO TRÊS

39 **O caso no Tribunal Superior do Arizona...** A pesquisa é descrita em D. A. Krauss, J. G. McCabe e J. D. Lieberman, *Dangerously Misunderstood: Representative Jurors' Reactions to Expert Testimony on Future Dangerousness in a Sexually Violent Predator Trial, Psychology, Public Policy, and Law*, 25 de julho de 2011. Publicação prévia *on-line*, doi: 10.1037/a0024550.

42 **Jeremy Rose, um profissional de consultoria de julgamentos...** *How Jurors Perceive Expert Witnesses*, *Trial*, junho de 2000, págs. 51-57.

43 **A seleção natural determinou que vivêssemos ...** Michael Gazzaniga, *Human: The Science Behind What Makes Us Unique* (HarperCollins, 2008), págs. 82-83.

44 **Nós somos sociais até o âmago ...** Idem, pág. 83.

44 **As faculdades intelectuais exigidas ....** N. K. Humphrey, *The Social Function of Intellect*, publicado pela primeira vez em *Growing Points in Ethology*, eds. P. P. G. Bateson e R. A. Hinde (Cambridge University Press, 1976), págs. 303-317.

44 **Por muitos anos, a visão dominante...** Um levantamento excelente sobre o ponto de vista da tábula rasa e de uma forte refutação desta tese está em Steven Pinker, *Tábula Rasa: a Negação Contemporânea da Natureza Humana*, (Companhia das Letras, 2004). Esta também é a fonte da citação de Ortega y Gasset e das menções sobre as pesquisas de Mead e Thomas, e sua posterior refutação.

46 **O escopo completo do argumento...** A citação e a lista de universais humanos são de Donald E. Brown, *Human Universals* (McGraw-Hill Humanities, 1991).

47 **Os primeiros pesquisadores em tradução de idiomas pelo computador...** Uma descrição abrangente do progresso decepcionante da inteligência artificial em traduzir idiomas, jogar xadrez e executar outras tarefas, em 1972, pode ser encontrada em Hubert L. Dreyfus, *What Computers Can't Do: A Critique of Artificial Reason* (Harper & Row, 1972).

47 **agora o Google traduz a linguagem escrita de graça...** Veja em https://translate.google.com/. Com relação ao Skype, veja *Skype Update Translates English and Spanish in Real Time*, *Christian Science Monitor*, 15 de dezembro de 2014.

47 **Os economistas Frank Levy e Richard J. Murnane...** Levy e Murnane, *The New Division of Labor: How Computers Are Creating the Next Job Market* (Princeton University Press, 2004).

47 **Steven Pinker observou em 2007...** Steven Pinker, *Do que é Feito o Pensamento: a Língua como Janela para a Natureza Humana* (Companhia das Letras, 2008).

47 **Mas a iRobot logo depois...** Para descrições dos produtos, consulte www.irobot.com.

49 **Ainda assim, em 2014, quando perguntei para Dominic Barton...** Entrevista pessoal em 24 de setembro de 2014.

NOTAS

50 Os juízes tomam decisões sobre livramento condicional,,, A pesquisa está descrita em Dan Ariely, *Previsivelmente Irracional: Como as Decisões do Dia a Dia Influenciam as Nossas Decisões* (Elsevier Editora, 2008).

51 **Queremos ouvir o nosso diagnóstico vindo de um médico...** Para saber mais sobre os efeitos poderosos de ser ouvido, consulte Emile G. Bruneau e Rebecca Saxe, *The Power of Being Heard: The Benefits of 'Perspective-Giving' in the Context of Intergroup Conflict, Journal of Experimental Social Psychology* (2012), doi: 10.1016/j.jesp.2012.02.017.

51 **Pergunte aos empregadores quais as habilidades que eles mais vão precisar...** Oxford Economics, Global Talent 2021: *How the New Geography of Talent Will Transform Human Resource Strategies*, 2012, pág. 6.

52 **Os maiores incrementos foram de longe...** http://www.npr.org/blogs/money/2012/03/20/149015363/what-america-does-for-work.

52 **O McKinsey Global Insitute constatou...** McKinsey Global Institute, *Help Wanted: The Future of Work in Advanced Economies*, 2012, pág. 2.

52 **O professor William H. Bossert, de Harvard, uma figura lendária...** Eu fui aluno de Bossert, Ciências Naturais 110, e descrevi o curso com as lembranças ainda muito vivas em minha memória.

53 **O fenômeno foi explicado de forma mais persuasiva...** Goldin e Katz, obra citada (cap. 2, n. 17), pág. 2.

54 **A faculdade não é mais o bilhete automático para o sucesso ...** Idem, págs. 352-353.

55 **Pesquisadores da Universidade de British Columbia...** Paul Beaudry, David A. Green, Benjamin M. Sand, *The Great Reversal in the Demand for Skill and Cognitive Tasks*, National Bureau of Economic Research Working Paper 18901, março de 2013, http://www.nber.org/papers/w18901.

56 **Os advogados em geral "enfrentam um futuro sombrio" ...** McGinnis, obra citada (cap. 1, n. 3).

57 **Foi um excelente conselho por um bom tempo...** http://www.payscale.com/college-salary-report/majors-that-pay-you-back/bachelors.

58 **De início no Iraque e no Afeganistão ...** Todas as citações de Flynn são de uma entrevista pessoal com o general George Flynn (USMC, Ret.) em 18 de fevereiro de 2014.

59 **Um alerta estridente ocorreu em 2004...** General George W. Casey Jr. (U.S. Army, Ret.), *Leading in a 'VUCA' World, Fortune*, 7 de abril de 2014, pág. 76.

59 **O tenente-coronel Chris Hughes estava conduzindo uma pequena unidade...** Dan Baum, *Battle Lessons, The New Yorker*, 17 de janeiro de 2005.

60 **Bem, eu fiz isso ...** Leonard Wong, Developing Adaptive Leaders: The Crucible Experience of Operation Iraqi Freedom , Strategic Studies Institute, U.S. Army War College, 2004, pág. 9.

60 **Planejar para o sucesso no exército ...** *'Human Domain' Enters Future Army War Plans*, www.military.com, 20 de fevereiro de 2013.

60   Eu espero que nunca precisemos lutar contra nossos inimigos... Entrevista pessoal com Ashton Carter em 26 de fevereiro de 2014.

61   Isto é o que os líderes militares querem dizer... Ralph Chatham, *Toward a Second Training Revolution: Promise and Pitfalls of Digital Experiential Learning*, em K. Anders Ericsson, ed., *Development of Professional Expertise: Toward Measurement of Expert Performance and Design of Optimal Learning Environments* (Cambridge University Press, 2009).

62   Foi concebido para ser assim... A citação de Ford tem sido feita com grande quantidade de pequenas variações, mas sempre com a mesma temática. Veja em http://thinkexist.com/quotation/why-is-it-every-time-i-ask-for-a-pair-of-hands/1206105.html.

CAPÍTULO QUATRO

65   Durante cinco dias primaveris... Yalda T. Uhls, Minas Michikyan, Jordan Morris, Debra Garcia, Gary W. Small, Eleni Zgourou, Patricia M. Greenfield, *Five Days at Outdoor Recreation Camp without Screens Improves Preteen Skills with Nonverbal Emotion Cues*, Computers in Human Behavior 39 (2014), págs. 387-392.

68   Também não podemos presumir que as crianças desenvolverão essas habilidades... Essas afirmações são justificadas mais adiante no capítulo.

70   Estes são principalmente os empregos de analista simbólico... Robert Reich, *O Trabalho das Nações: Preparando-nos para o Capitalismo do Século 21* (Editora Educator, 1994).

70   Para marcar o contraste, considere o tato... Joshua M. Ackerman, Christopher C. Nocera, John A. Bargh, *Incidental Haptic Sensations Influence Social Judgments and Decisions*, Science, 25 de junho de 2010, págs. 1712-1715.

71   Os candidatos a emprego que apertam as mãos... Greg L. Stewart, Susan L. Dustin, Murray R. Barrick, Todd C. Darnold, *Exploring the Handshake in Employment Interviews*, Journal of Applied Psychology, vol. 93(5), setembro de 2008, págs. 1139-1146, http://dx.doi.org/10.1037/0021- 9010.93.5.1139.

71   Nós julgamos as pessoas que apertam as mãos... Francesca Gino, *To Negotiate Effectively, First Shake Hands*, HBR Blog Network, 4 de junho de 2014.

71   Trata-se literalmente de uma experiência elétrica... Sanda Dolcos, Keen Sung, Jennifer J. Argo, Sophie Flor-Henry, Florin Dolcos, *The Power of a Handshake: Neural Correlates of Evaluative Judgments in Observed Social Interactions*, Journal of Cognitive Neuroscience 24:12, págs. 2292-2305.

71   Tendo em mente que o uso da mídia digital... Os dados para todos os países mencionados no parágrafo são de *AdReaction: Marketing in a Multiscreen World*, 2014, resultantes de uma pesquisa realizada por Millward Brown.

72   Em uma ampla amostra representativa de adolescentes norte-americanos... Todos os dados neste parágrafo são de *Teens, Smartphones & Texting*, Pew Internet & American Life Project, 19 de março de 2012.

NOTAS

73 Entre os pré-adolescentes e adolescentes norte-americanos... Todos os dados neste parágrafo são de *Generation M Squared: Media in the Lives of 8- to 18-Year-Olds*, Fundação da Família Henry J. Kaiser, janeiro de 2010.

73 Pesquisadores da Universidade de Michigan estudaram jovens adultos que utilizavam o Facebook... Ethan Kross, Philippe Verduyn, Emre Demiralp, Jiyoung Park, David Seungjae Lee, Natalie Lin, Holly Shablack, John Jonides, Oscar Ybarra, *Facebook Use Predicts Declines in Subjective Well-Being in Young Adults*, PLoS ONE 8(8): e69841, doi: 10.1371/journal.pone.0069841.

74 Ao conversar pessoalmente, os pares de amigos preexistentes... Lauren E. Sherman, Minas Michikyan, Patricia M. Greenfield, *The Effects of Text, Audio, Video, and In-Person Communication on Bonding between Friends*, Cyberpsychology: Journal of Psychosocial Research on Cyberspace, 7(2), artigo 3, doi: 10.5817/CP2013-2-3.

75 As pessoas que utilizam redes sociais, por exemplo... Sabatini, Fabio e Francesco Sarracino. *Online networks and subjective well-being*, arXiv preprint arXiv:1408.3550 (2014).

75 Quando duas pessoas falam um com o outro frente a frente... Jing Jiang, Bohan Dai, Danling Peng, Chaozhe Zhu, Li Liu, Chunming Lu, *Neural Synchronization During Face-to-Face Communication*, Journal of Neuroscience, 7 de novembro de 2012, 32(45); págs. 16064-16069.

76 Além de nossas habilidades cognitivas básicas... Oscar Ybarra, Piotr Winkielman, Irene Yeh, Eugene Burnstein, Liam Kavanagh, *Friends (and Sometimes Enemies) with Cognitive Benefits: What Types of Social Interactions Boost Executive Functioning?*, Social Psychology and Personality Science, 2010, doi: 10.1177/1948550610386808.

78 Sherry Turkle do MIT, que vem estudando as relações... As citações são de seu livro *Alone Together: Why We Expect More from Technology and Less from Each Other* (Basic Books, 2011), pág. 11.

CAPÍTULO CINCO

81 O Dr. Timothy Gilligan e outro médico... Timothy Gilligan, *If I Paint a Rosy Picture, Will You Promise Not to Cry?*, Journal of Clinical Oncology, vol. 30, no. 27, 20 de setembro de 2012.

82 A Dra. Adrienne Boissy é uma célebre especialista em esclerose múltipla... Entrevista pessoal com Adrienne Boissy em 27 de março de 2014. Ver também Adrienne R. Boissy e Paul J. Ford, *A Touch of MS: Therapeutic Mislabeling*, Neurology, 11 de maio de 2012, doi: 10.1212/WNL.0b013e318259e0ec.

84 Quando o jornalista George Anders fez uma varredura de anúncios em um site de empregos *on-line*... George Anders, *The 'Soft Skill' That Pays $100,000+*, Forbes On-line, 26 de junho de 2013.

84 Esses resultados reforçam as conclusões... Sir Roy Anderson, *Careers 2020: Making Education Work*, Pearson Education, janeiro de 2014.

84 **O diretor de tecnologia de um dos maiores varejistas do Reino Unido...** Fala em caráter confidencial em uma conferência privada, 27 de maio de 2014.

85 **Charles Phillips, CEO da companhia de software empresarial Infor...** Entrevista pessoal com Charles Phillips em 21 de julho de 2014.

85 **Talvez, mas quando Bill McDermott...** Entrevista pessoal com Bill McDermott em 29 de setembro de 2014.

85 **E Meg Bear, uma executiva de alto escalão em outra companhia de software empresarial...** Meg Bear, *Why Empathy Is the Critical 21st Century Skill*, postado no LinkedIn, 24 de abril de 2014, https://www.linkedin.com/pulse/20140424221331-1407199-why-empathy-is-the-critical-21st-century-skill.

85 **Quando Jim Bush era o responsável pelos call-centers do American Express...** Entrevista pessoal com Jim Bush em 29 de março de 2012. Ver também Jim Bush, *How American Express Transformed Its Call Centers*, HBR Blogs, 19 de abril de 2011.

86 **Belinda Parmar, uma analista britânica da área de tecnologia...** Belinda Parmar, *Can Empathy Really Work in a Business World Dominated by Testosterone?*, The Guardian, 18 de junho de 2014.

86 **A professora de administração da Universidade de Columbia, Rita McGrath...** Rita McGrath, *Management's Three Eras: A Brief History*, HBR Blog Network, 30 de julho de 2014.

87 **Pesquisas mostram que quando os cuidadores...** Mohammadreza Hojat, Daniel Z. Louis, Fred W. Markham, Richard Wender, Carol Rabinowitz, Joseph S. Gonnella, *Physicians' Empathy and Clinical Outcomes for Diabetic Patients, Academic Medicine*, vol. 8, no. 3, março de 2011, págs. 359-364.

87 **Por outro lado, os residentes de clínica médica com baixo grau de empatia...** Colin P. West, Mashele M. Huschka, Paul J. Novotny, Jeff A. Sloan, Joseph C. Kolars, Thomas M. Habermann, Tait D. Shanafelt, *Association of Perceived Medical Errors with Resident Distress and Empathy, JAMA*, vol. 296, no. 9, 6 de setembro de 2006.

87 **Em dois estudos envolvendo mais de 21.000 pacientes de diabetes...** Veja Hojat e outros, obra citada, e Stefano Del Canale, Daniel Z. Louis, Vittorio Maio, Xiaohong Wang, Giuseppina Rossi, Mohammadreza Hojat, Joseph S. Gonnella, *The Relationship Between Physician Empathy and Disease Complications: An Empirical Study of Primary Care Physicians and Their Diabetic Patients in Parma, Italy, Academic Medicine*, vol. 87, no. 9, setembro de 2012, págs. 1243-1249.

87 **faz com que os pacientes fiquem menos propensos a processar...** Francis Fullam, Andrew N. Garman, Tricia J. Johnson, Eric C. Hedberg, *The Use of Patient Satisfaction Surveys and Alternative Coding Procedures to Predict Malpractice Risk, Medical Care*, vol. 47, no. 5, maio de 2009, págs. 553-559.

88 **Um estudo mostra que até mesmo o tom de voz do cirurgião...** Nalini Ambaddy, Debi LaPlante, Thai Nguyen, Robert Rosenthal, Nigel Chaumeton, Wendy Levinson, *'Surgeons' Tone of Voice: A Clue to Malpractice History, Surgery*, vol. 132, no. 1, julho de 2002, págs. 5-9.

NOTAS

89 **Quando recém-nascidos, com apenas algumas horas de vida...** O material sobre contágio emocional é de Gazzaniga, obra citada, págs. 165-171.

90 **O tamanho das pupilas nos olhos de uma pessoa...** Michael Trimble, *Why Humans Like to Cry: Tragedy, Evolution and the Brain* (Oxford University Press, 2012), págs. 143-144.

91 **Conforme observa Gazzaniga...** Gazzaniga, obra citada (cap. 3, n. 3), pág. 162.

91 **Ajuda mútua entre os membros ....** James Harris, *The Evolutionary Neurobiology, Emergence and Facilitation of Empathy*, capítulo 10 em *Empathy in Mental Illness* (Cambridge University Press, 2007).

91 **Alguns cientistas chegam a especular que...** Trimble, obra citada, pág. 113.

92 **A capacidade de discernir os sentimentos dos outros...** Gazzaniga, obra citada, pág. 169.

92 **Michael Trimble conclui, em linguagem científica...** Trimble, obra citada, pág. 95.

94 **Somos constituídos para funcionar melhor com dez horas de sono por noite...** James B. Maas, *O Poder do Sono: o Programa Revolucionário que Prepara sua Mente para um Melhor Desempenho* (Editora Ground, 2001), pág. 6.

94 **Um grande estudo sobre a empatia com estudantes universitários nos EUA...** Sara H. Konrath, Edward H. O'Brien, Courtney Hsing, *Changes in Dispositional Empathy in American College Students Over Time: A Meta-Analysis Personal and Social Psychology Review* 15(2), págs.180-198, doi: 10.11770/1088868310377395.

95 **Como seria de esperar, o maior narcisismo...** Konrath e outros, obra citada, pág. 183

96 **Ao longo das últimas décadas, as pessoas em países desenvolvidos...** Robert D. Putnam, *Bowling Alone: The Collapse and Revival of American Community* (Simon and Schuster, 2000).

97 **Um programa bem conhecido, Roots of Empathy...** Para uma visão geral, consulte www.rootsofempathy.org.

97 **Alguns programas são voltados para as meninas...** *Little Children and Already Acting Mean, Wall Street Journal*, 26 de maio de 2014.

98 **Infelizmente, a brincadeira livre é cada vez mais rara...** Peter Gray, *The Play Deficit*, http://aeon.co/magazine/culture/children-today-are- suffering-a-severe-deficit-of-play/.

98 **"Impessoalidade, imparcialidade e afastamento são necessários para alcançar"** ... Johanna Shapiro, *Using Literature and the Arts to Develop Empathy in Medical Students*, capítulo 25 em Tom F. D. Farrow e Peter W. R. Woodruff, eds., *Empathy in Mental Illness* (Cambridge University Press, 2007).

99 **Outro motivo para os médicos evitarem a empatia...** Howard Brody, analisando *Empathy and the Practice of Medicine: Beyond Pills and the Scalpel* no *New England Journal of Medicine*, vol. 330, no. 4, 27 de janeiro de 1994, págs. 296-297.

99 **Muito parecido com as crianças no programa Roots of Empathy...** Antonio M. Gotto, *Teaching Empathy in Medical School, Huffington Post*, 4 de setembro de 2013.

100 **Na Universidade de Missouri Health Care...** Laura Landro, *The Talking Cure for Health Care*, The Wall Street Journal, 8 de abril de 2013.

100 **Nós pedimos para a equipe trazer os casos que a tem assombrado** ... As citações e a descrição são da entrevista pessoal citada, com Boissy.

102 **Além disso, os médicos que ensinam cirurgiões** ... Entrevista pessoal com James Merlino em 19 de março de 2014.

104 **Um dado impressionante da experiência da Clínica Cleveland...** James Merlino, *Service Fanatics: How to Build Superior Patient Experience the Cleveland Clinic Way* (McGraw Hill Education, 2015).

CAPÍTULO SEIS

107 **O avião de combate *Phantom F-4*...** Veja em http://web.archive.org/web/20110604105623/http://www.boeing.com/defense-space/military/f4/firsts.htm. Também em http://en.wikipedia.org/wiki/McDonnell_Douglas_F-4_Phantom_II, que direciona para diversas fontes estatísticas.

108 **Seu avião mais sofisticado, o MiG-21...** Veja em http://en.wikipedia.org/wiki/Mikoyan-Gurevich_MiG-21.

108 **Nos primeiros anos da guerra do Vietnã...** A descrição da história e das operações da Navy Fighter Weapons School, e citações posteriores de Mugs McKeown, estão em '*You Fight Like You Train' and TOP GUN Crews Train Hard* , Armed Forces Journal International, maio de 1974, págs. 25-26, 34.

110 **A marinha denominou seu novo programa...** Os princípios da Navy Fighter Weapons School são descritos no artigo citado acima da *Armed Forces Journal*, e são descritos mais detalhadamente em Ralph Chatham, The 20th Century Revolution in Military Training , em K. Anders Ericsson, ed., *Development of Professional Expertise: Toward Measurement of Expert Performance and Design of Optimal Learning Environments* (Cambridge University Press, 2009).

110 **Como disse um cronista posterior do programa...** Chatham, idem.

112 **Aumentou de 2,4 para 12,5...** '*You Fight Like You Train*', obra citada.

112 **Como disse o coronel da força aérea John Boyd em uma ocasião** ... Greg Wilcox, *People, Ideas, and Things in that Order: Some Observations*, Boyd Symposium, 12 de outubro de 2012, http://fasttransients.files.wordpress.com/2010/03/wilcox_people_ideas_things.pdf.

113 **O homem que mais se esforçou para mudar as mentes...** Paul F. Gorman, *Cardinal Point: An Oral History - Training Soldiers and Becoming a Strategist in Peace and War*, Combat Studies Institute, 2011.

113 **A descrição do teste e seus resultados são de Paul F. Gorman,** *The Military Value of Training*, Institute for Defense Analysis, dezembro de 1990.

115 **É aí que eles deveriam aprender...** Os dados sobre perdas em combate aéreo e, mais adiante, sobre combate submarino são de Gorman, idem.

116 **Um pesquisador constatou que...** O pesquisador era Herbert K. Weiss, citado em Gorman, idem.

NOTAS

116 Os oficiais do Exército dos EUA na França, após o Dia D... A descrição, estatísticas e citação de DePuy estão em W. E. DePuy, *Battle Participation and Leadership*, comentários para a Conferência TRADOC Commanders, USAC& GSC, Fort Leavenworth, Kansas, março de 1989, citado em Gorman, *The Military Value of Training*.

116 Este parágrafo está baseado em Gorman, idem.

117 **Então, Gorman apresentou uma proposta...** idem.

117 **Metade dos generais de quatro estrelas** ... Chatham, *The 20th Century Revolution in Military Training*.

117 **Em um encontro particularmente angustiante...** Gorman, *Cardinal Point*.

119 **"Literalmente transformou o exército"** ... Entrevista pessoal com Thomas Kolditz em 17 de dezembro de 2007.

119 **Tudo aquilo que [os soldados de hoje] fazem, pequeno ou grande** ... Chatham, *The 20th Century Revolution in Military Training*.

119 **O segredo está na forma como é feita...** *A Leader's Guide to After-Action Reviews*, Circular de Treinamento do Exército 25-20, 30 de setembro de 1993.

120 **"A verdadeira chave para este processo é a franqueza"** ... Entrevista pessoal com Kolditz, obra citada.

120 **Eles acreditavam que uma AAR verdadeiramente sincera...** Entrevista pessoal com Ralph Chatham em 5 de março de 2012.

120 **As forças da ordem estabelecida queriam matar essa ideia...** Gorman, *Cardinal Point*.

120 A história é contada em Chatham, *The 20th Century Revolution in Military Training*.

121 **Nesta rotina, "os comentários e observações dos soldados podiam não ser incentivados"** ... Esta citação e a próxima são provenientes de *A Leader's Guide to After-Action Reviews*, obra citada.

124 **A probabilidade de um pelotão de Infantaria vencer...** Análise feita por Robert H. Sulzen, citada por Gorman em depoimento ao Comitê de Serviços Armados do Senado dos EUA, 21 de maio de 1992, pág. 712.

124 **O que contava era o desempenho em batalhas reais...** O resumo do desempenho militar dos EUA nas primeiras batalhas está baseado em John Shy, First Battles in Retrospect, em Charles E. Heller e William A. Stofft, eds., *America's First Battles, 1776-1965* (University Press of Kansas, 1986).

124 **Em 1990 Gorman escreveu um artigo para a DARPA...** Gorman, *The Military Value of Training*.

125 **Ao contrário de todas aquelas desastrosas primeiras batalhas do passado...** Chatham, *The 20th Century Revolution in Military Training*.

125 **"Vários generais da época me disseram"** ... Idem.

125 **Em 26 de fevereiro de 1991, nas primeiras horas da Tempestade no Deserto...** Os fatos básicos sobre a Batalha de 73 Graus Leste estão resumidos no depoimento de Gorman ao Comitê de Serviços Armados do Senado dos

EUA, 21 de maio de 1992, págs. 689-695. O então capitão H. R. McMaster também prestou depoimento.

126 **No final daquela tarde, um sargento americano...** Este fato e a descrição da batalha estão baseados nos depoimentos de Gorman e McMaster ao Comitê de Serviços Armados do Senado dos EUA e em uma conversa com o então coronel McMaster reimpressa em *Leaders In War: West Point Remembers the 1991 Gulf War* (Frank Cass Publishers, 2005).

129 **De volta aos primeiros dias de Top Gun...** '*You Fight Like You Train . . .* ', obra citada.

129 **De modo semelhante, após 73 Graus Leste...** A citação é extraída da fala de McMaster em *Leaders in War*, obra citada.

130 **Ele recriou a Batalha de 73 Graus Leste como *software*...** O projeto foi descrito e demonstrado durante os depoimentos de Gorman e McMaster ao Comitê de Serviços Armados do Senado dos EUA (idem). Os detalhes são de W. M. Christenson e Robert A. Zirkle, *73 Easting Battle Replication - a Janus Combat Simulation*, Institute for Defense Analyses, setembro de 1992.

132 **Em resposta à nova missão, o Centro Nacional de Treinamento transformou-se...** A transformação é descrita em Chatham, *Toward a Second Training Revolution*, em *Development of Professional Expertise*. Seu funcionamento durante os conflitos no Afeganistão e no Iraque é descrito em *Deep in a U.S. Desert, Practicing to Face the Iraq Insurgency*, The New York Times, 1 de maio de 2006. Uma visão geral das operações do NTC está em http://www.irwin.army.mil.

CAPÍTULO SETE

135 **Paul Azinger tinha dois problemas...** Azinger conta a história sobre ser capitão da equipe Ryder Cup dos EUA de 2008 em *Cracking the Code* (Looking Glass Books, 2010), que escreveu com Ron Braund, um terapeuta clínico que o ajudou a elaborar a sua estratégia.

135 **Eles perderam cinco dos seis torneios anteriores...** Os dados sobre a história e os jogadores do Ryder Cup estão em www.rydercup.com e http://en.wikipedia.org/wiki/Ryder_ Cup.

136 **seus médicos haviam ordenado que não jogasse...** Relatado em Hank Haney, *The Big Miss: My Years Coaching Tiger Woods* (Three Rivers Press, 2012).

139 **"Nenhuma grande ideia jamais nasceu em uma conferência"** ... http://classiclit .about.com/od/fitzgeraldfsco/a/F-Scott-Fitzgerald-Quotes_2.htm.

140 **Ou, como disse de forma inesquecível o grande homem da publicidade, David Ogilvy...** Relatado em Kenneth Roman, *O rei da Madison Avenue: David Ogilvy e a criação da publicidade moderna* (Editora Cultrix, 2011).

140 **As evidências estão em um enorme estudo...** Stefan Wuchty, Benjamin F. Jones, Brian Uzzi, *The Increasing Dominance of Teams in Production of Knowledge, Science*, vol. 316, 18 de maio de 2007, págs. 1036-1039, doi: 10.1126/science.1136099.

NOTAS

141 **As pessoas vêm tentando responder isso há séculos...** A pesquisa que serve de referência é de Anita Williams Woolley, Christopher F. Chabris, Alex Pentland, Nada Hashmi, Thomas W. Malone, *Evidence for a Collective Intelligence Factor in the Performance of Human Groups*, Science, vol. 330, 29 de outubro de 2010, págs. 686-688, doi: 10.1126/science.1193147.

146 **As respostas eram um mistério até que o Human Dynamics Laboratory de Alex Pentland...** Pentland descreve os crachás sociométricos em *Honest Signals:How They Shape Our World* (MIT Press, 2008), e em *Social Physics: How Good Ideas Spread- the Lessons from a New Science* (Penguin Press, 2014). Ele descreve o papel de seu laboratório na pesquisa sobre inteligência coletiva em *Social Physics*.

147 **Por exemplo, Pentland e seu laboratório investigaram um enorme call-center do Bank of America...** Pentland relata essa história em *Social Physics*, e com detalhes adicionais em *The New Science of Building Great Teams*, Harvard Business Review, abril de 2012.

148 **Pentland conclui que "estar no circuito"** ... Pentland, *Social Physics*.

149 **Por exemplo, o laboratório de Pentland fez experiências com grupos conectados apenas por tecnologia...** Idem, pág. 111.

150 **A descoberta surpreendente de Pentland é que "geralmente podemos ignorar completamente o conteúdo das discussões"** ... Idem, pág. 132.

150 **Cerca de 61 milhões de usuários do Facebook nos EUA receberam uma mensagem vá votar no dia da eleição em 2010...** *Facebook Experiment Boosts U.S. Voter Turnout*, Nature, 12 de setembro de 2012, doi: 10.1038 nature.2012.11401.

150 **"Apenas os amigos íntimos é que influenciaram os usuários a votar no mundo real"** ... Idem.

151 **"Apesar de ser um cidadão do mundo digital"** ... Walter Isaacson, *Steve Jobs* (Companhia das Letras, 2011), pág. 430.

151 **É por isso que Jobs projetou a famosa sede da Pixar da forma que fez...** A história é contada em idem, pág. 431.

154 **A contradição aparece mais claramente no trabalho pioneiro de Adam Grant...** Veja em Adam Grant, *Dar e Receber: uma Abordagem Revolucionária sobre Sucesso, Generosidade e Influência* (Editora Sextante, 2014).

154 **Em uma empresa com uma cultura doadora, diz Grant...** Estas citações são de Grant, *Givers Take All: The Hidden Dimension of Corporate Culture*, McKinsey Quarterly, abril de 2013.

154 **Uma meta-análise gigante de estudos envolvendo 51.000 pessoas...** Nathan P. Podsakoff, Steven W. Whiting, Philip M. Podsakoff, Brian D. Blume, *Individual-and Organizational-Level Consequences of Organizational Citizenship Behaviors: A Meta-Analysis*, Journal of Applied Psychology 2009, vol. 94, no. 1, págs. 122-141, doi: 10.1037/a0013079.

154 **Grant relata como uma empresa chamada Appletree Answers...** Grant, *Givers Take All*.

155 Na sequência dos ataques de 11/09... J. Richard Hackman, Michael O'Connor, *What makes for a great analytic team? Individual vs. Team approaches to intelligence analysis*, Washington, DC: Intelligence Science Board, Office of the Director of Central Intelligence (2004).

157 Considere uma equipe de remadores... Emma E. A. Cohen, Robin Ejsmond-Frey, Nicola Knight, R. I. M. Dunbar, *Rowers' High: Behavioural Synchrony Is Correlated with Elevated Pain Thresholds*, Biology Letters 15, setembro de 2009, doi: 10.1098/rsbl.2009.0670.

159 No entanto, na época em que Jobs deixou o cargo de CEO em agosto de 2011... Veja as biografias em www.apple.com sobre as gestões até agosto de 2011 de Eddy Cue (vinte e dois anos), Phil Schiller (quatorze anos), Jonathan Ive (dezenove anos), Scott Forstall (dezenove anos) e Tim Cook (treze anos).

159 Para ver como as coisas podem não dar certo... *Why Teams Don't Work: An interview with J. Richard Hackman by Diane Coutu*, Harvard Business Review, maio de 2009.

160 O Dr. John Noseworthy, CEO da Clínica Mayo, contou-me sobre seus consideráveis esforços... Entrevista pessoal com John Noseworthy em 4 de dezembro de 2012.

160 Mas quando o cirurgião realiza a mesma operação em outro hospital que não o seu usual... Robert S. Huckman, Gary P. Pisano, *The Firm Specificity of Individual Performance: Evidence from Cardiac Surgery*, Management Science, vol. 52, no. 4, abril de 2006, págs. 473-488, doi: 10.1287/mnsc.1050.0464.

CAPÍTULO OITO

163 Stephen Denning é um advogado calmo e reservado... Denning contou sua história em um simpósio sobre como contar histórias em organizações, realizado sob os auspícios da Smithsonian Associates em abril de 2001. Ela foi reimpressa no livro *Storytelling in Organizations: Why Storytelling is Transforming 21st Century Organizations and Management* (Elsevier Butterworth-Heinemann, 2005), págs. 97-133.

170 Pesquisas constatam que julgamos a credibilidade e simpatia de uma pessoa em cerca de um décimo de segundo... Gino, obra citada (cap. 4, n. 6).

171 Este comportamento disparatado... Nassim Nicholas Taleb, *A Lógica do Cisne Negro: o Impacto do Altamente Improvável* (Editora Best Seller, 2008).

172 Pelo contrário, durante séculos a visão convencional... Isto é explicado em Daniel Kahneman, *Rápido e Devagar: Duas Formas de Pensar* (Editora Objetiva, 2012), pág. 76.

172 O psicólogo belga Albert Michotte... Idem.

172 Daniel Kahneman, o ganhador do prêmio Nobel que popularizou a ideia de dois modos separados e distintos de pensamento... Idem, págs. 20-21.

173 o Sistema 1 é perito em encontrar uma história causal coerente ... Idem, pág. 75.

NOTAS

173 Conforme escreveu o psicólogo Jason Goldman... Jason G. Goldman, *Animating Anthropomorphism: Giving Minds to Geometric Shapes, Scientific American*, 8 de março de 2013, http://blogs.scientificamerican.com/thoughtful-animal/2013/03/08/animating-anthropomorphism-giving-minds-to-geometric-shapes-video/.

174 Heider e Simmel pediram a seus alunos que escrevessem descrições sobre o que viram... Idem.

174 Como diz Kahneman, "Sua mente está pronta e até mesmo ansiosa para identificar os agentes" ... Kahneman, obra citada pág. 76.

174 A leitura que Kahneman faz das evidências é "que nós nascemos preparados para fazer atribuições intencionais" ... Idem.

175 Os cérebros daquele que conta a história e daquele que ouve se alinham... Greg J. Stephens, Lauren J. Silbert, Uri Hasson, "Speaker-Listener Neural Coupling Underlies Successful Communication" , *PNAS*, vol. 107, no. 32, 10 de agosto de 2010, págs. 14425-14430, doi: /10.1073/pnas.1008662107.

177 Ela nos torna "mais confiáveis, generosos, caridosos e compassivos" ... Paul J. Zak, *How Stories Change the Brain*, Greater Good, 17 de dezembro de 2013, http://greatergood.berkeley.edu/article/item/how_ stories_ change_brain.

177 Zak demonstrou isso de uma forma intrigante... Idem.

179 O grande biólogo Edward O. Wilson escreveu... Edward O. Wilson, *The Power of Story*, American Educator, primavera de 2002, págs. 8-11.

179 Conforme observam os psicólogos pesquisadores Roger Schank e Robert Abelson... Roger C. Schank, Robert P. Abelson, *Knowledge and Memory: The Real Story*, em Robert S. Wyer Jr. (ed.), *Knowledge and Memory: The Real Story* (Lawrence Erlbaum Associates, 1995), págs. 1-85.

179 Considere a história de Jen... A pesquisa é descrita em Kahneman, obra citada, pág. 387.

181 "Por que alguns temas narrativos têm sucesso na obtenção de apoio ao terrorismo?" ... http://www.darpa.mil/Our_ Work/BTO/Programs/Narrative_ Networks.aspx.

182 A questão séria é que, conforme disse o antigo gerente do programa Redes Narrativas, William Casebeer... William D. Casebeer, *Identity, Culture and Stories: Empathy and the War on Terrorism*, Minnesota Journal of Law, Science & Technology 9(2), 2008, págs. 653-688.

182 O poder de contar histórias por humanos é evidente em mais uma situação... Daniel R. George, Heather L. Stuckey, Megan M. Whitehead, *An Arts-Based Intervention at a Nursing Home to Improve Medical Students' Attitudes Toward Persons With Dementia*, Academic Medicine, vol. 88, no. 6, junho de 2013, doi: 10.1097/ACM.0b013e31828fa773.

183 As histórias resultantes eram geralmente um pouco estranhas... O programa de contar histórias que foi descrito na pesquisa é conhecido como Timeslips e agora é amplamente utilizado. Para uma grande coleção de imagens que têm sido utilizadas e de histórias criadas pelos pacientes com demência, veja http://www.timeslips.org/stories.

CAPÍTULO NOVE

185 "As pessoas podem dizer que um computador nunca será criativo"... Notas pessoais de uma palestra de Kaiserwerth em uma conferência da indústria privada em 27 de maio de 2014.

186 Assim, os cientistas de computação da IBM decidiram começar a ensinar criatividade a Watson... O processo é descrito no livro *Cognitive Cooking With Chef Watson: Recipes for Innovation* da IBM e do Instituto de Educação Culinária (ICE, 2014).

188 David Cope da Universidade da Califórnia, em Santa Cruz... Para mais informações sobre a história de Cope e amostras de sua música composta por computador, consulte http://artsites.ucsc.edu/faculty/cope/experiments.htm.

188 O boquiaberto escritor de um artigo para a revista britânica *New Scientist*... Citado em Eliot Handelman, *David Cope: Virtual Bach*, em *Computer Music Review*, vol. 29, no. 1, http://www.computermusicjournal.org/reviews/29-1/handelman-cope.html.

188 Mais recentemente, o Computer Science Lab da Sony em Paris... Descrito em William Hochberg, *When Robots Write Songs*, *The Atlantic*, 7 de agosto de 2014, http://www.theatlantic.com/entertainment/archive/2014/08/computers-that-compose/374916/.

188 Os computadores escrevem poemas, e um software está até mesmo produzindo romances... Para um resumo, consulte *Computers Are Writing Novels: Read a Few Samples Here*, *Business Insider*, 27 de novembro de 2014, http://www.businessinsider.com/novels-written-by-computers-2014-11.

190 Quando Robert Galbraith escreveu um romance policial intitulado *O chamado do cuco*... *J. K. Rowling revealed as author of The Cuckoo's Calling*, BBC News, 14 de julho de 2013, http://www.bbc.com/news/entertainment-arts-23304181.

190 "O dom literário [de Rowling] está exposto nesta obra"... Deepti Hajela, *Review: J. K. Rowling's 'The Cuckoo's Calling'*, Associated Press, 25 de julho de 2013, http://bigstory.ap.org/article/review-jk-rowlings-cuckoos-calling.

192 Vamos analisar mais de perto esse segundo tipo de criatividade... A citação é de Adam M. Grant, James W. Berry, *The Necessity of Others Is the Mother of Invention: Intrinsic and Prosocial Motivations, Perspective Taking, and Creativity*, Academy of Management Journal, vol. 54, no. 1, 2011, págs. 73-96.

192 Porém, a atitude que chamou mais a atenção... O e-mail está amplamente disponível, por exemplo, em http://allthingsd.com/20130222/physically-together-heres-the-internal-yahoo-no-work-from-home-memo-which-extends-beyond-remote-workers/.

193 A empresa é fanática em forçar sua gente a se conectar pessoalmente... Para obter uma descrição e a citação de John Sullivan, consulte *'Serendipitous Interaction' Key to Tech Firms' Workplace Design*, National Public Radio, 13 de março de 2013, http://www.npr.org/blogs/alltechconsidered/2013/03/13/174195695/serendipitous-interaction-key-to-tech-firms-workplace-design.

NOTAS

194 A expressão foi cunhada por William H. Whyte na revista *Fortune*... http://fortune.com/2012/07/22/groupthink-fortune-1952/.

194 Alex Pentland do MIT relata que uma empresa jovem... Pentland, *The New Science of Building Great Teams*.

194 Especificamente, os membros dos grupos mais criativos dividem seu tempo social... Pentland explica a importância da exploração combinada com o desenvolvimento em *Social Physics*, págs. 96-103.

194 Não era sequer complicado... Idem, pág. 102.

195 Um grupo de pesquisadores de duas universidades dos EUA e de três universidades europeias... Peter A. Gloor, Francesca Grippa, Johannes Putzke, Casper Lassenius, Hauke Fuehres, Kai Fischbach, Detlef Schoder, *Measuring Social Capital in Creative Teams through Sociometric Sensors*, International Journal of Organisational Design and Engineering, vol. 2, no. 4, 2012, págs. 380-401.

196 O autor Joshua Wolf Shenk apontou o número verdadeiramente espantoso de pares... Joshua Wolf Shenk, *Powers of Two: Finding the Essence of Innovation in Creative Pairs* (Houghton Mifflin Harcourt, 2014).

196 "O que eu vi... nos pares criativos era a confiança"... Idem, pág. 33.

197 Até mesmo Sartre e de Beauvoir... Idem, pág. 119.

197 Um livro aclamado do alvorecer da era da internet... Frances Cairncross, *O Fim das Distâncias: Como a Revolução nas Comunicações Transformará Nossas Vidas* (Editora Nobel, 2000).

198 Não é apenas uma explicação simples de que uma quantidade maior de pessoas produz mais ideias... Luís M. A. Bettencourt, Geoffrey B. West, *Bigger Cities Do More with Less, Creativity*, publicado pela Scientific American Mind, 2013.

198 Alguns pesquisadores têm dito que com tantas pessoas em um único lugar... Essas explicações propostas, assim como a explicação baseada em laços sociais estão em Wei Pan, Gourab Shoshal, Coco Krumme, Manuel Cebrian, Alex Pentland, *Urban Characteristics Attributable to Density-Driven Tie Information*, trabalho apresentado na Conferência NetSci, Evanston, Illinois, 20 de junho de 2012.

199 Você poderia esperar que as pessoas fizessem menos telefonemas... Conforme mostrado em idem.

200 Mas os padrões de comunicação entre empresas dentro desses aglomerados... Thomas J. Allen, Ornit Raz, Peter Gloor, *Does Geographic Clustering Still Benefit High Tech New Ventures? The Case of the Cambridge/Boston Biotech Cluster*, MIT Engineering Systems Division Working Paper Series, ESD-WP-2009-01, abril de 2009.

200 Pesquisas mostraram que a comunicação entre engenheiros sobre questões técnicas... T. J. Allen, G. W. Henn, *Organization and Architecture for Innovative Product Development* (Elsevier, 2006). Citado em Thomas J. Allen e outros, obra citada.

201 Adam Grant da Universidade da Pensilvânia e James Berry da Universidade da Carolina do Norte... Grant e Berry, obra citada.

202 Ela também requer burburinho, interesse, entusiasmo... Peter A. Gloor, Jonas S. Krauss, Stefan Nann, *Coolfarming - How Cool People Create Cool Trends*, MIT Center for Collective Intelligence, USA & galaxyadvisors AG, Suíça (2009).

CAPÍTULO DEZ

205 Você deve recordar que as equipes têm uma inteligência própria... A pesquisa estava em Woolley e outros, obra citada (cap. 7, n. 7).

206 Você olha para 36 fotos em preto e branco apenas da região dos olhos... Você pode fazer o teste RME em http://kgajos.eecs.harvard.edu/mite/.

207 Nos novos experimentos os membros do grupo foram separados... David Engel, Anita Woolley, Lisa X. Jing, Christopher F. Chabris, Thomas Malone, *Theory of Mind Predicts Collective Intelligence*, *Proceedings of Collective Intelligence 2014*, Cambridge, Massachusetts, http://humancomputation.com/ci2014/papers/Active%20 Papers%5CPaper%20106.pdf.

209 Ao estudar crianças de um ano de idade, os pesquisadores... Svetlana Lutchmaya, Simon Baron-Cohen, *Human Sex Differences in Social and Non-Social Looking Preferences at 12 Months of Age*, *Infant Behavior and Development*, vol. 25, no. 3, 2002, págs. 319-325.

209 Mas, na verdade, os pesquisadores tinham estudado anteriormente bebês com um dia de vida... Jennifer Connellan, Simon Baron-Cohen, Sally Wheelwright, Anna Batki, Jag Ahluwalia, *Sex Differences in Human Neonatal Social Perception*, *Infant Behavior and Development*, vol. 23, no. 1, 2000, págs. 113-118.

209 A esse respeito, é possível medir a testosterona no sistema de um bebê antes mesmo dele nascer... Svetlana Lutchmaya, Simon Baron-Cohen, Peter Raggatt, *Foetal Testosterone and Eye Contact in12-Month-Old Human Infants*, *Infant Behavior and Development*, vol. 25, no. 3, 2002, págs. 327-335.

209 A distinção profunda entre os cérebros das mulheres e dos homens... Simon Baron-Cohen, *The Extreme Male Brain Theory of Autism*, *Trends in Cognitive Science*, vol. 6, no. 6, 2002, págs. 248-254.

211 Naturalmente, alguns pioneiros da computação eram do sexo feminino... Muitas de suas histórias são especialmente bem contadas no livro de Walter Isaacson, *Os inovadores* (Companhia das Letras, 2014).

212 Um problema importante foi exposto por Sally Helgesen... Sally Helgesen, *The Female Advantage: Women's Ways of Leadership* (Currency Doubleday, 1990).

212 Com base em seu estudo sobre mulheres CEOs e em outros estudos anteriores sobre homens CEOs... Dentre os estudos de executivos do sexo masculino estava incluído o altamente influente livro de Henry Mintzberg, *Managing: Desvendando o Dia a Dia da Gestão* (Bookman Companhia Editora, 2010).

213 A visão periférica das mulheres é mais ampla que a dos homens... Katharine McLennan, *The Neuroscience of Leadership and Culture*, Mettle Group, págs. 15-16.

NOTAS

213 imagens cerebrais mostram que, em geral, a atenção das mulheres se envolve com muitas coisas diferentes ao mesmo tempo... *Intelligence in Men and Women Is a Gray and White Matter*, Science Daily, 22 de janeiro de 2005, http://www.sciencedaily.com/releases/2005/01/050121100142.htm.

213 Meredith Whitney, uma analista financeira, previu graves problemas... *The Analyst Who Rocked Citi*, Bloomberg Businessweek, 26 de novembro de 2007.

213 Sheila Bair, que presidia a Federal Deposit Insurance Corporation... Ryan Lizza, *The Contrarian*, The New Yorker, 6 de julho de 2009.

214 No entanto, as mulheres parecem lidar com isso facilmente... Helgesen, obra citada, págs. 58-59.

215 Uma maneira rápida e fácil de acabar com os poderes das mulheres... Jack van Honk, Dennis J. Schutter, Peter A. Bos, Anne-Wil Kruijt, Eef G. Lentjes, Simon Baron-Cohen, *Testosterone Administration Impairs Cognitive Empathy in Women Depending on Second-to-Fourth Digit Ratio*, PNAS, 7 de fevereiro de 2011, doi: /10.1073/pnas.1011891108.

216 No entanto, as habilidades sociais superiores das mulheres também podem ser anuladas de uma maneira diferente... Anna T. Mayo, Jin Wook Chang, Rosalind M. Chow, Anita W. Woolley, *Do Women Make Groups Smarter? Understanding the Effects of Gender and Status Competition on Collective Intelligence*, manuscrito em preparação.

218 As pessoas que crescem em famílias maiores tendem a ser mais sociáveis quando adultos... Paul A. M. Van Lange, Wilma Otten, Ellen M. N. De Bruin, Jeffrey A. Joireman, *Development of Prosocial, Individualistic, and Competitive Orientations: Theory and Preliminary Evidence*, Journal of Personality and Social Psychology, vol. 73, no. 4, 1997, págs. 733-746.

219 Vemos que famílias maiores geram uma prole que é mais sociável... O tamanho da família está diminuindo no mundo todo, em parte porque o tamanho médio da família diminui à medida que a renda média e a expectativa de vida aumentam.

219 Da mesma forma, muitas pesquisas têm mostrado que as crianças que crescem em ambientes... Van Lange e outros, obra citada.

220 Baron-Cohen, que propôs a distinção entre o cérebro masculino que busca a sistematização e o cérebro feminino que busca a empatia... Baron-Cohen, obra citada.

CAPÍTULO ONZE

225 As crianças cujos pais são muito atentos às suas necessidades elementares ... Van Lange e outros, obra citada (cap. 10, n. 18).

226 Estamos alterando a forma como os alunos interagem ... Entrevista pessoal com Garth Saloner em 19 de fevereiro de 2013.

227 De modo semelhante, a Harvard Business School coloca todos os alunos do primeiro ano... O programa é chamado Field Immersion Experiences in

Leadership Development (FIELD – Experiências de Imersão de Campo no Desenvolvimento de Liderança, em tradução livre). Para uma descrição detalhada, consulte http://www.hbs.edu/mba/academic-experience/FIELD/Pages/default.aspx.

228 **O aspecto mais importante, conforme observou o reitor Nitin Nohria...** Do relatório de Janeiro 2014 de Nohria para ex-alunos e outros associados da Harvard Business School.

228 **Por exemplo, a DARPA desenvolveu um *software* para a Marinha dos EUA...** Robert R. Hoffman, Paul Ward, Paul J. Feltovich, Lia DiBello, Stephen M. Fiore, Dee H. Andrews, *Accelerated Expertise: Training for High Proficiency in a Complex World* (Psychology Press, 2014), págs. 102-103.

228 **Ou considere o que aconteceu após o professor Sebastian Thrun de Stanford dar início à era dos cursos *on-line* abertos e massivos...** Apresentação de Sebastian Thrun, Kiawah Island, Carolina do Sul, 21 de março de 2013.

229 **Como escreveu Sherry Turkle...** Turkle, obra citada (cap. 4, n. 16), pág. 14.

230 **Uma tarefa importante no treinamento de determinadas equipes de soldados e fuzileiros...** A tarefa e o treinamento digital são descritos em Chatham, *Toward a Second Training Revolution*.

232 **Um *software* criado para o exército como projeto de demonstração chamado Pense como um Comandante...** Scott B. Shadrick, James W. Lussier, *Training Complex Cognitive Skills: A Theme-Based Approach to the Development of Battlefield Skills*, em *Development of Professional Expertise: Toward Measurement of Expert Performance and Design of Optimal Learning Environments* (Cambridge University Press, 2009).

232 **Isto apareceu em um programa chamado *Darwars Ambush*...** Chatham, *Toward a Second Training Revolution* .

232 **Uma resposta foi o *software chamado Tactical Iraqi Language and Culture Trainer*...** Idem.

233 **Logo o *software* conseguia entender os soldados falando em seu árabe ou afegão de iniciante...** W. Lewis Johnson, LeeEllen Friedland, Peter J. Schrider, Andre Valente, Sean Sheridan, *The Virtual Cultural Awareness Trainer (VCAT): Joint Knowledge Online's (JKO's) Solution to the Individual Operational Culture and Language Training Gap*, versão atualizada de um trabalho apresentado no ModSIM 2010.

233 **É impossível testar rigorosamente quanta diferença tais *softwares* representaram para os soldados nas zonas de conflito...** Chatham, *Toward a Second Training Revolution*.

233 **Então, em 2011, a DARPA quis ir mais além...** Para a descrição oficial do SSIM da DARPA, consultar http://www.darpa.mil/Our_Work/BTO/Programs/Strategic_Social_Interaction_Modules_SSIM.aspx.

235 **Em entrevistas de emprego, os candidatos tinham que responder perguntas como "quanto deveriam cobrar para lavar todas as janelas em Seattle"** ... Veja, por exemplo, esta lista de perguntas da entrevista de emprego do Google, em Business Insider: http://www.businessinsider.com/15-google-interview-questions-that-will-make-you-feel-stupid-2009-11?op= 1.

235 **Mas, na verdade, as habilidades de interação humana são fundamentais até mesmo no Google...** A descrição e citações são de Eric Schmidt e Jonathan Rosenberg, *Como o Google Funciona* (Editora Intrínseca, 2015).

236 **O Google desenvolveu um jogo de celular sediado na nuvem para ajudar os membros da equipe a trabalhar melhor em conjunto...** Julie Clow, David Metcalf, *Mobile Gaming Models: A Google Case Study and More*, apresentação na DevLearn 2009, San Jose, Califórnia, 10-13 de novembro de 2009.

www.dvseditora.com.br

GRÁFICA PAYM
Tel. [11] 4392-3344
paym@graficapaym.com.br